# Die Berechenbarkeit des Übersetzens

Michael Tieber

# Die Berechenbarkeit des Übersetzens

Translationskonzepte in der Computerlinguistik

 J.B. METZLER

Michael Tieber
Graz, Österreich

Beim vorliegenden Buch handelt es sich um eine gekürzte und aktualisierte Version einer gleichnamigen Dissertation, die im September 2020 an der Karl-Franzens-Universität Graz angenommen wurde.

Die Veröffentlichung wurde durch die freundliche Unterstützung des Landes Steiermark ermöglicht.

ISBN 978-3-662-66712-5     ISBN 978-3-662-66713-2  (eBook)
https://doi.org/10.1007/978-3-662-66713-2

Die Deutsche Nationalbibliothek verzeichnet diese Publikation in der Deutschen Nationalbibliografie; detaillierte bibliografische Daten sind im Internet über http://dnb.d-nb.de abrufbar.

© Der/die Herausgeber bzw. der/die Autor(en), exklusiv lizenziert an Springer-Verlag GmbH, DE, ein Teil von Springer Nature 2023
Das Werk einschließlich aller seiner Teile ist urheberrechtlich geschützt. Jede Verwertung, die nicht ausdrücklich vom Urheberrechtsgesetz zugelassen ist, bedarf der vorherigen Zustimmung des Verlags. Das gilt insbesondere für Vervielfältigungen, Bearbeitungen, Übersetzungen, Mikroverfilmungen und die Einspeicherung und Verarbeitung in elektronischen Systemen.
Die Wiedergabe von allgemein beschreibenden Bezeichnungen, Marken, Unternehmensnamen etc. in diesem Werk bedeutet nicht, dass diese frei durch jedermann benutzt werden dürfen. Die Berechtigung zur Benutzung unterliegt, auch ohne gesonderten Hinweis hierzu, den Regeln des Markenrechts. Die Rechte des jeweiligen Zeicheninhabers sind zu beachten.
Der Verlag, die Autoren und die Herausgeber gehen davon aus, dass die Angaben und Informationen in diesem Werk zum Zeitpunkt der Veröffentlichung vollständig und korrekt sind. Weder der Verlag, noch die Autoren oder die Herausgeber übernehmen, ausdrücklich oder implizit, Gewähr für den Inhalt des Werkes, etwaige Fehler oder Äußerungen. Der Verlag bleibt im Hinblick auf geografische Zuordnungen und Gebietsbezeichnungen in veröffentlichten Karten und Institutionsadressen neutral.

Planung/Lektorat: Marta Schmidt
J.B. Metzler ist ein Imprint der eingetragenen Gesellschaft Springer-Verlag GmbH, DE und ist ein Teil von Springer Nature.
Die Anschrift der Gesellschaft ist: Heidelberger Platz 3, 14197 Berlin, Germany

# Danksagung

Das vorliegende Buch geht aus meiner überarbeiteten und gekürzten Dissertation hervor, die im September 2020 an der Geisteswissenschaftlichen Fakultät der Karl-Franzens-Universität Graz angenommen wurde. Zwar ist das Schreiben an einer Dissertation mit unzähligen einsamen Stunden in Bibliotheken und vor dem Bildschirm verbunden, jedoch hätte diese Arbeit nicht ohne die Unterstützung durch die folgenden Personen entstehen können.

Zunächst möchte ich herzlich meiner Erstbetreuerin Univ.-Prof. Hanna Risku danken. Anfangs als ihr studentischer Mitarbeiter und später als prädoc-Universitätsassistent gab sie mir die Möglichkeit, vielfältige Tätigkeitsbereiche in Forschung und Lehre kennenzulernen und mich akademisch weiterzuentwickeln. Durch ihre außergewöhnliche fachliche Kompetenz sowie ihre stets gelassene und motivierende Art hat mich Hanna Risku von der Konzipierung der Arbeit bis zur Einreichung durchgehend tatkräftig unterstützt. Als nächstes gilt mein aufrichtiger Dank meiner Zweitbetreuerin A.o.Univ.-Prof. Nadja Grbić. Ich erinnere mich gerne an zahlreiche anregende Gespräche, in denen sie meine Ideen für die Umsetzung der Arbeit kritisch reflektierte und mich zu einer tiefgehenden und nachhaltigen Beschäftigung mit dem Thema maschinelle Übersetzung ansporte. Durch ihren analytischen Sinn und Feingefühl für verbalen Ausdruck konnte ich die inhaltliche und sprachliche Qualität der Arbeit wesentlich steigern.

Im Laufe der langjährigen Arbeit an dieser Dissertation durfte ich ebenfalls stets auf die bedingungslose Unterstützung der folgenden Menschen aus meinem persönlichen Umfeld zählen: Leo Borek, Maria Tieber, sowie Margaretha und Vinzenz Tieber. Sie gaben mir auch in herausfordernden Zeiten emotionalen Halt und bekräftigten mich in meinem Willen zur Umsetzung dieser Arbeit.

Das Referat für Wissenschaft und Forschung des Landes Steiermark ermöglichte die Publikation der Arbeit in Buchform, weshalb ich zu guter Letzt auch der allgemeinen Öffentlichkeit für die finanzielle Unterstützung dieses Projekts zu Dank verpflichtet bin.

Graz  
im November 2022

Michael Tieber

# Inhaltsverzeichnis

| | | |
|---|---|---|
| **1** | **Einleitung** ................................................. | 1 |
| **2** | **Historische und technische Hintergründe zum maschinellen Übersetzen** ................................................. | 5 |
| | 2.1 Eine kurze Geschichte des maschinellen Übersetzens .......... | 5 |
| | 2.2 Technische Grundlagen – von Regeln bis Neuronen ........... | 12 |
| |     2.2.1 Regelbasierte Systeme ............................. | 12 |
| |     2.2.2 Datenbasierte Systeme ............................. | 24 |
| **3** | **Maschinelles Übersetzen und Translationstheorie** ................ | 37 |
| | 3.1 Translationswissenschaft und maschinelles Übersetzen als enge Verwandte ........................................... | 37 |
| |     3.1.1 Linguistische Ansätze und der Äquivalenzbegriff ....... | 38 |
| |     3.1.2 Frühe translationswissenschaftliche Schulen und maschinelles Übersetzen ........................... | 42 |
| |     3.1.3 Kades Übersetzungsmodell als Bindeglied zum maschinellen Übersetzen ........................... | 46 |
| |     3.1.4 Maschinelles Übersetzen als translationswissenschaftliches Betätigungsfeld .......... | 51 |
| | 3.2 Maschinelles Übersetzen an der Peripherie der Translationswissenschaft .................................... | 59 |
| |     3.2.1 Funktionale Ansätze als langsame Abkehr von mechanistischen Übersetzungskonzepten .............. | 60 |
| |     3.2.2 Descriptive Translation Studies als Bruch mit dem maschinellen Übersetzen ........................... | 61 |
| |     3.2.3 Translationswissenschaft als Disziplin von und für Humanübersetzer:innen ............................ | 63 |

3.3 Reintegration des maschinellen Übersetzens in die
Translationswissenschaft ................................. 66
    3.3.1 Technikphilosophische Perspektiven auf
maschinelles Übersetzen ........................... 67
    3.3.2 Ein translationswissenschaftliches Modell für
maschinelles Übersetzen ........................... 69
    3.3.3 Übersetzunsverfahren in maschineller und
Humantranslation ................................. 73
    3.3.4 Exkurs: Menschliche Sprachen und
Programmiersprachen ............................. 76

# 4 Translationstechnologie und Techniksoziologie .................. 79
4.1 Technikdeterminismus und Translationstechnologie ............ 79
    4.1.1 Technikdeterministische Ansätze in der
Techniksoziologie ................................. 80
    4.1.2 Technikdeterministische Perspektiven auf
Humantranslation ................................. 85
    4.1.3 Technikdeterministische Perspektiven auf
Translation als Tätigkeit ........................... 90
4.2 Sozialkonstruktivismus und Translationstechnologie ........... 96
    4.2.1 Social Construction of Technology .................. 96
    4.2.2 Sozialkonstruktivistische Perspektiven auf
Translationstechnologie ........................... 102
4.3 *Agency* und Translationstechnologie ........................ 108
    4.3.1 Die Akteur-Netzwerk-Theorie ...................... 109
    4.3.2 Translationstechnologie aus Perspektive der
Akteur-Netzwerk-Theorie ......................... 115
    4.3.3 Menschliche und materielle agency
in Translationsprozessen .......................... 117

# 5 Translationskonzepte inner- und außerhalb der
Translationswissenschaft ...................................... 121
5.1 Übersetzungswissenschaftliche Translationskonzepte .......... 121
    5.1.1 Frühe Translationskonzepte und die Frage der
Übersetzbarkeit ................................... 122
    5.1.2 Translationswissenschaftliche Übersetzungskonzepte .... 126
5.2 Translation als Metapher ................................. 135
5.3 Translationskonzepte in der Computerlinguistik – eine
Spurensuche ............................................. 141

## Inhaltsverzeichnis IX

**6 Forschungsmethodik** .......................................... 145
- 6.1 Untersuchungsgegenstand und forschungsleitende Fragen ...... 145
- 6.2 Erhebungs- und Analyseinstrumentarium ..................... 147
  - 6.2.1 Leitfadengestützte Expert:inneninterviews ............. 147
  - 6.2.2 Thematische Codierung und strukturierende Inhaltsanalyse .................................... 149
- 6.3 Studiendurchführung ..................................... 150
  - 6.3.1 Auswahl der Interviewpartner:innen und Planung der Befragungen .................................... 151
  - 6.3.2 Erstellung des Interviewleitfadens .................... 151
  - 6.3.3 Abwicklung der Befragungen und Gesprächstranskription ............................. 153
  - 6.3.4 Codierung und inhaltliche Auswertung des Materials ... 155

**7 Translationskonzepte in der Computerlinguistik** ................. 157
- 7.1 Inhaltliche Auswertung entlang der Hauptkategorien als Themenmatrix ............................................. 157
- 7.2 Inhaltliche Auswertung entlang der Subkategorien ............ 166
  - 7.2.1 Beruflicher Hintergrund der Befragten ................. 166
  - 7.2.2 Übersetzungsverständnis ............................ 167
    - 7.2.2.1 Generelle Vorstellungen vom Begriff Übersetzen ................................. 167
    - 7.2.2.2 Computerlinguistische Übersetzungskonzepte ...................... 170
    - 7.2.2.3 Verständnis von Humanübersetzen ............ 173
  - 7.2.3 Unterschiede zwischen Human- und maschinellem Übersetzen ........................................ 175
    - 7.2.3.1 Unterschiede im Übersetzungsprozess ......... 175
    - 7.2.3.2 Vorteile und Einsatzbereiche von maschinellem Übersetzen .................... 178
    - 7.2.3.3 Vorteile und Einsatzbereiche von Humanübersetzung ......................... 180
  - 7.2.4 Übersetzungsqualität in der Computerlinguistik ........ 182
    - 7.2.4.1 Definition „gute Übersetzung" ............... 182
    - 7.2.4.2 Erwartungen an eine Übersetzung ............ 184
    - 7.2.4.3 Qualitätskriterien und Qualitätsmessung in der maschinellen Übersetzung ............. 185
    - 7.2.4.4 Probleme in der automatischen Messung von Übersetzungsqualität ................... 187

| | | | |
|---|---|---|---|
| | 7.2.5 | Maschinelle Übersetzung als technologisches Artefakt | 190 |
| | | 7.2.5.1 Technisch determinierte Translationskonzepte | 190 |
| | | 7.2.5.2 Maschinelle Übersetzung als sozial konstruierte Technologie | 192 |
| | | 7.2.5.3 Sonstige Einflussfaktoren auf die technische Ausgestaltung von maschinellem Übersetzen | 194 |
| | 7.2.6 | Problemstellungen in der Entwicklung von Systemen für maschinelles Übersetzen | 196 |
| | | 7.2.6.1 Technische Problemfelder im maschinellen Übersetzen | 196 |
| | | 7.2.6.2 Bereiche mit Entwicklungspotenzial in der maschinellen Übersetzung | 198 |
| | 7.2.7 | Zukunftsszenarien für das maschinelle Übersetzen | 200 |
| | | 7.2.7.1 Zukunftsthemen für die Forschung und Entwicklung in der maschinellen Übersetzung | 200 |
| | | 7.2.7.2 Einfluss des maschinellen Übersetzens auf das Humanübersetzen | 202 |
| 7.3 | Ergebniszusammenfassung | | 203 |
| | 7.3.1 | Translationskonzepte unter Computerlinguist:innen | 203 |
| | 7.3.2 | Technische Determiniertheit von Translationskonzepten in der maschinellen Übersetzung | 206 |
| | 7.3.3 | Mensch-Maschine-Wechselwirkungen in der Entwicklung von maschineller Übersetzung | 208 |

**Schluss: Zwischen menschlichem Anspruch und technischer Wirklichkeit** ................................................. 213

**Literaturverzeichnis** ............................................. 217

# Abkürzungsverzeichnis

| | |
|---|---|
| AI | Artificial Intelligence |
| AS | Ausgangssprache |
| AT | Ausgangstext |
| CAT | Computer-aided translation |
| CL | Computerlinguistik |
| EBMT | Example-based machine translation |
| HCI | Human-computer interaction |
| KI | Künstliche Intelligenz |
| MT | Machine Translation |
| MTPE | Machine translation post-editing |
| MÜ | Maschinelles Übersetzen |
| NMT | Neural machine translation |
| RBMT | Rule-based machine translation |
| SMT | Statistical machine translation |
| TM | Translation-Memory |
| TW | Translationswissenschaft |
| ZS | Zielsprache |
| ZT | Zieltext |

# Abbildungsverzeichnis

| | | |
|---|---|---|
| Abbildung 2.1 | Sender-Empfänger-Modell (Shannon, & Weaver, 1949) | 7 |
| Abbildung 2.2 | Das direkte MÜ-Modell (Shiwen, & Xiaojing 2015, S. 187) | 14 |
| Abbildung 2.3 | Komponenten eines Interlingua MÜ-Systems (Arnold, 1994, S. 79) | 16 |
| Abbildung 2.4 | Vauquois-Pyramide (Vauquois, 1968) | 18 |
| Abbildung 2.5 | Die Komponenten eines transferbasierten MÜ-Systems (Arnold, 1994, S. 68) | 19 |
| Abbildung 2.6 | AT-Syntaxbaum (Arnold, 1994, S. 69) | 20 |
| Abbildung 2.7 | ZT-Syntaxbaum (Arnold, 1994, S. 71) | 21 |
| Abbildung 2.8 | Wahrscheinlichkeitsberechnung anhand eines SMT-Übersetzungsmodells (Hearne, & Way, 2011, S. 212) | 29 |
| Abbildung 2.9 | Vereinfachte Darstellung eines Bedeutungsraums (Forcada, 2022) | 32 |
| Abbildung 2.10 | Zuordnungsfunktion als Vektor in einem zweidimensionalen Bedeutungsraum (vereinfachte Darstellung) (Läubli, 2019) | 33 |
| Abbildung 2.11 | Darstellung eines künstlichen neuronalen Netzwerkes (Wikimedia Commons, 2010) | 34 |
| Abbildung 2.12 | Vereinfachte Ein- und Ausgabearchitektur eines NMT-Systems (Läubli, 2019) | 35 |
| Abbildung 3.1 | Beispiel eines *tertium comparationis* | 38 |

| | | |
|---|---|---|
| Abbildung 3.2 | Modell der Situationsäquivalenz in der Stylistique comparée nach Vinay und Darbelnet. (1958/1995, S. 5) | 43 |
| Abbildung 3.3 | Modell der zweisprachigen Kommunikation nach Kade. (1968, S. 55) | 48 |
| Abbildung 3.4 | Subjektive Faktoren der Translation. (Kade, 1968, S. 62) | 49 |
| Abbildung 3.5 | Formalisierte Analyse eines Ausgangstextes und Synthese eines Zieltextes. (Kade, 1968, S. 40) | 52 |
| Abbildung 3.6 | MÜ-Architektur nach Schmidt. (2013, S. 329) | 72 |
| Abbildung 3.7 | Théorie du sens (angelehnt an Seleskovitch, 1975) | 74 |
| Abbildung 4.1 | Evolution des Fahrrades (Wikimedia Commons, 2008) | 98 |
| Abbildung 4.2 | Akteur-Netzwerk „Die Bucht von St. Brieuc" (Callon, 1986, Anpassungen vorgenommen) | 112 |
| Abbildung 6.1 | Herleitung des Untersuchungsgegenstandes | 146 |

# Einleitung 1

*The effects of digital technology and the internet on translation are continuous, widespread, and profound. They can no longer be quarantined into geekish conclaves, evaluating the most recent software or ritually ridiculed in the humourless recitation of the latest machine-translation howlers. Students, scholars, and, indeed, anyone interested in the future of human cultures and languages, would be well advised to watch carefully what is happening to translation in the digital age. (Cronin, 2013, S. 1 f.)*

Zwar liegt die Veröffentlichung dieser Zeilen Cronins (2013) bereits gut ein Jahrzehnt zurück, doch sind sie aktueller denn je. Die Maschinisierung von Translation hat sich seitdem nicht nur fortgesetzt, sondern massiv an Geschwindigkeit aufgenommen. Bereits 2012 verkündete Franz Och in seiner Position als Distinguished Research Scientist bei Google Translate: „[…] what all the professional human translators in the world produce in a year, our system translates in roughly a single day. By this estimate, most of the translation on the planet is now done by Google Translate" (Och, 2012). Sieben Jahre später im Jahr 2019 ließ Google im Rahmen der Sport-Großveranstaltung *Super-Bowl* zur Halbzeit eine Fernsehwerbung schalten, die das Potential von maschineller Übersetzung (MÜ) anpries und in der von 100 Milliarden Wörtern die Rede ist, welche täglich von *Google Translate* übersetzt werden (Super Bowl Commercials, 2019).

Auch wenn diese Zahlen kaum zu überprüfen sind, kann doch attestiert werden, dass MÜ-Systeme von Jahr zu Jahr stärker reüssieren und, dass das von Maschinen übersetzte Textvolumen kontinuierlich steigt. Die in ihrem Ausmaß massiv zunehmende maschinelle Abwicklung von Übersetzungaufträgen scheint zu einer gesamtgesellschaftlichen Veränderung im Umgang mit Translation zu führen. In diesem Zusammenhang wird gerne die Frage nach der Zukunftsträchtigkeit des Übersetzer:innenberufs gestellt. So wird Übersetzen immer wieder als Tätigkeit genannt, die eines Tages zum Opfer der Digitalisierung werde. In ihrem Buch „Race against the Machine" prognostizieren Brynjolfsson und McAfee (2011), dass Humanübersetzer:innen in absehbarer Zeit von der Effizienz maschineller Übersetzung übertroffen werden und somit ihre Wettbewerbsfähigkeit gegenüber Maschinen verlieren würden. Eine ähnliche Voraussage tätigte SPD-Generalsekretär Lars Klingbeil in der Talkshow Anne Will im Jahr 2018. In der Sendung sprach Klingbeil davon, dass die Berufe Übersetzer:in und Dolmetscher:in aufgrund der voranschreitenden Digitalisierung schon bald verschwunden sein werden (ARD, 2018).

Entgegen diesen Prognosen scheint sich eine totale Wegrationalisierung der Humantranslation nach wie vor nicht abzuzeichnen; sehr wohl jedoch wird eine massive Transformation von Translation als Branche, Berufsfeld und Tätigkeit wahrgenommen. So kann ein Zusammenhang zwischen der zunehmenden Auslagerung von Übersetzungsleistungen an die Maschine und dem steigenden wirtschaftlichem Druck auf professionelle Übersetzer:innen festgestellt werden (do Carmo, 2020). Diese sehen sich laut Moorkens (2017) aufgrund der wachsenden Konkurrenz durch die Maschine immer häufiger dazu gezwungen, den Mehrwert ihrer Leistung vor Kund:innen zu rechtfertigen. Veränderte Arbeitsbedingungen durch die zunehmende Digitalisierung erfordern auch neue und erweiterte Kenntnisse und Fähigkeiten von Übersetzer:innen (Pym, 2013), sowie die ständige Anpassung und Aktualisierung der Curricula translationswissenschaftlicher Institute (Schmidhofer, 2020; Besznyák, Fischer, & Szabó, 2020).

Trotz dieser tiefgehenden Umwälzungen im Bereich der Humantranslation wurde eine konzeptuelle Betrachtung von MÜ vor einem translationswissenschaftlichen Hintergrund lange Zeit vernachlässigt. Rozmyslowicz (2020, S. 24) sieht den Grund hierfür in der „fachgeschichtlichen und systematischen Natur" der Translationswissenschaft (TW), die besonders seit dem „cultural turn" vor allem auf das Handlungssubjekt der Translation, d. h. den Übersetzer bzw. die Übersetzerin als soziale/r Akteur:in, abstellte. Ziel sei eine „positive Reintegration" von MÜ in den theoriegeleiteten Diskurs der TW (ibid., S. 25), um einerseits dieses Forschungsfeld nicht allein der Informatik und der Computerlinguistik (CL) zu überlassen, sondern auch, um kritische und grundsätzliche Perspektiven hinsichtlich der Möglichkeiten und Grenzen von MÜ zu entwickeln.

Mit der vorliegenden Arbeit soll ein Beitrag zu diesen Zielen geleistet werden, indem die Entwicklung von MÜ als technisches Artefakt, d. h. vor einem translationswissenschaftlichen und techniksoziologischen Hintergrund untersucht wird. Ausgangspunkt ist die Überlegung Olohans (2017), MÜ als sozial konstruierte Technologie zu betrachten, deren Entwicklung von unterschiedlichen

# 1 Einleitung

Akteursgruppen gesteuert wird. Als Anknüpfungspunkt in diesem Zusammenhang werden Forscher:innen und Entwickler:innen im Bereich der MÜ zu ihren Vorstellungen von Translation als Prozess und Produkt befragt. Ziel der Untersuchung ist die Offenlegung jenes spezifischen Translationskonzepts, das MÜ-Systemen als technischem Artefakt zugrunde liegt. In der Arbeit wird dargelegt, inwiefern computerlinguistische Translationskonzepte in einem Wechselspiel aus sozialer Konstruktion und technischen Gegebenheiten entstehen.

Um eine konzeptuelle Basis für die Studie zu legen, wird MÜ aus einer technischen, einer translationswissenschaftlichen sowie aus einer techniksoziologischen Perspektive diskutiert.

In Kapitel 1 wird ein Verständnis über die technische Funktionsweise von MÜ-Systemen geschaffen. Zunächst erfolgt eine historische Skizzierung, beginnend mit den ersten grundsätzlichen Überlegungen zur maschinellen Bewerkstelligung von Übersetzen, die noch von Descartes und Leibniz stammen, bis hin zur Entwicklung der ersten kommerziellen MÜ-Systeme (Hutchins, & Somers, 1992). Danach werden die Hauptparadigmen in der MÜ-Forschung in der Form von regelbasierten und statistikbasierten Modellen sowie die der neuronalen MÜ beschrieben.

Kapitel 2 beschäftigt sich mit bisherigen translationswissenschaftlichen Perspektiven auf MÜ. Zu Beginn werden konzeptuelle Überschneidungen, insbesondere zwischen frühen translationswissenschaftlichen Schulen und der MÜ-Forschung erläutert. Anschließend wird diskutiert, warum MÜ, insbesondere durch den „cultural turn", zusehends außerhalb des Objektbereichs der TW verortet wurde (Rozmyslowicz, 2014). Am Ende des Kapitels werden Möglichkeiten zur Reintegration der MÜ in die translationswissenschaftliche Forschung dargestellt.

Kapitel 3 diskutiert techniksoziologische Sichtweisen auf Translationstechnologien und insbesondere auf MÜ. Den Anfang machen technikdeterministische Ansätze wie sie u. a. von Ellul (1954), White (1962) und Ogburn (1969) vertreten werden. Anhand von Fallbeispielen wird aufgezeigt, wie Technologie den Übersetzungsbereich und die darin handelnden Akteur:innen beeinflussen können. Demgegenüber stehen sozialkonstruktivistische Theorien und die damit einhergehende Vorstellung, wonach Technik, und somit auch MÜ-Systeme, primär durch sozial relevante Gruppen sowie deren Interessen und Ziele geprägt werden (Bijker et. al., 2012). Die „Akteur-Netzwerk-Theorie" (Callon, 1986; Law, 1986; Latour, 1987) kann als Synthese zwischen technikdeterministischen und sozialkonstruktivistischen Ansätzen gesehen werden. In der vorliegenden Arbeit dient sie dazu, die Entwicklung von computerlinguistischen Translationskonzepten als

Wechselspiel zwischen menschlicher und materieller Handlungsträgerschaft zu beschreiben.

Basierend auf der Annahme, dass Translationskonzepte eine zentrale Rolle in der Ausgestaltung von MÜ-Systemen spielen, werden in Kapitel 4 die diversen Auslegungen des Übersetzungsbegriffs in unterschiedlichen Fachbereichen erläutert. Zunächst werden historische und klassische Translationskonzepte inner- und außerhalb der TW erörtert. Danach wird der Begriff der *cultural translation* (Bhabha, 2004/1994) sowie die Darstellung von Übersetzen als Transfer gedanklicher und kultureller Konzepte diskutiert. Schließlich stellt sich die Frage nach Translationskonzepten in der MÜ-Forschung und -Entwicklung, die jedoch in computerlinguistischer Literatur schwer zu identifizieren sind.

Nachdem Translationskonzepte in der CL als Forschungsobjekt für die vorliegende Arbeit festgelegt wurden, wird eine methodische Vorgehensweise zu deren Erforschung entworfen. In Kapitel 5 werden daher das Erhebungs- und Analyseinstrumentarium in der Form von leitfadengestützten Experteninterviews und strukturierender Inhaltsanalyse beschrieben.

Kapitel 6 enthält die ausführliche Präsentation der Untersuchungsergebnisse. Anhand einer Darstellung zentraler Stellen des Datenmaterials wird nachgezeichnet, inwiefern die Entwicklung von MÜ-Systemen durch ein Wechselspiel aus menschlichen Vorstellungen, kommerziellen Interessen, wissenschaftlichen Fortschritten und technologischen Grenzen geprägt ist. Die Interviewdaten demonstrieren, dass Übersetzung nur maschinell bewerkstelligt werden kann, wenn Translation als gedankliches Konzept in die Mechanik der Maschine überführt wird.

# Historische und technische Hintergründe zum maschinellen Übersetzen

## 2

Die zunehmende Verbreitung und steigende Relevanz von MÜ-Systemen motiviert auch Translationswissenschaftler:innen, sich mit der Funktionsweise dieser Technologie zu beschäftigen. Um im Verlauf dieser Arbeit eine disziplinrelevante Perspektive auf MÜ entwickeln zu können, wird daher zunächst auf die Entwicklungsgeschichte sowie auf technische Grundlagen dieser Technologie eingegangen.

## 2.1 Eine kurze Geschichte des maschinellen Übersetzens

Obwohl die Idee, Sprache maschinell zu übersetzen, bereits mehrere Jahrhunderte zurückreicht, existieren die technischen Grundlagen, um MÜ-Systeme in der Praxis entwickeln zu können, erst seit einigen Jahrzehnten.

Der Gedanke, Maschinen zur Sprachübersetzung zu verwenden, kann bis ins 17. Jahrhundert zurückverfolgt werden. Descartes und Leibniz beschäftigten sich bereits damals mit der Möglichkeit, „mechanische Wörterbücher" zu schaffen, welche auf der Basis universeller nummerischer Codes arbeiten sollten (Hutchins, & Somers, 1992, S. 5).

Die ersten Versuche, Computer für MÜ einzusetzen, wurden jedoch erst zur Mitte des 20. Jahrhunderts unternommen. Hutchins (2015) spricht von drei Entwicklungsphasen, die jeweils etwa 20 Jahre dauerten. Die erste kann als Pionierphase (1950er und 1960er) bezeichnet werden, als die ersten digitalen Rechner zur Verfügung standen und experimentelle Ansätze in der Form von Wort-für-Wort-Übersetzung erprobt wurden. Bis in die 1980er Jahre dominierten regelbasierte Ansätze („rule-based machine translation" – RBMT); meist in der Form von Transfer-Grammatiken. In dieser Zeit entstanden auch die ersten kommerziellen MÜ-Systeme. Die dritte Phase wurde mit der Entwicklung von

© Der/die Autor(en), exklusiv lizenziert an Springer-Verlag GmbH, DE, ein Teil von Springer Nature 2023
M. Tieber, *Die Berechenbarkeit des Übersetzens*,
https://doi.org/10.1007/978-3-662-66713-2_2

korpusbasierten MÜ-Methoden in den frühen 1990ern eingeläutet, die mit dem Einsatz von *Translation-Memory-Systemen* (TM) einhergingen und in die Entwicklung beispielbasierter MÜ-Ansätze mündeten (ibid.). Gleichzeitig wurden in dieser Phase die ersten Systeme für maschinelles Dolmetschen entwickelt, die vor allem ab der Jahrtausendwende zunehmend Verbreitung fanden (Lee, 2015).

Die ersten Experimente mit MÜ gehen jedoch auf die 1930er Jahre zurück, als zwei Patente für elektromechanische Geräte eingereicht wurden, die eine Art automatisches Wörterbuch darstellten. Die Patente stammten jeweils von Georges Artsrouni in Frankreich und Petr Trojanskij in Russland, wobei Trojanskij im Vergleich zu seinem französischen Kollegen größere Fortschritte erzielte. In beiden Fällen handelte es sich um elektromechanische Apparate, die eine begrenzte Anzahl einzelner Wörter automatisch in eine andere Sprache übertrugen und dabei auch Informationen zu Grammatik berücksichtigten. Jedoch dauerte es noch bis zur Entwicklung der ersten digitalen Computer Mitte des 20. Jahrhunderts, um angewandte Forschung im Bereich der MÜ betreiben zu können (Kenny, 2018). Einen bedeutenden Impuls für die Forschung im Bereich der MÜ lieferte der Mathematiker Warren Weaver, der vier Annahmen in Bezug auf MÜ postulierte: (1) MÜ muss kontextbasiert sein, um das Problem von Mehrfachbedeutungen lösen zu können. (2) Jede Sprache beinhaltet logische Komponenten. (3) Die Tatsache, dass Sprache auf Codes basiert, kann für MÜ nutzbar gemacht werden. (4) Es existieren Sprachuniversalia. Weaver (1949/1955) war darüber hinaus der Überzeugung, dass statistische Methoden in der MÜ angewandt werden könnten und zog hier Parallelen zur Kryptographie.

In diesem Memorandum, das auch als „Gründungsdokument" der MÜ bezeichnet wird (Rozmyslowicz, 2019, S. 23), geht Weaver (1949/1955) davon aus, dass Sprache auf Logik basiert und Codes verwendet. Diese müssten zwar im Kontext gesehen werden, stehen jedoch für Konzepte, die in jeder Sprache vorkommen. Diese auf Rationalismus fußende und mathematisch anmutende Beschreibung menschlicher Sprache beeinflusste die MÜ-Forschung über Jahrzehnte hinweg.

In diesem Zusammenhang ist zu erwähnen, dass Weaver nicht nur als Pionier auf dem Gebiet der MÜ gilt, sondern gemeinsam mit Claude Shannon auch das „Sender-Empfänger-Modell" für Kommunikation entwickelte (Shannon, & Weaver, 1949). Kommunikation wird demnach als binärer Informationsaustausch gesehen, bei dem ein Signal von einem/r Sender:in zu einem/r Empfänger:in übertragen wird (siehe Abbildung 2.1). Das Modell war ursprünglich für die Beschreibung der Störanfälligkeit bei Telefongesprächen gedacht und wurde von Shannon und Weaver für die Bell Telephone Labs in den USA entwickelt. Die Stärken des Modells werden in seiner einfachen Struktur und dem klaren Fokus

## 2.1 Eine kurze Geschichte des maschinellen Übersetzens

auf die elementaren Bestandteile von Kommunikation gesehen (McQuail, & Windahl, 2015).

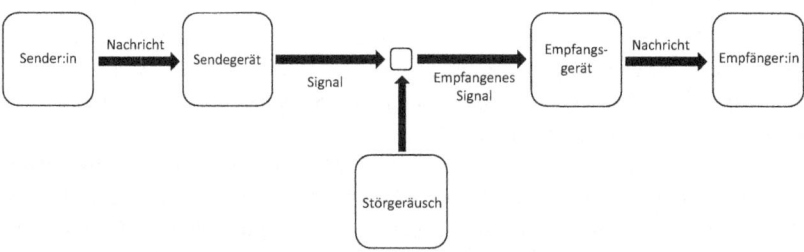

**Abbildung 2.1** Sender-Empfänger-Modell (Shannon, & Weaver, 1949)

Die Einfachheit des Modells kann allerdings gleichzeitig als seine Schwäche ausgelegt werden, da es den Kommunikationsakt auf den linearen Austausch von Informationen reduziert und eine differenzierte Betrachtung ebendieses somit nicht zulässt. Kannetzky (2002) kritisiert dazu folgende Aspekte: Unterschiedliche Formen von Informationskanälen gelten in diesem Modell als gleichwertig, was dazu führt, dass Gespräche mit einem direkten Gegenüber gleichgestellt sind mit Kommunikation über technische Hilfsmittel. Auch zwischen unterschiedlichen Formen des Datenaustauschs wird nicht differenziert. Laut diesem Modell stehen menschliche Kommunikationshandlungen und Datenaustausch zwischen Rechnern auf derselben Ebene.

Weavers (1949/1955) Arbeit wurde u. a. von Yehoshua Bar-Hillel aufgegriffen, der als einer der ersten Forscher:innen gilt, die einen Großteil ihrer Arbeit der MÜ widmeten (Kenny, 2018). 1952 organisierte er am Massachusetts Institute of Technology (MIT) die erste internationale MÜ-Konferenz.

1954 wurde in den USA das weltweit erste MÜ-System öffentlich vorgestellt. Das System übersetzte mithilfe von sechs Grammatikregeln und 250 Wörterbucheinträgen 49 Sätze aus dem Russischen ins Englische, was als großer Erfolg gefeiert wurde (Liu, & Zhang, 2015). Dieses MÜ-System verfolgte den *direkten* Ansatz, der die MÜ-Forschung bis in die 1960er Jahre hinein dominierte. Direkte MÜ-Modelle basieren auf einem Austausch einzelner Wörter und Satzstrukturen und verzichten auf eine tiefgehende Analyse des Ausgangstextes (AT) bzw. Umstrukturierung des Satzbaus im Zieltext (ZT) (ibid.). Auch wurde mit Methoden experimentiert, die auf der Basis abstrakter sprachlicher Repräsentationen arbeiteten. Diese sogenannten *Interlinguas* wurden in den späten 1960er Jahren für die MÜ-Entwicklung weiterverfolgt (Hutchins, 2015).

Fortschritte auf dem Gebiet der formalen Sprachwissenschaft in Kombination mit den frühen Erfolgen im Bereich der MÜ ließen die Erwartungen vieler Forscher:innen steigen, betreffend eines baldigen Durchbruchs in Richtung *fully automatic high quality translation (FAHQT)*. Bar-Hillel (1960) jedoch kritisierte ebendiese hohen Erwartungen und bezweifelte stark, dass *FAHQT* in naher Zukunft zu erreichen sei. Er empfahl stattdessen, einen seiner Meinung nach pragmatischeren Ansatz zu verfolgen und MÜ-Systeme zur Unterstützung von Humanübersetzer:innen zu entwickeln.

Um das Potential der Entwicklung von MÜ-Systemen besser abschätzen zu können, richtete die *National Academy of Sciences of the United States* in den 1960er Jahren das „Automatic Language Processing Advisory Committee" (ALPAC) ein. Dieses Komitee hatte den Auftrag, die kurz- und mittelfristigen Erfolgsaussichten von MÜ zu beurteilen. Die Autor:innen des ALPAC-Berichts kamen zum Schluss „[…] that there is no immediate or predictable prospect of useful machine translation." (ALPAC, 1966). Laut dem Bericht wären Forschungsgelder besser im Bereich der Sprachwissenschaft aufgehoben, bzw. wie Bar-Hillel (1960) es forderte, in der Entwicklung von maschinellen Methoden zur Unterstützung von Humanübersetzer:innen. Der Bericht wurde später von vielen Seiten als kurzsichtig, voreingenommen und engstirnig kritisiert. Dennoch hatte er zur Folge, dass öffentliche Gelder für MÜ-Forschung in den USA radikal gekürzt wurden. In anderen Ländern hatte der ALPAC-Bericht keine größeren Auswirkungen und so waren es Kanada, die damalige Sowjetunion und westeuropäische Länder, welche die Forschung im Bereich der MÜ in den darauffolgenden Jahren vorantrieben (Liu, & Zhang, 2015).

Die zweite Generation von MÜ-Systemen, die ab den 1970er Jahren entwickelt wurde, war von *indirekten* Systemen geprägt, die bereits mit wesentlich mehr linguistischem Wissen als direkte Systeme ausgestattet waren. Indirekte Ansätze zielen darauf ab, die Bedeutung und die Struktur eines Satzes zu analysieren und in eine sprachunabhängige Form zu bringen. Auf diesem Prinzip bauten sogenannte *Transfer- und Interlingua*-Systeme auf, denen vor allem in den 1970ern großes Potenzial zugeschrieben wurde (Hutchins, & Somers, 1992). Wesentlich zur Idee der sprachunabhängigen Repräsentation eines Textes beigetragen hatten die russischen MÜ-Forscher Alexander Žolkovskij und Igor Mel'čuk (1965) mit ihrem „Bedeutung-Text-Modell". Sie gingen davon aus, dass der Inhalt eines Textes von dessen sprachlicher Oberfläche getrennt werden kann.

In der Zeit des Kalten Krieges wurden US-amerikanische MÜ-Systeme vor allem dafür entwickelt, um wissenschaftliche und technische Texte aus dem Russischen ins Englische zu übersetzen. Europäische Länder, aber auch Kanada, verfolgten wiederum andere Anwendungsszenarien für MÜ. So wurde an der

Universität von Montreal mit „Météo" ein System zur automatischen Übersetzung von Wetterberichten aus dem Englischen ins Französische entwickelt, das bis 2001 in unterschiedlichen weiterentwickelten Formen Verwendung fand (Hutchins, 2015).

Auch die Europäische Gemeinschaft war daran interessiert, Übersetzungen auch auf maschineller Basis durchzuführen, und so wurde „Systran", ein MÜ-System, das ursprünglich von der US–Airforce verwendet worden war, 1976 von der Europäischen Kommission gekauft und für den eigenen Bedarf adaptiert (Liu, & Zhang, 2015). Durch die stetige Erweiterung der späteren Europäischen Union stieg auch deren Übersetzungsbedarf, und so wurde in den 1980ern das „Eurotra"-Projekt ins Leben gerufen. Ziel war es, ein MÜ-System für alle Unionssprachen basierend auf dem Transfer-Ansatz zu entwickeln. Durch eine lexikalische, syntaktische und semantische Analyse des AT sollte die Übersetzungsqualität im Vergleich zu den alten direkten MÜ-Modellen gesteigert werden. Vor allem die Idee der abstrakten Darstellung von Informationen im Sinne einer Interlingua war jedoch zu diesem Zeitpunkt zu ambitioniert, und so lieferte das Projekt nie konkrete Ergebnisse, woraufhin es Ende der 1980er Jahre eingestellt wurde (Hutchins, 2015).

Die darauffolgenden Jahre erlebten eine stärkere Beschäftigung mit dem Interlingua-Ansatz, motiviert durch Fortschritte in der Forschung zu künstlicher Intelligenz (KI) und im Bereich der kognitiven Linguistik. Beispielhaft sei hier das „Rosetta"-Projekt erwähnt, dessen Ziel es war, die kontextfreie „Montague-Grammatik"[1] für sprachunabhängige Repräsentationen in Form von Interlinguas einzusetzen. Zu dieser Zeit begannen sich auch immer mehr japanische Technologiekonzerne wie Fujitsu, Toshiba und Hitachi für MÜ zu interessieren (ibid.).

Gegen Ende der 1980er Jahre begann sich eine technologische Wende im Bereich der MÜ abzuzeichnen. Infolge waren es vor allem *korpusbasierte* Ansätze, die die MÜ-Entwicklung bestimmten und gleichzeitig regelbasierte Systeme als dominierende Methode ablösten. Von nun an widmeten sich MÜ-Forscher:innen vermehrt der Möglichkeit, zweisprachige Korpora für MÜ nutzbar zu machen. Makoto Nagao (1984) führte zwar schon in den 1980er Jahren die Idee ins Treffen, dass Computer bereits übersetzte Texte als Beispiele für neu zu erstellende Übersetzungen verwenden könnten. Tatsächliche Versuche dazu wurden jedoch erst in den 1990ern durchgeführt (Liu, & Zhang, 2015). Der Vorteil

---

[1] Die Montague-Grammatik kann als Vorläufer der generativen Grammatik bezeichnet werden. Dabei wird von einer direkten Entsprechung zwischen syntaktischen Kategorien und logischen Typen ausgegangen (Jungen & Lohnstein, 2006).

von *beispielbasierten* Modellen („example-based machine translation" – EBMT) besteht darin, dass sie von Menschen erstellte Texte als Grundlage nutzen, was zu sprachlich akzeptableren Ergebnissen führt.

Ein weiterer Entwicklungsstrang innerhalb der korpusbasierten Ansätze ist die *statistische maschinelle* Übersetzung („statistics-based machine translation" – SMT). Hier war vor allem IBM mit seinem „Candide Project" federführend, in dessen Rahmen Abschriften von Sitzungen des kanadischen Parlaments, die auf Englisch und Französisch vorliegen, zu einem zweisprachigen Korpus zusammengeführt wurden. Dieser Korpus diente zur Berechnung der statistischen Zusammenhänge zwischen den einzelnen AT- und ZT-Segmenten (Brown et al., 1990).

Die daraus entstandenen Ergebnisse bildeten den Ausgangspunkt für die SMT-Modelle 1–5 von *IBM*, aus denen eine Reihe von MÜ-Systemen hervorging, die sowohl zu kommerziellen als auch zu Forschungszwecken verwendet wurden. Diese Modelle basierten auf der Übereinstimmung von AT- und ZT-Segmenten innerhalb eines zweisprachigen Korpus, was die Grundlage aller SMT-Ansätze darstellt. Auch staatliche Geheimdienste interessierten sich für die technischen Fortschritte im Bereich der SMT. So erhoffte man sich durch die gesteigerte Verfügbarkeit von zweisprachigen Korpora innerhalb kurzer Zeit MÜ-Systeme entwickeln zu können, die auf spezielle Sprachkombinationen und Fachgebiete maßgeschneidert waren (Hutchins, 2015).

Mit der Einführung von SMT begann auch die Entwicklung von Methoden zur automatischen Evaluierung von MÜ-Systemen. War man zuvor in diesem Zusammenhang gänzlich auf menschliche Leistungen angewiesen, entwickelte wiederum IBM mit BLEU (Bilingual Evaluation Understudy) Anfang der 2000er eines der ersten automatischen Evaluationsverfahren. Ausgangspunkt sind von Menschen durchgeführte Übersetzungen, die als Referenztexte herangezogen werden. Der maschinelle Output wird mit der entsprechenden Humanübersetzung eines Textes verglichen, wobei das prinzipielle Kriterium in diesem Fall die Entsprechungen auf der Wortebene sind (Papineni et al., 2002). Obwohl Systeme zur automatischen Evaluierung von Übersetzungsqualität nicht dafür geeignet sind, die Ergebnisse von SMT- und RBMT-Systemen untereinander zu vergleichen, können sie sehr wohl dafür verwendet werden, die Leistungssteigerung eines Systems in einem gewissen Zeitverlauf zu bestimmen (Hutchins, 2015).

Langsam wurden einzelne MÜ-Systeme auch für die Nutzung durch die allgemeine Bevölkerung zugänglich. Bereits 1988 führte Systran in Frankreich über das „Minitel"-Netzwerk der französischen Post ein MÜ-System ein. Die Nutzer:innen konnten über diesen frühen online Informationsdienst Texte abschicken und erhielten innerhalb einer Minute die entsprechende Übersetzung dafür. Pro

## 2.1 Eine kurze Geschichte des maschinellen Übersetzens

Minute konnte das System ca. 22 Zeilen verarbeiten. Der Onlinedienst von „Minitel" stand damals ca. 4,5 Millionen Nutzer:innen in Frankreich zur Verfügung, wobei für die Übersetzung einer Seite ein Betrag von umgerechnet ca. einem Euro verrechnet wurde. In den Jahren darauf starteten weitere Firmen mit ihrem online-Übersetzungsservice. So bot z. B. „Globallink" ab 1994 ein Abonnement an, in dessen Rahmen Texte hochgeladen werden konnten, und die angeforderte Übersetzung anschließend per Email zugeschickt wurde (Gaspari, & Hutchins, 2007).

In den 1990er Jahren kam es auch zu einigen Entwicklungen im Bereich des maschinellen Dolmetschens. Zu den wichtigsten Akteur:innen auf diesem Gebiet zählten damals das japanische Advanced Telecommunications Research Institute (ATR), die Carnegie Mellon University, der IMB-Konzern sowie die Universität Karlsruhe. Letztere war auch an *Verbmobil* beteiligt, welches das umfangreichste Projekt im Bereich des maschinellen Dolmetschens der 1990er Jahre darstellte. An dem von 1992 bis 2000 laufenden Projekt waren hunderte Wissenschaftler:innen und dutzende Forschungsinstitutionen eingebunden. Das Ergebnis war ein mobiles Sprachmittlungssystem, das über Telefonserver lief und spontane Äußerungen zwischen Deutsch, Englisch und Japanisch dolmetschte. Das System war allerdings auf die Einsatzbereiche Termin- und Reiseplanung, Hotelreservierungen und Computerwartung beschränkt (Karger, & Wahlster, 2000). Das MÜ-System von Verbmobil war im Grunde regelbasiert, wurde jedoch durch statistische Komponenten ergänzt (Ehsani et al., 2010). Mit dem Verbmobil-Projekt wurden zwar grundsätzlich keine kommerziellen Ziele verfolgt, jedoch gingen aus ihm eine Reihe von Innovationen auf dem Gebiet der Spracherkennung und Sprachsteuerung hervor (Schneider, 2001).

Der große Durchbruch in punkto Breitenwirksamkeit von online MÜ-Systemen gelang jedoch AltaVista im Jahr 1997 mit *Babel Fish*. Der Service stützte sich auf bereits bestehende rechnergebundene Programme, welche zu einem online-System adaptiert wurden. Durch die gesteigerte Zugänglichkeit von MÜ-Systemen fand sich auch rasch eine große Anzahl von Kritiker:innen, die eine Reihe von Schwachstellen dieser Technologie erkannten und die Systeme mit besonders schwer zu übersetzendem Textmaterial wie Redewendungen und mehrdeutigen Aussagen testeten (Hutchins, 2015).

Diese Kritik tat dem technischen Fortschritt und der Popularisierung von MÜ-Systemen jedoch keinen Abbruch und es wurden immer mehr webbasierte Systeme wie *Bing Translator* und *Google Translate* entwickelt. Mit der Einführung neuronaler MÜ-Systeme um das Jahr 2013 konnten auch signifikante Qualitätssprünge erzielt werden. Die ersten Überlegungen zur Verwendung von maschinellem Lernen für MÜ wurde bereits in den 1990ern angestellt. Aufgrund der damals jedoch zu geringen Rechen- und Speicherleistung der Hardware wurden diese Versuche jedoch wieder aufgegeben. In den 2010er Jahren wurde das Thema jedoch wieder aufgegriffen und es wurden Systeme entwickelt, die SMT Konkurrenz machten. 2016 stellte beispielsweise Google sein MÜ-System auf NMT um (Le, & Schuster, 2016), wodurch die Technologie weitere Verbreitung fand, und ihr Einsatz gesteigert werden konnte. Laut Google-Vertreter:innen übersetzt *Google Translate,* rein auf die Textmenge bezogen, mehr an einem Tag als sämtliche Berufsübersetzer:innen in einem Jahr (Och, 2012) und zählt täglich an die 500 Millionen Übersetzungsanfragen (Turovsky, 2016a).

Ab dem Jahr 2017 erlangte das Technologieunternehmen DeepL aus Köln Bekanntheit, das mit seinem gleichnamigen MÜ-System bessere Ergebnisse erzielte als *Google Translate* und somit den großen Internetkonzernen Konkurrenz macht (Mingels, 2018).

Die stetigen Qualitätssteigerungen haben dazu geführt, dass MÜ-Systeme in immer mehr Bereichen Anwendung finden, wodurch auch Personen außerhalb der CL dazu motiviert werden, sich mit MÜ vor einem technischen Hintergrund auseinanderzusetzen.

## 2.2 Technische Grundlagen – von Regeln bis Neuronen

Seit den ersten Experimenten mit MÜ in den 1950er Jahren hat sich die Technologie stark weiterentwickelt. Versuchte man zunächst den Translationsprozess in Regeln zu gießen, werden mittlerweile neuronale MÜ-Systeme anhand von bestehenden Übersetzungssegmenten trainiert.

### 2.2.1 Regelbasierte Systeme

Die ersten MÜ-Systeme wurden als *regelbasierte* Ansätze konzipiert („rule-based machine translation" – RBMT). Die Basis für RBMT-Systeme wurde zur Mitte des letzten Jahrhunderts vom US-amerikanischen Mathematiker Warren Weaver gelegt, der oft als Pionier der MÜ bezeichnet wird. In seinem 1949 verfassten Memorandum (siehe Abschnitt 2.1) geht er davon aus, dass Sprache eine Form von Code darstellt, und somit als Zeichensatz für universelle Konzepte gesehen werden kann (Weaver, 1949/1955).

Die von Weavers (1949/1955) Memorandum inspirierten regelbasierten Ansätze verwenden morphologisches, syntaktisches, semantisches und teilweise kontextuelles Wissen, um den Ausgangstext zu analysieren, Verbindungen zwischen Ausgangs- und Zielsprache herzustellen und darauf aufbauend einen Zieltext zu produzieren. Das dafür notwendige linguistische Wissen beziehen MÜ-Systeme aus für Rechner zugänglichen Wörterbüchern und maschinenlesbaren Grammatikregeln. Dieser Ansatz unterscheidet sich grundsätzlich von korpus- und statistikbasierten Modellen, die zwar bereits in den 1980er Jahren beschrieben wurden (Lehrberger, & Bourbeau, 1988), jedoch erst später mit der Verfügbarkeit besserer Speicher- und Rechentechnologie auf breiterer Basis eingesetzt werden konnten (Stüker et al., 2012). In der Anfangsphase der MÜ-Forschung dominierten jedoch auf Wissen und Regeln basierende Ansätze, welche später in unterschiedlichen Modellen weiterentwickelt wurden (Hutchins, 2010). Die ersten regelbasierten MÜ-Programme waren *direkte* Systeme. Diese sind dadurch gekennzeichnet, dass der ZT direkt aus der AT-Satzstruktur erstellt wird (Ramlow, 2009).

Abbildung 2.2 verdeutlicht diese Methode. Dabei werden zunächst die ausgangssprachlichen Wörter mit einem Wörterbuch abgeglichen, um ihre syntaktische Kategorie, allem voran die Wortart, zu bestimmen. Dabei ist es entscheidend, dass das Wörterbuch Regeln zur Morphologie beinhaltet, um etwa auch Wörter in anderen Flexionsformen als in ihrer Grundform zu erkennen und zuordnen zu können. Ein Nebeneffekt des Anwendens von morphologischen Regeln ist, dass so der Umfang eines Wörterbuches geringgehalten werden kann und nicht sämtliche Beugungsformen eines Wortes eingetragen werden müssen (Härtel, 2016).

In einem nächsten Schritt wird die Satzstruktur des Textes hinsichtlich der syntaktischen Funktionen der einzelnen Bestandteile analysiert. Dabei geht es darum, Satzkonstituenten wie Subjekt, Prädikat, und/oder Objekt zu identifizieren, um nachvollziehen zu können, in welcher Beziehung die einzelnen Satzteile zueinanderstehen. Im Anschluss daran wird die ausgangssprachliche Struktur mithilfe von Transferregeln in einen zielsprachlichen Satzbau übertragen. Am Ende steht der Austausch der einzelnen Wörter von der AS in die ZS, wobei auch Flexionsregeln zur Anwendung kommen, um grammatikalische Übereinstimmungen vorzunehmen (Arnold, 1994).

MÜ-Systeme, die auf der Basis des direkten Ansatzes funktionieren, analysieren somit zwar die Morphologie und Syntax des AT, jedoch kommt es zu keiner tiefergehenden Analyse im Sinne einer abstrakten Darstellung des Satzbaus oder gar der Aussage eines Textes, wie es spätere Ansätze zum Ziel hatten (Shiwen, & Xiaojing, 2015). Dies ergibt sich vor allem aus der Begrenztheit des sprachlichen Wissens, mit dem direkte MÜ-Systeme arbeiten. In den meisten Fällen können diese auch nicht überprüfen, ob die zielsprachlichen Sätze, die

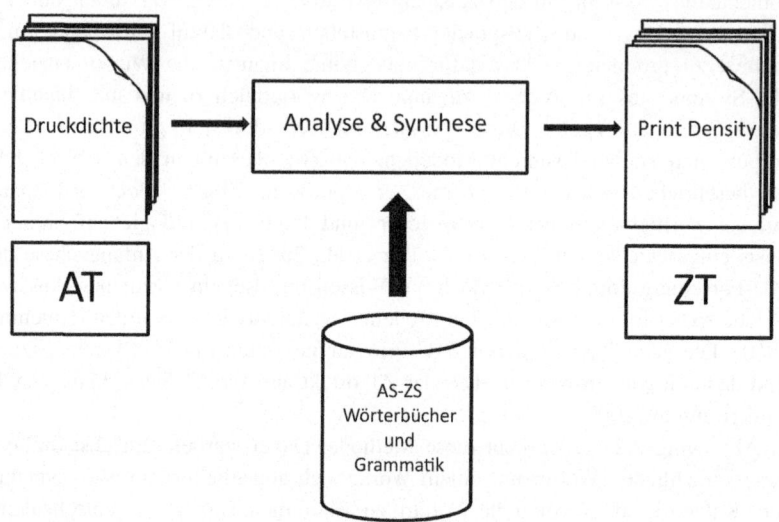

**Abbildung 2.2** Das direkte MÜ-Modell (Shiwen, & Xiaojing 2015, S. 187)

sie generiert haben, auch grammatikalisch korrekt sind. Dies kann mitunter zu einer Beeinträchtigung des Outputs im Sinne von unverständlichen Übersetzungen führen (Ramlow, 2009).

Ein weiterer Nachteil des direkten Ansatzes ist, dass die Transferregeln immer nur für eine Sprachrichtung ausgelegt sind. Am Beispiel eines Systems zur Übersetzung aus dem Deutschen ins Englische würde das bedeuten, dass eigene Regeln geschrieben werden müssen, wenn das System Texte aus dem Englischen ins Deutsche übersetzen soll. Wenn weitere Sprachen dem System hinzugefügt werden, müssen für jede Richtung eigene Transferregeln erarbeitet werden (Arnold, 1994). So benötigt etwa ein System, das zwischen drei verschiedenen Sprachen übersetzen soll, sechs unterschiedliche Regelrepertoires.

Die Vorteile direkter MÜ-Systeme liegen in ihrer Einfachheit und Robustheit. Sie eignen sich gut für die Übersetzung von Texten, die eine begrenzte Anzahl unterschiedlicher Satzstrukturen aufweisen, sowie für Übersetzungen zwischen Sprachen mit sehr ähnlichen syntaktischen Eigenschaften (Shiwen, & Xiaojing, 2015). Auch können sie bis zu einem gewissen Grad mit sprachlichen Ambiguitäten umgehen. So war bereits eines der ersten direkten Systeme, das in den

1950ern an der University of Washington entwickelt wurde, imstande, mit einzelnen Doppel- und Mehrdeutigkeiten im Russischen umzugehen. Z. B. konnte das System zwischen den verschiedenen Bedeutungen des russischen Verbs ‚dokhodyat' unterscheiden, das je nach Kontext für ‚erreichen', ‚reifen' oder ‚fertig sein' stehen kann. ‚Dokhodyat' wurde nur dann mit ‚reifen' übersetzt, wenn dem Verb ein Substantiv folgte, welches im Wörterbuch des Systems als ‚Frucht' oder ‚Gemüse' hinterlegt war (Hutchins, 1986).

Die Entwicklung von MÜ-Systemen, welche auf dem direkten Ansatz beruhten, wurde durch eine Reihe von Fortschritten auf dem Gebiet der formalen Linguistik in den 1950er Jahren ermöglicht. Diese ließen Entwickler:innen und Forscher:innen hoffen, dass es in absehbarer Zeit möglich sein würde, das Ziel der „Fully Automatic High Quality Translation" (FAHQT) erreichen zu können. MÜ-Forscher:innen erkannten jedoch bald, dass das direkte MÜ-Modell sehr starken Einschränkungen unterworfen war und keine nachhaltige Lösung für FAHQT darstellte (Liu, & Zhang, 2015).

Dies führte ab den 1960er Jahren zur Entwicklung von Modellen, die eine tiefere Analyse der Ausgangssprache sowie eine abstrakte Darstellung der grammatikalischen Struktur und der Aussage eines Textes zum Ziel hatten. Die russischen MÜ-Forscher Žolkovskij und Mel'čuk (1965) lieferten hierzu mit ihrem „Bedeutung-Text-Modell" einen wichtigen Beitrag. Auch das Paradigma der generativen Transformationsgrammatik von Chomsky (1965b) stellt ein wesentliches Element in diesem Zusammenhang dar. Hierbei wird von einer kommunikativen Grundkompetenz ausgegangen, die allen Menschen zuteil sei. Diese Grundkompetenz wird während des Spracherwerbs mit lexikalischen Einheiten und Morphemen besetzt. Der Interlingua-Ansatz in der MÜ basiert auf derselben Grundidee: Die Bedeutung eines Textes wird von seiner sprachlichen Oberfläche getrennt und diese in einer abstrakten Form dargestellt (Liu, & Zhang, 2015). Nachdem der ausgangssprachliche Text analysiert wurde, erfolgt die Erstellung eines sprachübergreifenden Abbildes, woraus wiederum der ZT generiert wird (siehe Abbildung 2.3).

Ziel des Interlingua-Ansatzes ist eine möglichst tiefgehende Analyse des AT, um ein abstraktes Abbild der jeweiligen Aussage zu schaffen. Die Entwicklung von Interlingua-Systemen gestaltet sich aufwendig und muss für jede Sprache einzeln durchgeführt werden. Der Interlingua-Ansatz bedarf jedoch nicht nur einer abstrakten Darstellung der grammatischen Struktur. Zusätzlich müssen auch sprachliche und somit gedankliche Konzepte sprachunabhängig dargestellt werden (ibid.). Das dabei entstehende mentale interlinguale Abbild enthält auf diese Weise alle Informationen des AT, die für die Generierung des ZT notwendig sind. Das Abbild ist somit eine Repräsentation des AT und zugleich die Basis für

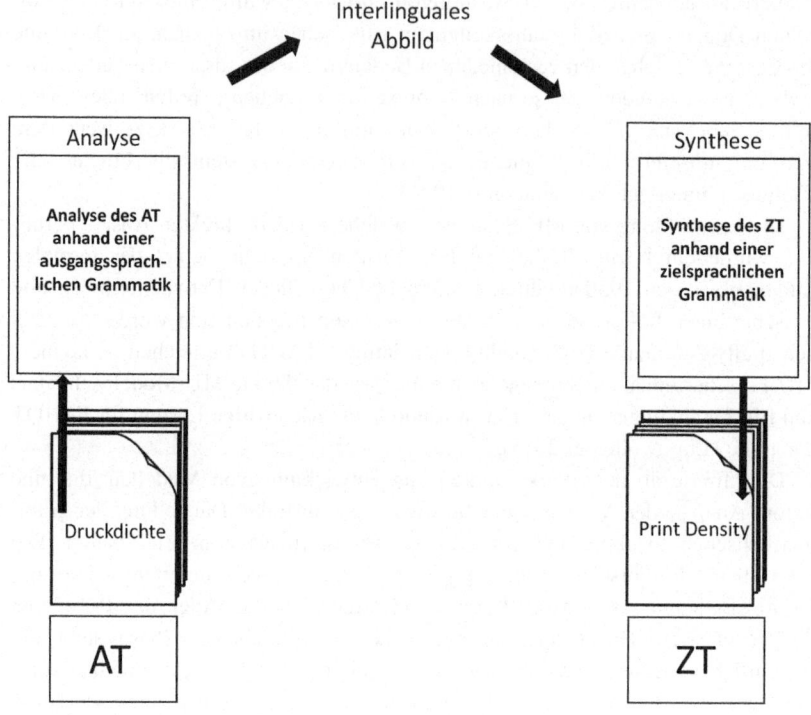

**Abbildung 2.3** Komponenten eines Interlingua MÜ-Systems (Arnold, 1994, S. 79)

die Generierung des ZT (Hutchins, & Somers, 1992). MÜ-Systeme, die auf dem Interlingua-Ansatz basieren, kommen daher weitgehend ohne kontrastive Grammatik aus, was in der Theorie die Fehleranfälligkeit beim Transfer reduziert. Das interlinguale Abbild kann eine bereits existierende Sprache oder auch eine Plansprache wie Esperanto sein. Denkbar sind auch andere Formen von Codes bis hin zu Zahlenreihen (Wilks, 2008).

Der Grundgedanke des Interlingua-Ansatzes übt seit jeher eine enorme intellektuelle Anziehungskraft auf MÜ-Forscher:innen aus. Auch von einem praktischen Standpunkt aus betrachtet bietet der Einsatz einer Interlingua in MÜ-Systemen gewisse Vorteile. So ist es wesentlich einfacher, ein System um weitere Sprachen zu ergänzen, da lediglich zusätzliche Module für die Sprachanalyse und -synthese hinzugefügt werden müssen und im Gegensatz zu direkten Modellen kein Transfermodul benötigt wird (Dorna, 2001).

## 2.2 Technische Grundlagen – von Regeln bis Neuronen

Die Schwierigkeit liegt jedoch in der Grundidee, übersprachliche Abbilder für zahllose sprachliche Konzepte festlegen zu müssen. Ein wesentliches Problem liegt darin, dass es nicht dezidiert um einzelne Wörter geht, für welche sprachunabhängige Repräsentationen gefunden werden müssen. Vielmehr gilt es, eine schier unerschöpfliche Anzahl an Bedeutungen zu abstrahieren und darzustellen (Arnold, 1994).

Eine weitere Herausforderung besteht darin, dass sich Sprachen nicht nur auf der Ausdrucksseite (*signifiant*) voneinander unterscheiden, sondern auch auf der Ebene der inhaltlichen Konzepte (*signifié*). So unterscheidet z. B. das Norwegische zwischen der Großmutter väterlicherseits (‚farmor') sowie der Großmutter mütterlicherseits (‚mormor') (Härtel, 2016). Ein weiteres Beispiel hierfür bietet das Japanische, dass in Bezug auf das Tragen von Kleidung unterscheidet, an welchem Körperteil etwas angezogen wird (z. B. Beine oder Oberkörper) (Arnold, 1994). Interlinguas müssen auch solche Unterscheidungen berücksichtigen, um Sprachen in ihrer gesamten Komplexität abbilden zu können (Härtel, 2016).

Ein weiterer Problembereich in der Konzeption von Interlinguas sind Bedeutungsunterschiede, die sich u. a. auf der Ebene der Syntax manifestieren. Die folgenden Sätze teilen zwar dieselbe Grundaussage, jedoch werden unterschiedliche Aspekte betont:

a. *The printer was serviced yesterday.*
b. *It was the printer that was serviced yesterday.*
c. *It was yesterday that the printer was serviced.* (Beispiel aus Arnold, 1994, S. 78)

Während es in diesem Fall leicht möglich scheint, ein sprachunabhängiges Abbild von (a) zu entwerfen, ist es weitaus schwieriger, die Repräsentationen der Varianten (b) und (c) so zu gestalten, dass die Unterschiede in den Bedeutungsnuancen beibehalten werden. Probleme dieser Art treten selbstverständlich nicht bei allen Aussagen und Textgenres gleichermaßen zutage. Vor allem in Fachbereichen mit einer klar definierten Terminologie kommt es tendenziell zu weniger Bedeutungsüberschneidungen und Ambiguitäten.

Interlinguas haben somit ihrem Grundprinzip nach einen stark metaphysischen Charakter. Sie müssen die Welt und die darin enthaltenen Phänomene wie Ereignisse, Personen, Prozesse und Beziehungen beschreiben und darstellen können. Da eine so umfassende und abstrakte Darstellung von sprachlichen Konzepten in der Praxis nur schwer umzusetzen ist, haben Interlinguas bis heute vor allem experimentellen Status und finden kaum Anwendung in kommerziellen MÜ-Systemen (Härtel, 2016).

Dass Prinzip einer tiefergehenden Analyse der Grundstruktur des AT und einer gewissen abstrakten Darstellung von Syntax und Semantik wurde im *transferbasierten* Ansatz beibehalten, der das dritte Modell innerhalb der regelbasierten Ansätze darstellt. *Transferbasierte* MÜ-Systeme können als Kompromiss zwischen dem direkten und dem Interlingua-Ansatz gesehen werden. Es handelt sich dementsprechend um eine Mischform dieser beiden Systeme, wobei der Grad der AT-Analyse im Vergleich zum Interlingua-Ansatz zwar weniger stark ausgeprägt ist. Gleichzeitig wird mit mehr Wissen über die Ausgangs- und Zielsprache operiert als bei direkten Ansätzen (Shiwen, & Xiaojing, 2015). Dies wird auch anhand der Vauquois-Pyramide illustriert, die oft als modellhafte Darstellung regelbasierter MÜ-Systeme herangezogen wird (siehe Abbildung 2.4). Die Höhe der Pyramide korrespondiert mit dem Ausmaß an Analyse und Abstraktion des jeweiligen Ansatzes. Die Breite gibt an, wie ausführlich die Regeln der kontrastiven Grammatik für den Transfer zwischen AT und ZT definiert sein müssen.

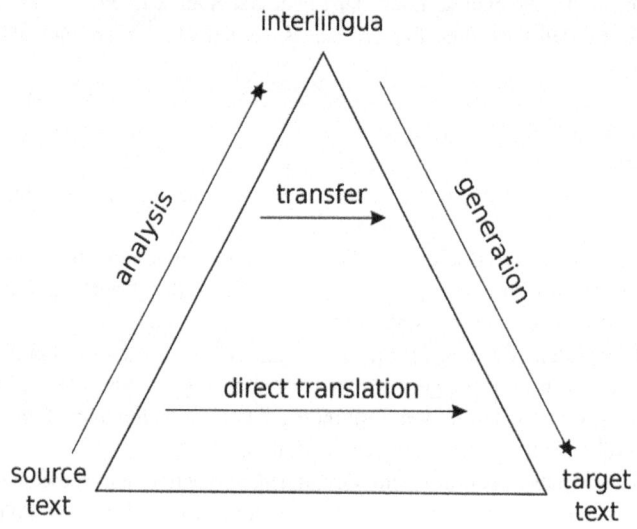

**Abbildung 2.4** Vauquois-Pyramide (Vauquois, 1968)

## 2.2 Technische Grundlagen – von Regeln bis Neuronen

Bei transferbasierten Systemen wird eine Repräsentation der AT-Grundstruktur erstellt, welche die wesentlichen morphosyntaktischen Merkmale des zu übersetzenden Satzes beinhaltet. Diese AT-Repräsentation wird anschließend mithilfe von Transferregeln in eine zielsprachliche Repräsentation übertragen, aus der wiederum mithilfe eines Wörterbuches der ZT erstellt wird (Trujillo, 1999). Die ausgangssprachliche Syntax und Grammatik werden in eine abstrakte Darstellung der zielsprachlichen Syntax und Grammatik übertragen. Dafür benötigen transferbasierte MÜ-Systeme im Vergleich zu direkten Ansätzen wesentlich mehr sprachliches Wissen (siehe Abbildung 2.5).

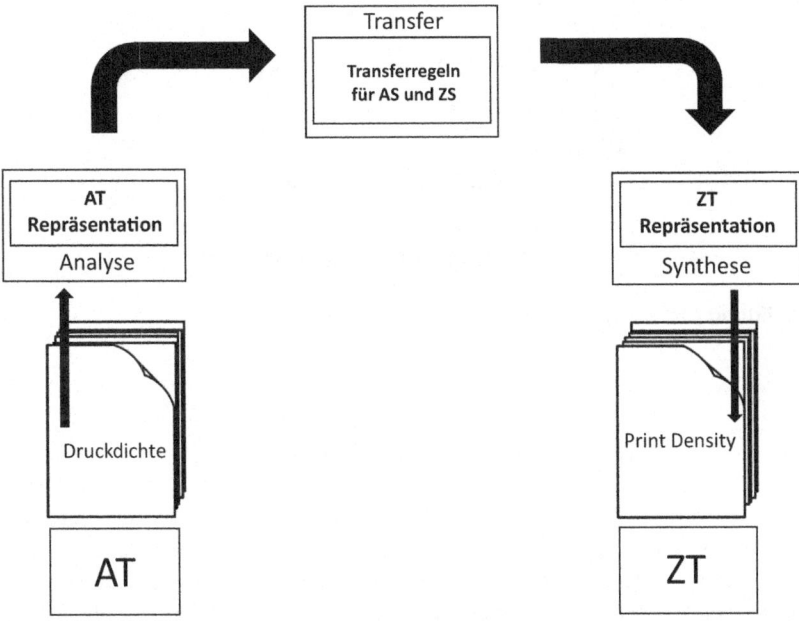

**Abbildung 2.5** Die Komponenten eines transferbasierten MÜ-Systems (Arnold, 1994, S. 68)

Im Gegensatz zu direkten Modellen gehen transferbasierte MÜ-Systeme bei einem Satz nicht von einem linearen Wortstrang aus, sondern analysieren dessen syntaktischen Aufbau. Dies basiert auf dem Grundprinzip, wonach die große Mehrzahl aller möglichen Sätze in einer Sprache bestimmten Strukturen zugeordnet werden können. Das System muss daher prototypische Satzstrukturen kennen, um so eine möglichst große Anzahl an potenziellen Konstruktionen verarbeiten zu können (Shiwen, & Xiaojing, 2015).

Im Rahmen der AT-Analyse wird untersucht, in welchen syntaktischen Beziehungen die einzelnen Satzkonstituenten zueinanderstehen. Dazu muss das System in der Lage sein, Eigenschaften wie Wortart, Kasus, Modus, Tempus und/oder Numerus zu identifizieren. Abbildung 2.6 zeigt, wie die abstrakte Repräsentation eines Beispielsatzes in Form eines Syntaxbaumes aussehen kann.

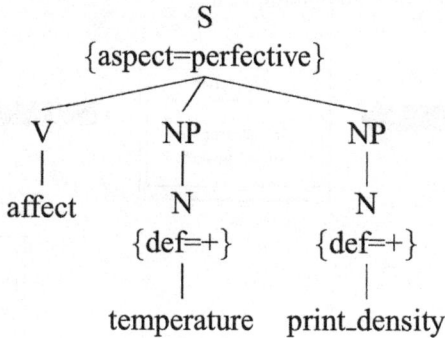

**Abbildung 2.6** AT-Syntaxbaum (Arnold, 1994, S. 69)

„The temperature has affected the print density."

Die hier abstrakt dargestellten syntaktischen Informationen, wie die Tempusangabe des Verbs oder die Art des Substantivbegleiters, müssen auch in der Zielsprache ausgedrückt werden können. Zu diesem Zweck wird die AT-Struktur anhand von kontrastiven Grammatiken in die äquivalente ZT-Struktur übertragen (siehe Abbildung 2.7).

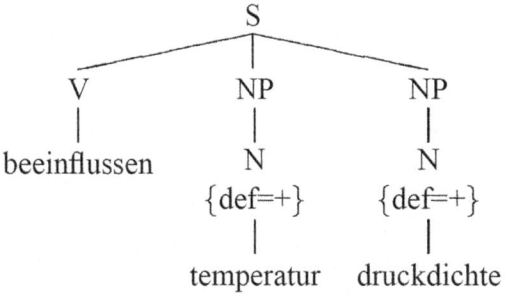

**Abbildung 2.7** ZT-Syntaxbaum (Arnold, 1994, S. 71)

Die abstrakte ZT-Repräsentation ist die Grundlage für die Erstellung des zielsprachlichen Satzes, wofür wiederum Grammatikregeln der ZS zum Einsatz kommen. Waren die vorangegangenen Schritte erfolgreich und wurden die Grammatikregeln der ZS korrekt angewendet (beispielsweise das Partizip Perfekt steht im Deutschen am Satzende), erstellt das MÜ-System den folgenden Zielsatz (Arnold, 1994, S. 71):

„Die Temperatur hat die Druckdichte beeinflusst."

Zumindest in der Theorie ließen sich die AS- und ZS-Grammatiken sowie die zweisprachigen Wörterbücher für Übersetzungen in beide Sprachrichtung verwenden. Tatsächlich sind jedoch nur wenige transferbasierte Systeme bidirektional anwendbar, da die Regeln für den Transfer der AT- in die ZT-Repräsentationen in der Praxis oft nicht umkehrbar sind (Ramlow, 2009). Ab den 1990er Jahren wurden transferbasierte Programme vor allem aufgrund ihrer guten zielsprachlichen Produktion in zahlreichen Systemen eingesetzt (Arnold, 1994).

Mittlerweile sind regelbasierte Modelle in kommerziellen MÜ-Systemen jedoch eine Seltenheit. Dies liegt vor allem an der Herausforderung, die Komplexität von Sprache in Regelform abzubilden (Shiwen, & Xiaojing, 2015). Daraus leiten sich eine Reihe von Problembereichen ab. Die Hauptschwierigkeit in der Entwicklung von RBMT liegt darin, Wissen über die menschliche Sprache zu formalisieren und Computern zugänglich zu machen. Dies muss meist manuell erfolgen und ist daher mit hohem Aufwand und großen Kosten verbunden (Hutchins, & Somers, 1992). Als Beispiel können hier Flexionsformen dienen. So werden im Deutschen Substantive, Pronomen und Numerale nach Kasus,

Numerus und Genus gebeugt. Adjektive müssen in Übereinstimmung mit dem zu beschreibenden Substantiv ebenso nach diesen Kategorien angepasst werden, wobei gegebenenfalls auch die Steigerungen (Komparativ, Superlativ) berücksichtigt werden müssen. Die Erkennung und Zuordnung von Flexionsformen sind daher eine wichtige Voraussetzung für die morphologische und syntaktische Analyse. Sie alle zu beschreiben und so darzustellen, dass Computer damit umgehen können, ist mit großem Arbeitseinsatz verbunden. Letztendlich sind sie aber auch nur ein grammatikalisches Phänomen unter vielen, die im Rahmen der Entwicklung von RBMT-Systemen formalisiert werden müssen (Shiwen, & Xiaojing, 2015).

Einerseits gilt es somit, eine große Anzahl von Grammatikregeln ins System einzupflegen, damit möglichst viele sprachliche Eigenschaften abgedeckt werden können. Andererseits steigt mit einer hohen Anzahl an Regeln jedoch auch das Konfliktpotenzial unter ihnen, da sie sich gegenseitig widersprechen könnten, was zu erhöhter Fehleranfälligkeit führt. Wenn die Regeln jedoch nicht umfassend genug sind, läuft das System Gefahr, linguistische Phänomene nicht zu erkennen bzw. umsetzen zu können. Hier die richtige Balance zu finden, ist eine der großen Herausforderungen bei RMBT-Systemen (ibid.).

Ein weiteres Problem stellen semantische und kontextuelle Mehrdeutigkeiten dar. In menschlicher Kommunikation werden diese oft durch Kontextwissen disambiguiert. Regelbasierte MÜ-Systeme müssen hierfür weitgehend auf formalisiertes Wissen zurückgreifen. In Sprachen wie Mandarin, das z. B. im Vergleich mit Deutsch über eine geringe Anzahl morphosyntaktischer Elemente verfügt, sind semantische und kontextuelle Informationen für RMBT-Systeme wesentlich schwieriger zu identifizieren als im Englischen, was im folgenden Beispiel veranschaulicht wird:

(1) 猴子 [Monkeys] 吃 [eat] 香蕉 [bananas] – Monkeys eat bananas.
(2) 學生 [Students] 吃 [eat] 食堂 [dining hall] – Students have their meals in the dining hall.
(3) 乡亲 [The folks] 吃 [eat] 大碗 [big bowls] – The folks eat with big bowls.
(Beispiel aus Shiwen, & Xiaojing 2015, S. 194)

Allein aufgrund der morphologischen Eigenschaften der Schriftzeichen in Mandarin kann ein RBMT-System in diesen Fällen keine klare Unterscheidung zwischen den unterschiedlichen Bedeutungen vornehmen. Das Programm würde für eine Übersetzung ins Englische in diesem Fall zusätzliche Kontextinformationen benötigen, um beispielsweise zu wissen, dass 香蕉 *[bananas]* Nahrungsmittel oder Früchte sind, die gegessen werden können, 食堂 *[dining hall]* ein Ort ist, in dem

## 2.2 Technische Grundlagen – von Regeln bis Neuronen

man Mahlzeiten zu sich nimmt, und 大碗 [big bowls] Behältnisse sind, aus denen gegessen werden kann. Diese Informationen müssten als zusätzlicher Eintrag im Wörterbuch des Systems vorhanden sein, damit ihm die unterschiedlichen semantischen Rollen dieser Begriffe bekannt sind und daraus die richtigen Schlüsse gezogen werden können (ibid.).

Lange Zeit konzentrierte man sich in der Entwicklung von RBMT-Systemen auf die morphologische und syntaktische Analysefähigkeit, womit einige Probleme jedoch nicht gelöst werden konnten. Mithilfe einer zusätzlichen semantischen und kontextuellen Unterscheidung können bereits einige potenzielle sprachliche Mehrdeutigkeiten geklärt werden. Allerdings ist die Bereitstellung dieser Art von Informationen mit einem großen Aufwand verbunden (Hutchins, & Somers, 1992). Nachdem Analysen auf Grammatikebene bei RBMT-Systemen jedoch bereits an ihre Grenzen stoßen, ist es notwendig, sich in Zukunft noch mehr mit Wissen über Kontext und Semantik zu beschäftigen (Church, 2007).

Diese Überlegungen stehen in Verbindung mit der prinzipiellen Situationsabhängigkeit von sprachlichen Informationen, die ebenfalls ein großes Problem für MÜ darstellt. Suchman (2007) spricht in diesem Zusammenhang vom Konzept der *Situated Action*, wonach jegliches Handeln immer in einen Kontext eingebettet ist und auch aus diesem heraus interpretiert werden muss. Hier schließt das Konzept der Indexikalität von Sprache an. Die Bedeutung von Ausdrücken hängt demnach von deren Verwendung in der jeweiligen Situation ab. Vor allem die konkrete kommunikative Intention hinter sprachlichen Zeichen steht in engem Zusammenhang mit dem Kontext, in dem sie gebraucht werden. Gegenseitiges Verständnis wird demnach durch Interaktion aus der jeweiligen Situation heraus erzeugt und basiert nicht auf statischen Bedeutungskonzepten, die an einzelne Ausdrücke gebunden sind. Diese Berücksichtigung der Situationsgebundenheit von Sprache, stellt eine essenzielle Herausforderung in der Entwicklung von MÜ-Systemen dar.

Nicht zuletzt durch die oben genannten Probleme sind regelbasierte MÜ-Systeme meist nur für eng definierte Bereiche einsetzbar. Umgekehrt ausgedrückt kann die thematische Einschränkung eines RBMT-Systems die Übersetzungsqualität erhöhen, denn durch die Einschränkung auf ein konkretes Feld wird auch der Aufwand für die Erstellung von Wörterbüchern und Grammatikregeln gering gehalten (Hutchins, 2004). RBMT-Systeme zu erweitern, gestaltet sich oft als schwer durchführbar, weshalb sie weitgehend von datenbasierten MÜ-Systemen verdrängt wurden (Shiwen, & Xiaojing, 2015).

## 2.2.2 Datenbasierte Systeme

Im Gegensatz zu RBMT-Systemen funktionieren *datenbasierte* MÜ-Methoden nicht auf der Grundlage von Regeln, sondern auf Sammlungen bereits übersetzter Texte. Datenbasierte Modelle wurden zwar bereits in den 1980ern beschrieben (Nagao, 1984), erfolgreich in der Praxis angewandt wurden sie aber erst Anfang der 1990er Jahre, durch die Verfügbarkeit von Computern mit größeren Speicherkapazitäten und höherer Rechenleistung (Somers, 2003).

Die Grundidee hinter daten- bzw. korpusbasierten Ansätzen ist die Nutzbarmachung bereits existierender Übersetzungen für Maschinen. Das Herzstück eines solchen Systems ist daher das Parallelkorpus. Dieses besteht aus Textdokumenten, welche in der Ausgangs- und Zielsprache vorliegen und Maschinen in der Form von Übersetzungsbeispielen zur Verfügung gestellt werden (Isabelle, & Foster, 2006). Zwar sind zweisprachige Korpora wesentlich seltener als einsprachige, mittlerweile existieren jedoch große Paralleltextsammlungen, die bereits so aufbereitet wurden, dass sie direkt von MÜ-Systemen nutzbar gemacht werden können (Hajlaoui et al., 2014). Dazu müssen die einzelnen AT- und ZT-Segmente einander zugeordnet werden, was als *Alignieren* bezeichnet wird.

Die einfachste Methode, einen Text mithilfe eines alignierten Korpus zu übersetzen, wäre somit, darin nach Sätzen zu suchen, die zu 100 % dem Ausgangstext entsprechen. Auch wenn hierfür sehr große Korpora verwendet werden, ist die Wahrscheinlichkeit perfekter Übereinstimmungen auf Satzebene jedoch relativ klein. Auf der anderen Seite des Spektrums besteht die Möglichkeit, Übereinstimmungen auf Wortebene zu finden und diese einzeln anhand des Korpus auszutauschen. Allerdings kann das ähnliche Probleme wie bei regelbasierten Ansätzen hervorrufen. Zwar weisen die meisten korpusbasierten Systeme eine komplexere Funktionsweise auf, als entweder nach übereinstimmenden Sätzen oder Wörtern zu suchen, jedoch illustrieren diese beiden Extrembeispiele das Grundproblem von korpusbasierten Ansätzen: das Finden einer Balance zwischen kleineren und größeren Übersetzungseinheiten. Einerseits sollen jedenfalls Treffer im Korpus gefunden werden damit ein Output erfolgen kann. Andererseits soll die produzierte Übersetzung jedoch auch gewisse Erwartungen an Sprache und Inhalt erfüllen (Isabelle, & Foster, 2006).

Die Leistung eines datenbasierten Systems ist daher eng an die Größe und die Qualität der zur Verfügung gestellten Paralleltexte geknüpft. Auch die im Korpus enthaltene Terminologie spielt in diesem Zusammenhang eine wesentliche Rolle. Besteht das Korpus z. B. vor allem aus Fachtexten zum Thema Familienrecht, wird das System zu diesem Bereich bessere Ergebnisse liefern als zu einem anderen beliebigen Fachgebiet. Je genauer das Trainingskorpus mit dem

Fachgebiet des zu übersetzenden Textes übereinstimmt, desto bessere Ergebnisse können erzielt werden (Härtel, 2016). Durch die einfachere innere Architektur weisen korpusbasierte Systeme eine größere Robustheit auf als regelbasierte. Dieser Vorteil wird vor allem im Umgang mit häufig vorkommenden lexikalischen Phänomenen deutlich. Deckt das verwendete Korpus jedoch die im AT vorkommende Terminologie nicht ausreichend ab, kommt es zwangsläufig zu schlechteren Ergebnissen. Wenn also genügend relevante Korpora zu einem Thema vorhanden sind, kann ein solches System mit wesentlich geringerem Aufwand als ein regelbasiertes entwickelt werden. Ist dies jedoch nicht der Fall, wird ein korpusbasiertes System, verglichen mit einem regelbasierten, schlechtere Ergebnisse liefern (Isabelle, & Foster, 2006). Datenbasierte Methoden teilen sich in die Subtypen der *beispiel-*, *statistikbasierten* und *neuronalen* Ansätze.

Beispielbasierte MÜ-Systeme („example-based MT" – EBMT) verwenden das Korpus als Grundlage für direkte Übersetzungsbeispiele. Dieses Modell basiert auf dem Konzept, bestehende Übersetzungen für neue nutzbar zu machen, und wurde zunächst in der Form einer Unterstützung für Humanübersetzer:innen vorgeschlagen. So führte Kay (1976) den Begriff „Translation Memory" (TM) ein, um ein System zu bezeichnen, das innerhalb einer Datenbank auf bereits existierende Übersetzungen zurückgreift und diese zur Verwendung vorschlägt, wenn ein gleicher oder ähnlicher Text übersetzt werden soll. Heute sind diese Systeme fixer Bestandteil von Programmen für computergestütztes Übersetzen.

EBMT-Systeme gehen noch einen Schritt weiter, da sie nicht nur auf bereits vorhandene Übersetzungen zurückgreifen, sondern diese auch selbstständig recyceln, um neue Übersetzungen zu erstellen. Der japanische MÜ-Forscher Makoto Nagao machte Anfang der 1980er Jahre in Form seines „analogy translation principle" einen Vorschlag in diese Richtung:

> Man does not translate a simple sentence by deep linguistic analysis, rather, man does translation, first, by properly decomposing an input sentence into certain fragmental phrases, […] then by translating these phrases into other language phrases, and finally by properly composing these fragmental translations into one long sentence. The translation of each fragmental phrase will be done by the analogy translation principle with proper examples as its reference. (Nagao, 1984, S. 178 f.)

In diesem Zitat werden die drei Hauptkomponenten von beispielbasierten MÜ-Systemen ersichtlich: (1) die Datenbank nach übereinstimmenden AT-Fragmenten durchsuchen, (2) die betreffenden ZT-Fragmente identifizieren, (3) die einzelnen ZT-Fragmente zu einer neuen Übersetzung rekombinieren (Somers, 2003, S. 7). Dieses Grundprinzip wird am folgenden Beispiel (Wong Tak-ming, & Webster

2015, S. 141 f.) illustriert: Übersetzt werden soll der Beispielsatz „Sie kaufte einen Blumenstrauß für ihre Mutter". Das Korpus enthält die Sätze (a), (b) und (c):

(a) Sie kaufte ein Buch. → She bought a book.
(b) Thomas bindet einen Blumenstrauß. → Thomas makes a bouquet.
(c) Sie backte einen Kuchen für ihre Mutter. → She baked a cake for her mother.

Vorausgesetzt, dass die einzelnen Datenbankeinträge (Übersetzungssegmente) zuvor korrekt aligniert wurden, stellt das System die folgende Rekombination der Zieltextsegmente zusammen: (a) ‚Sie kaufte' mit ‚she bought' (b) ‚einen Blumenstrauß' mit ‚a bouquet' und (c) ‚für ihre Mutter' mit ‚for her mother'. Somit kann das EBMT-System folgende Übersetzung erstellen: „She bought a bouquet for her mother."

Im ersten Schritt wird im Korpus nach Beispielen gesucht, die dem vorliegenden Ausgangstext möglichst genau entsprechen. Klassischerweise werden Beispiele auf Satzebene gespeichert, was sich jedoch in der Suche nach exakten Übereinstimmungen oft als zu großangelegt herausstellt (Wong Tak-ming, & Webster 2015, S. 141). Daher werden Sätze sehr häufig in kleinere Fragmente unterteilt, wobei im Rahmen dieser weiteren Segmentierung vorab definierte Regeln zur Anwendung kommen. So wird beispielsweise bei Roh et al. (2003) ein System beschrieben, das Sätze mit Hilfe von „chunks" und „partitions" weiter unterteilt. Als „chunks" werden zusammengehörige Substantive, Adjektive und Adverbien sowie fixe Redewendungen verstanden. „Partitions" unterteilen Sätze in kleinere Fragmente anhand von Anhaltspunkten wie Satzzeichen, Bindewörtern und Verben. Um im Korpus auf Einträge zu stoßen, die mit den AT-Fragmenten übereinstimmen, muss unter Umständen die „edit-distance" angepasst werden. Im konkreten Fall kann das bedeuten, dass einzelne Buchstaben in den AT-Segmenten weggelassen oder hinzugenommen werden müssen, bis es zu einer Übereinstimmung zwischen Korpus und Ausgangstext kommt. Programme zur Textverarbeitung, Rechtschreibprüfung und auch Translation Memories arbeiten anhand ähnlicher Verfahren (Wong Tak-ming, & Webster, 2015).

Nach der Erfassung der Übereinstimmungen zwischen den AT-Fragmenten und den Korpuseinträgen gilt es, die benötigten ZT-Fragmente zu identifizieren und zu extrahieren. Dabei muss das System feststellen, welche Teile der Beispielübersetzung aus dem Korpus den zu übersetzenden AT-Segmenten entsprechen (Somers, 2003). Dies kann durch das oben beschriebene Verfahren der weiteren Segmentierung erleichtert werden (Isabelle & Foster, 2006).

## 2.2 Technische Grundlagen – von Regeln bis Neuronen

Der darauffolgende Schritt, die Rekombination der einzelnen ZT-Fragmente, wird stark durch die vorhergehenden Prozesse beeinflusst. Dies gilt insbesondere für die Art und Weise, wie Übersetzungsbeispiele gespeichert werden, und welche Informationen zusätzlich zu diesen in der Datenbank vorliegen. Im Rekombinationsprozess wird ein grammatikalisch korrekter und verständlicher Output in der Zielsprache generiert. So reicht es beispielsweise nicht aus, die einzelnen ZT-Fragmente in der ursprünglichen AT-Struktur aneinanderzureihen (Wong Tak-ming, & Webster, 2015). Eine gängige Lösung für dieses Problem stellt die Kombination mit statistikbasierten Methoden dar. So schlagen Kit et al. (2002) einen Ansatz vor, bei dem anhand eines statistischen Sprachmodells die wahrscheinlichste Wortreihenfolge errechnet wird.

Im Rahmen der Rekombination dieser Segmente kann es zu grammatikalischen Problemen bei den Übergängen zwischen den einzelnen Segmenten kommen. Diese „boundary frictions" treten beispielsweise auf, wenn Wörter nicht korrekt flektiert werden. Um diese Fehler zu korrigieren, kann auf eine wissensbasierte Komponente wie ein regelbasiertes Sprachmodell zurückgegriffen werden. So werden gegebenenfalls notwendige morphosyntaktische Übereinstimmungen durchgeführt (Richardson et al., 2001; Brockett et al., 2002).

Das oben angesprochene statistische Verfahren wird nicht nur im Rahmen von EBMT verwendet, sondern existiert innerhalb der korpusbasierten MÜ-Ansätze auch in der Form eines eigenständigen MÜ-Modells. Bereits zur Mitte des vergangenen Jahrhunderts sprach Weaver (1949/1955) davon, statistische Verfahren zur Übersetzung von natürlichen Sprachen einzusetzen. Dieser Vorschlag war vor allem durch die frühen Erfolge in der Kryptographie motiviert. Allerdings waren die technischen Voraussetzungen für den Einsatz solcher Methoden damals noch nicht gegeben (Yang, & Min, 2015). Erst in den späten 1980er Jahren begann eine Gruppe von Entwickler:innen bei IBM an statistischen MÜ-Verfahren zu arbeiten. Brown et al. (1993) veröffentlichten schließlich mit „The Mathematics of Machine Translation: Parameter Estimation" eine Beschreibung jener Methoden, die später als „IMB-Modelle" bekannt wurden (siehe auch Abschnitt 2.1). Spätere Beiträge zu „statistical machine translation" (SMT) griffen eben diese Modelle auf und entwickelten sie weiter.

Sowohl statistik- als auch beispielbasierte MÜ-Methoden beruhen zwar auf der Verwendung von Korpora, jedoch verwenden SMT-Systeme keine vorgefertigten Übersetzungssegmente. Vielmehr werden Korpora als Grundlage zur Berechnung statistischer Zusammenhänge zwischen den einzelnen AT- und ZT-Segmenten herangezogen. Daraus entsteht ein Übersetzungsmodell, das einem zweisprachigen Wörterbuch ähnelt, in dem jedoch mit jeder einzelnen AT- und ZT-Entsprechung eine Wahrscheinlichkeit assoziiert ist. So wird eine Reihe von plausiblen Übersetzungsmöglichkeiten generiert, wobei manche laut dem Modell wahrscheinlicher sind als andere. Nachdem die Übersetzung mit der höchsten Wahrscheinlichkeit ermittelt wurde, überprüft das Sprachmodell, wie wahrscheinlich die vorgeschlagenen Wortsequenzen in der Zielsprache sind. Dieses Sprachmodell beruht auf einem einsprachigen Korpus der Zielsprache und berechnet die Plausibilität einer konkreten Wortfolge (Hearne, & Way, 2011).

Die oben beschriebenen Komponenten des Übersetzungs- und des Sprachmodells werden auch in der klassischen Formel für SMT-Modelle ersichtlich (Brown et al., 1990, 1993):

$$Translation = argmax_T P(S|T) \cdot P(T)$$

*Translation* steht hier für den gewünschten Output. Dieser ist durch jene Übersetzung ($T$) gekennzeichnet, die den höchsten Wert (*argmax*) für *P(S|T)* sowie für *P(T)* aufweist. *P(S|T)* steht hier für das Übersetzungsmodell und somit für die Wahrscheinlichkeit der Entsprechung des Ausgangssegments (S) mit dem Zielsegment (T). *P(T)* steht für das Sprachmodell, welches eine Aussage darüber treffen soll, ob die potenzielle Übersetzung eine plausible ZS-Sequenz darstellt. Während das Übersetzungsmodell bspw. errechnet, ob ‚die Katze' eine wahrscheinliche Übersetzung für ‚the cat' ist, trifft das Sprachmodell eine Aussage darüber, inwiefern ‚die Katze' eine plausible Sequenz in der Zielsprache darstellt. Für das Übersetzungsmodell geben Hearne und Way (2011) ein Beispiel in Form einer Tabelle mit Wahrscheinlichkeitswerten für einzelne AT- und ZT-Segmente, welche aus einem alignierten Parallelkorpus abgeleitet wurden (siehe Tabelle 2.1).

**Tabelle 2.1**
Wahrscheinlichkeit der Übereinstimmung einzelner AT- und ZT-Segmente (Hearne & Way, 2011, S. 212)

| S | T | P (S/T) |
|---|---|---|
| I need | je dois | 0,1 |
| I | je | 0,7 |
| need | dois | 0,05 |
| to return | retourner | 0,3 |
| tomorrow | demain | 0,4 |
| return tomorrow by | retourner demain | 0,0001 |

Die Übereinstimmungswerte der einzelnen AT- und ZT-Segmente werden miteinander multipliziert, um den Gesamtwert zu berechnen (siehe Abbildung 2.8).

Ausgangssegment: je dois | retourner | demain
Hypothese: i need | to return | tomorrow
P(Ausgangssegment|Hypothese) = P(je dois|I need). P(retourner|to return). P(demain|tomorrow) = 0.012

**Abbildung 2.8** Wahrscheinlichkeitsberechnung anhand eines SMT-Übersetzungsmodells (Hearne, & Way, 2011, S. 212)

Gleichzeitig berechnet das Sprachmodell, ausgedrückt durch $P(T)$, ob die Übersetzung $(T)$ eine korrekte Wortsequenz in der Zielsprache darstellt. Kenny und Doherty (2014, S. 278) zeigen, dass ein Sprachmodell in seiner einfachsten Form aus einem Korpus abgeleitet werden kann, der aus nur einem Satz wie dem folgenden besteht: „She lives in the biggest house in the biggest village." In diesem Beispiel kommt ‚she' in zehn Wörtern einmal vor, während ‚biggest', ‚in' und ‚the' jeweils zwei Mal vorkommen. Somit ist die Wahrscheinlichkeit des Vorkommens von ‚she' im Korpus eins zu zehn (0,1) von ‚biggest' zwei zu zehn (0,2) usw. Solche Unigramm-Modelle können in einer Tabelle wie der folgenden abgebildet werden, wobei E für einen Ausdruck steht und P(e) für die Wahrscheinlichkeit, mit der das Wort vorkommt (siehe Tabelle 2.2).

**Tabelle 2.2** Beispiel eines einfachen Unigramm-Sprachmodells (Kenny, & Doherty, 2014, S. 279)

| E | P(e) |
|---|---|
| she | 0,1 |
| lives | 0,1 |
| in | 0,2 |
| the | 0,2 |
| biggest | 0,2 |
| house | 0,1 |
| village | 0,1 |

Anhand dieser Tabelle kann nun die Wahrscheinlichkeit der sprachlichen Korrektheit für einen beliebigen Satz wie den folgenden berechnet werden: „She lives in the village."

$$P(she).P(lives).P(in).P(the).P(village)$$
$$= (0.1) \times (0.1) \times (0.2) \times (0.2) \times (.01)$$
$$= 0.00004 \text{ (oder 4 zu 100.000)}$$

Unigram-Modelle sind zwar einfach zu erstellen, weisen jedoch auch Schwachstellen auf. So erzielen kürzere Sätze automatisch bessere Bewertungen, wobei keine Rücksicht auf die Wortstellung genommen wird. Um die Wahrscheinlichkeit von bestimmen Wortfolgen berechnen zu können, wird auf *Bi-, Tri-* oder *Quadrigramme* zurückgegriffen (Wortfolgen aus zwei, drei bzw. vier Wörtern). Mit steigender Länge sinkt jedoch die Wahrscheinlichkeit, passende Beispiele zu finden (Pfister, & Kaufmann, 2008). Daher werden üblicherweise längere und kürzere Modelle miteinander kombiniert, um deren jeweilige Nachteile auszugleichen und deren unterschiedliche Vorteile nutzen zu können. Ähnlich der Ergänzung durch eine regelbasierte Komponente bei EBMT-Systemen (siehe Abschnitt 2.2.1) trägt das statistische Sprachmodell dazu bei, die vorgeschlagenen Übersetzungssegmente den zielsprachlichen Strukturen anzupassen. Am Ende werden die Werte des Übersetzungs- und des Sprachmodells miteinander multipliziert und jene Übersetzungshypothese ausgewählt, die den insgesamt höchsten Wert erzielt (Kenny, & Doherty, 2014, S. 281 ff.).

Korpusbasierte MÜ-Systeme, zu denen die hier beschriebenen SMT-Modelle zählen, weisen jedoch auch eine Reihe von Schwachstellen auf. Probleme entstehen vor allem dann, wenn nicht ausreichend Datenmaterial in Form von alignierten Parallelkorpora vorliegt. So mangelt es häufig an Bitexten für bestimmte Fachbereiche, wodurch die Generierung qualitativ hochwertigen Outputs erschwert wird. Dieses Problem entsteht ebenfalls bei der Entwicklung von MÜ-Systemen für Kombinationen zwischen kleineren Sprachen, weshalb in solchen Fällen häufig Englisch als Zwischensprache dient (Lopez & Post, 2013). Wird ein korpusbasiertes MÜ-Programm im Rahmen eines automatischen Dolmetschsystems eingesetzt, sollte dieses vor allem auf Paralleltexten basieren, die aus mündlicher Kommunikation stammen. Die meisten solcher Daten stützen sich jedoch auf ursprünglich schriftliches Textmaterial, womit diese Bitexte die Konventionen von gesprochener Sprache kaum abbilden. Eine Möglichkeit, an größere Datenmenge von Paralleltexten für gesprochene Sprache zu kommen, ist, diese selbst zu generieren. Dafür geeignet sind vor allem Aufzeichnungen gedolmetschter Reden. Da solche Aufnahmen jedoch transkribiert werden müssen, gestaltet sich dieser Vorgang als sehr aufwändig (Wahlster, 2000).

Ein weiteres Problem stellen Sprachen dar, die sehr komplexe Wortbildungsmechanismen in Form von Flexionsformen etc. aufweisen, wie es z. B. im Deutschen, Finnischen oder Arabischen der Fall ist. Kommen die betreffenden Wortformen im Korpus nicht vor, können diese schwerer erkannt und produziert werden (Lopez, & Post, 2013). In diesem Zusammenhang können hybride Modelle Abhilfe schaffen, indem datenbasierte Systeme durch regelbasierte ergänzt werden. Fehlen beispielsweise Einträge im Korpus, so kann dies

## 2.2 Technische Grundlagen – von Regeln bis Neuronen

durch ein regelbasiertes System mit seinen Lexika und durch Grammatikregeln kompensiert werden (Liu, & Zhang, 2015). Statistikbasierte Systeme wurden bereits in vielen Bereichen von „neural machine translation" (NMT) verdrängt. NMT stellt die aktuelle Generation maschineller Übersetzungssysteme dar und kommt vor allem bei webbasierter MÜ immer stärker zur Anwendung. Bereits seit den frühen 2010er Jahren wird versucht künstliche neuronale Netze für MÜ nutzbar zu machen (Alpaydın, 2014). Um das Jahr 2015 schien die Outputqualität schließlich ausreichend hoch, um NMT auch in kommerziellen MÜ-Systemen einzusetzen. 2016 migrierte beispielsweise Google sein MÜ-System von SMT zu NMT, da die Implementierung des neuen Modells wesentlich bessere Ergebnisse und somit höhere Kundenzufriedenheit in Aussicht stellte (Turovsky, 2016b).

Die Basis für neuronale maschinelle Übersetzung bildet der computerwissenschaftliche Ansatz des *maschinellen Lernens*, mit dem bereits ab den 1980er Jahren experimentiert wurde. Da die Rechenleistung und Speicherkapazitäten damals jedoch noch nicht ausreichend waren, um maschinelles Lernen in der Praxis einzusetzen, dauerte es noch einige Zeit, bis sich dieser Ansatz zu einem relevanten Paradigma der Informationsverarbeitung entwickelte (Alpaydın, 2014). Im Zusammenhang mit maschinellem Lernen werden oft die Schlagwörter „big data" und „data mining" erwähnt. Anhand großer Datenmengen sollen Computerprogramme selbst lernen Probleme zu lösen. Der wesentliche Unterschied zu anderen Herangehensweisen der Informationsverarbeitung besteht darin, dass zwar Menschen die Regeln für Lernvorgänge definieren, die Programme jedoch selbstständig Lösungen für Probleme entwerfen. Somit kann maschinelles Lernen dem Bereich der künstlichen Intelligenz (KI) zugeordnet werden (Alpaydin, 2016).

Ausgangspunkt für diese Lernvorgänge sind stets große Datenmengen, aus denen je nach Problemstellung gewisse Regelmäßigkeiten abgeleitet werden. Ein Anwendungsbereich für maschinelles Lernen ist beispielsweise Bilderkennung. Soll ein Programm z. B. lernen Hunde- von Katzenfotos zu unterscheiden, werden dem Programm zunächst Bilder der beiden Tiere präsentiert und dazu angegeben, ob es sich bei den einzelnen Fotos um einen Hund oder eine Katze handelt. Dass Programm lernt über „triall-and-error", bestimmte Merkmale mit dem jeweiligen Tier zu assoziieren. Diese Unterscheidungsmerkmale werden von der Maschine selbst erlernt, weshalb im Nachhinein oft nicht eindeutig nachvollzogen werden kann, wie ein bestimmter Output zustande kam. Je größer und diverser das Trainingsmaterial ist und je besser die Lernvorgänge funktionieren, desto genauer kann das Programm am Ende des Lernvorgangs zwischen den Bildern beider Tieren unterscheiden (Baranovskis, 2019). Die Unterscheidungskriterien basieren auf wiederkehrenden Mustern, die das Programm dem Trainingsmaterial entnimmt. Im Fall von NMT werden ebenfalls Regelmäßigkeiten benötigt, die dem Trainingsmaterial entnommen werden, damit das System lernt, zwischen natürlichen Sprachen zu übersetzen (Alpaydin, 2016).

Ähnlich wie statistikbasierte MÜ arbeiten auch NMT-Systeme auf der Grundlage großer Korpora, bestehend aus Texten der Ausgangs- und Zielsprache. Bevor jedoch Korrespondenzen zwischen einzelnen AT- und ZT-Segmenten gelernt werden, erstellt das NMT-System sein eigenes Modell der betreffenden Sprachen. Anhand der AT- und ZT-Korpora werden alle darin vorkommenden Wörter in einem sogenannten „Bedeutungsraum" platziert. Dabei handelt es sich um einen virtuellen mehrdimensionalen Raum, in dem ein Wort entsprechend seiner Beziehung zu anderen Wörtern positioniert wird. Wörter mit ähnlicher Bedeutung bzw. Funktion befinden sich beispielsweise in derselben Gegend (Forcada, 2017, S. 295) (siehe Abbildung 2.9).

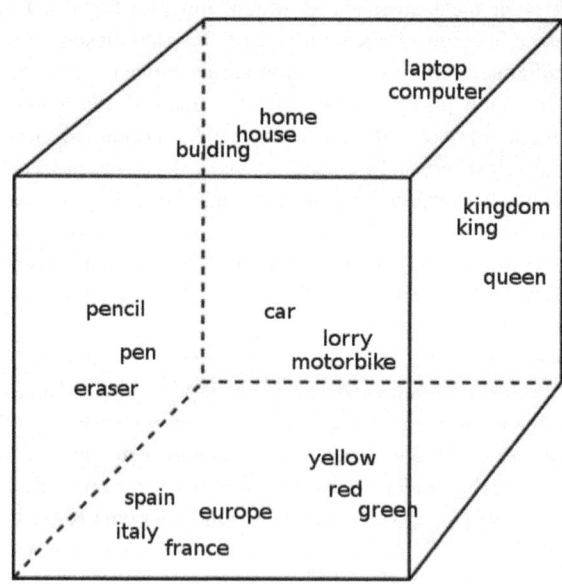

**Abbildung 2.9** Vereinfachte Darstellung eines Bedeutungsraums (Forcada, 2022)

Im „Bedeutungsraum" in Abbildung 2.9 sind bedeutungsverwandte Wörter (bspw. Länder oder Farben) in relativer Nähe zueinander angeordnet. Die Position der einzelnen Wörter innerhalb eines „Bedeutungsraums" korreliert mit den semantischen Gegebenheiten einer Sprache. In der Praxis haben diese „Bedeutungsräume" jedoch nicht nur drei Dimensionen, wie in diesem Beispiel, sondern mehrere hundert. Wenn anhand des Trainingsmaterials ein Modell der Ausgangs- und Zielsprache erstellt wurde, muss das System in einem nächsten Schritt lernen, wie die Elemente der verschiedenen Sprachsysteme miteinander korrespondieren (Forcada, 2017). Dazu werden Zuordnungsfunktionen erstellt, die graphisch umgesetzt die Form eines Vektors annehmen (siehe Abbildung 2.10).

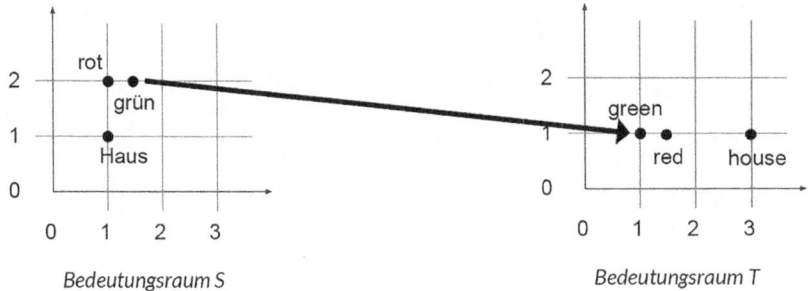

Bedeutungsraum S                    Bedeutungsraum T

**Abbildung 2.10** Zuordnungsfunktion als Vektor in einem zweidimensionalen Bedeutungsraum (vereinfachte Darstellung) (Läubli, 2019)

In realen Trainingsszenarien werden Bedeutungsräume und Zuordnungsfunktionen gemeinsam erstellt, wobei Wörter nicht isoliert voneinander betrachtet werden, sondern stets gemeinsam mit jenen Wörtern, die ihnen im Korpus innerhalb eines Satzes vorangehen.

Die Erstellung der Zuordnungsfunktion erfolgt mithilfe von Software, die künstliche neuronale Netzwerke simuliert. Diese Netzwerke sind von der Neuronenarchitektur des Gehirns inspiriert und ermöglichen maschinelle Lernprozesse. Im Fall von neuronalen Netzwerken fungieren Neuronen als Knotenpunkte, die Informationen in Form von Zahlenwerten speichern. Je nachdem, wie stark diese Knotenpunkte durch einen Input aktiviert werden und wie stark die Verbindung zu anderen Knotenpunkten ist, werden wiederum andere Neuronen aktiviert, bis schließlich ein bestimmter Output generiert wird (Koehn, 2020) (siehe Abbildung 2.11).

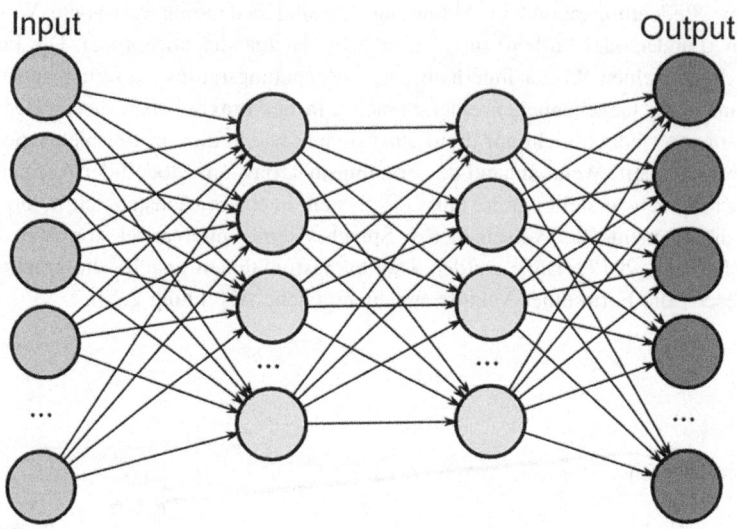

**Abbildung 2.11** Darstellung eines künstlichen neuronalen Netzwerkes (Wikimedia Commons, 2010)

Wenn ein neuronales Netzwerk auf das Übersetzen für eine bestimmte Sprachrichtung trainiert wird, geschieht dies anhand von Beispielübersetzungen, die durch das Netzwerk geschickt werden. Am Anfang steht ein beliebiger Input-Satz, der zu Beginn noch einen wahllosen Output generiert. Anhand einer Beispielübersetzung, die als Maßstab für das optimale Ergebnis dient, lernt das System, wie die Übersetzung idealerweise aussehen müsste. Daraufhin werden die Werte im neuronalen Netzwerk so angepasst, dass das produzierte Ergebnis (AT-Segment) näher am gewünschten Output (ZT-Segment aus der Beispielübersetzung) liegt (Forcada, 2017). Abbildung 2.12 stellt diese Ein- und Ausgabe-Architektur eines NMT-Systems auf vereinfachte Weise dar. Die Graphik veranschaulicht, wie ein für das NMT-System aufbereitetes Eingabesegment (ich, bestell@@, e, Kaffee) bestimmte Neuronen mit ihrem gespeicherten Zahlenwert aktiviert, die durch ihre jeweiligen Verbindungen wiederum benachbarte Neuronen aktivieren. Das System wird so lange anhand des Beispielmaterials trainiert, bis die Ergebnisse möglichst nahe an den Referenzübersetzungen liegen.

## 2.2 Technische Grundlagen – von Regeln bis Neuronen

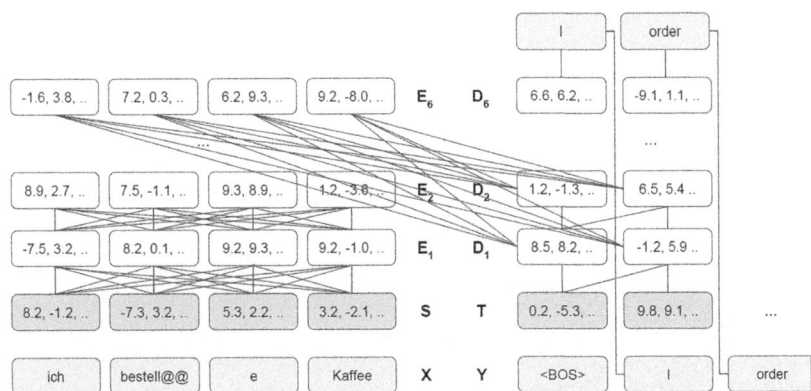

**Abbildung 2.12** Vereinfachte Ein- und Ausgabearchitektur eines NMT-Systems (Läubli, 2019)

Im Gegensatz zu statistikbasierten Modellen ermöglichen es künstliche neuronale Netze, Eigenschaften von Wörtern zu berücksichtigen, die mit ihrer semantischen Funktion in der jeweiligen Sprache korrelieren. NMT-Systeme berechnen die Wahrscheinlichkeit mit der ein bestimmtes Wort, auch *Token* genannt, an einer bestimmten Stelle im Satz steht. Die Tokens im ZT werden so der Reihe nach berechnet (Forcada, 2022). Auf diese Weise werden Ausgabesätze schrittweise Wort für Wort aufgebaut, wobei immer die vorangehenden Wörter mitberücksichtigt werden, was im Vergleich zu SMT-Systemen zu höherer Kohäsion führt. Ein weiterer Vorzug von NMT-Systemen ist, dass sie keine separaten Module für Übersetzung, Lexik und Syntax verwenden, sondern Übersetzungen ganzheitlich („end-to-end") innerhalb eines in sich geschlossenen Modells produzieren (Koehn, 2020).

Diese Vorteile führen in der Praxis auch zu besseren Ergebnissen. So konnten Bentivogli und Kolleg:innen (2016) zeigen, dass NMT-Systeme im Vergleich zu statistikbasierter MÜ signifikant weniger Fehler auf morphologischer, lexikalischer und syntaktischer Ebene produzieren, was auch zu einem geringeren Aufwand im Post-Editing führt. Die besseren Ergebnisse, die mit neuronaler MÜ erzielt werden können, trugen auch massiv zur Massentauglichkeit der Technologie bei.

# 3 Maschinelles Übersetzen und Translationstheorie

MÜ kann als gemeinsames interdisziplinäres Forschungsobjekt von Computerlinguist:innen und Translationswissenschaftler:innen gesehen werden. In der Translationswissenschaft wurde eine grundsätzliche Auseinandersetzung mit MÜ jedoch über lange Zeit hin vernachlässigt. Eine Erklärung hierfür besteht in der Assoziation von MÜ mit einem mechanistischen Verständnis von Translation, von dem man sich in der TW spätestens seit dem „cultural turn" zu distanzieren versuchte. Dabei bieten translationswissenschaftliche Theorien eine reichhaltige Grundlage für eine kritische Auseinandersetzung mit MÜ. Darüber hinaus können zahlreiche Ansätze aus der TW an Konzepten der MÜ getestet und unter einem neuen Licht diskutiert werden.

## 3.1 Translationswissenschaft und maschinelles Übersetzen als enge Verwandte

Die MÜ-Forschung sowie die TW weisen bezüglich ihrer Entwicklung – vor allem in ihren jeweiligen Anfangsphasen – Parallelen auf. Im Laufe der zweiten Hälfte des letzten Jahrhunderts haben sich beide Felder schrittweise zu eigenständigen Forschungsbereichen etabliert, wobei sie in ihrer theoretischen und methodologischen Ausrichtung unterschiedliche Wege einschlugen. In den 1960er und 1970er Jahren teilten die frühe Translationswissenschaft und die MÜ-Forschung allerdings noch ähnliche Grundannahmen.

## 3.1.1 Linguistische Ansätze und der Äquivalenzbegriff

Noch in den 1950er und 1960er Jahren dominierte sowohl in translationswissenschaftlicher Forschung als auch in jener zu MÜ die Vorstellung, gleichbedeutende Elemente in den unterschiedlichen Sprachen identifizieren zu können. Dies sollte mithilfe eines kontrastiv-linguistischen Regelsystems geschehen, anhand dessen sprachliche Bestandteile voneinander isoliert und gegenübergestellt wurden, um so ein Modell von Bedeutungsäquivalenz zu erzeugen. Diese Vorstellung unterliegt der Annahme der Existenz eines *tertium comparationis*, d. h. einem vergleichenden sprachunabhängigen Element, ähnlich einer übersprachlichen Begriffswelt, die allen Sprachen zugrunde liegt. Dieses kann als Vergleichsraster zwischen semiotischen Manifestationen einzelner Sprachen und sprachunabhängigen Konzepten verstanden werden (Pym, 2010, S. 18 f.) (siehe Abbildung 3.1).

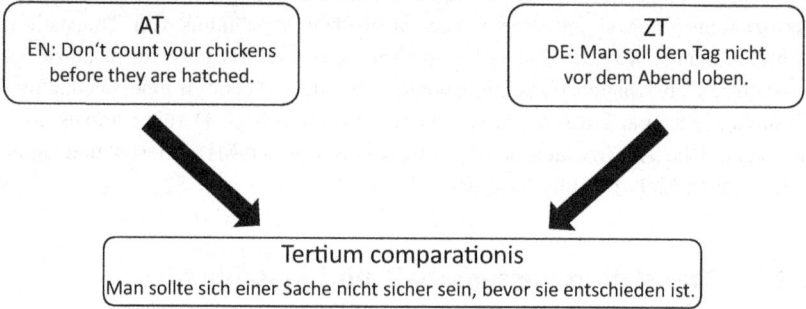

**Abbildung 3.1** Beispiel eines *tertium comparationis*

Die Existenz eines *tertium comparationis* schafft die Möglichkeit, Sprache als Ausdruck von ursprünglich sprachunabhängigen Elementen zu sehen. Sprache kann demnach als Code interpretiert werden, der übersprachliche Konzepte zum Ausdruck bringt. Auch in der MÜ-Forschung wurde Sprache zunächst als Codesystem betrachtet, waren es doch vor allem ehemalige Kryptolog:innen, die noch während des Zweiten Weltkrieges wesentliche Pionierarbeit im Bereich der MÜ leisteten. Ganz ähnlich der Entschlüsselung geheimer Botschaften durch Geheimdienste sollten kryptanalytische Verfahren auch für die MÜ angewandt werden (Hutchins, 2015). Der MÜ-Pionier Warren Weaver (1949/1955) selbst verstand Sprache ebenfalls als Kodesystem:

## 3.1 Translationswissenschaft und maschinelles Übersetzen ...

When I look at an article in Russian, I say: This is really written in English, but it has been coded in some strange symbols. I will now proceed to decode. (Weaver 1949/1955, S. 18)

Auch die Translationswissenschaft war in ihren Anfangsjahren vor allem von kontrastiv-linguistischen Ansätzen geprägt. Übersetzen wurde in diesem Sinne mit Codewechsel gleichgesetzt. So beschrieb beispielsweise Koller (1972) den Übersetzungsprozess folgendermaßen:

> Linguistisch kann die Übersetzung als Umkodieren oder Substitution beschrieben werden: Elemente a1, a2, a3 des Sprachzeicheninventars L1 werden durch Elemente b1, b2, b3 des Sprachzeicheninventars L2 ersetzt. (Koller, 1972, S. 69 f.)

Sowohl in der MÜ-Forschung als auch in der Translationswissenschaft widmete man sich deshalb zunächst kontrastiv-linguistischen Theorien und somit der Beschreibung von Sprachsystemen sowie deren Strukturen. Dabei spielte vor allem der Begriff der *Äquivalenz* eine zentrale Rolle in der wissenschaftlichen Auseinandersetzung mit Übersetzung. Die Idee einer mehr oder minder großen Gleichbedeutung zwischen Elementen unterschiedlicher Sprachen sollte die TW ab den 1960er Jahren prägen. Ziel war die Überwindung von Unterschieden in den Strukturen verschiedener Sprachen, indem „[…] Sprachsysteme nach sprachenpaarspezifischen und sprachenpaarübergreifenden Äquivalenten ‚abgeklopft' und einander gegenübergestellt" wurden (Prunč, 2012, S. 36). Als Voraussetzung für die Äquivalenz zwischen einzelnen sprachlichen Elementen galten angenommene Symmetrien zwischen den Sprachsystemen, auf deren Grundlage die jeweiligen Bestandteile unterschiedlicher Sprachen einander zuordenbar seien. Es bestand die Annahme, man müsste lediglich „[…] die einzelnen Transferelemente [voneinander] isolieren" (ibid., 35). Äquivalenz sollte in weiterer Folge einer der meistdiskutierten Begriffe der TW werden, der auch für die MÜ-Forschung von Relevanz ist, da auch hier das Ziel zunächst darin bestand, einzelne, gleichbedeutende Elemente in unterschiedlichen Sprachen zu identifizieren und einander gegenüberzustellen.

Als Grundlage für die weitere Diskussion des Äquivalenzbegriffs bieten sich die Modelle des Schweizer Sprachwissenschaftlers Ferdinand de Saussure (1916/1983) an. Er unterschied zwischen dem Sprachsystem als Ganzem (*langue*) und der konkreten Realisierung von Sprache (*parole*). Als zentraler Punkt seines Modells gilt die Differenzierung zwischen dem Bezeichneten (*signifié*) und dem Bezeichner (*signifiant*). Das Bezeichnete steht dabei für ein Bedeutungskonzept, der Bezeichner hingegen für das sprachliche Zeichen, welches das Konzept repräsentiert (de Saussure, 1916/1983).

Folgt man de Saussures Überlegungen, können unterschiedliche Zeichenträger für ein und denselben Zeicheninhalt verwendet werden. Dies impliziert, dass Zeichenträger gegeneinander austauschbar sind und unterschiedliche Ausdrücke ähnliche Bedeutungen repräsentieren können. Dies gibt Evidenz für die prinzipielle Übersetzbarkeit von sprachlichen Äußerungen und legt ebenso nahe, dass dieser Prozess theoretisch automatisiert werden kann, da Übersetzen diesem Konzept nach vor allem ein bloßes Austauschen von Zeichen ist.

Der Strukturalist Roman Jakobson griff de Saussures Überlegungen auf und verknüpfte sie mit dem Problem der „equivalence in meaning", die es innerhalb von Saussures parole nicht geben konnte: „[...] there is ordinarily no full equivalence between code-units" (Jakobson, 1959/2012, S. 127). So ist der Zeicheninhalt des englischen Wortes ‚cheese' beispielsweise nicht identisch mit dem russischen ‚syr', da es das Konzept von ‚cottage cheese' nicht miteinschließt. Trotzdem stellte sich Jakobson eindeutig gegen die Auffassung der Sprachgebundenheit des menschlichen Denkens, wie sie beispielsweise in der „Sapir-Whorf-Hypose" (Hoijer, 1954/1971, S. 92–105) propagiert wurde. Diese entsprang dem Behaviorismus der 1920er Jahre sowie einer von Whorf (1950/1956) durchgeführten anthropologischen Untersuchung des indigenen Stammes der Hopi in Nordamerika und deren Sprache. In dieser Studie stellte Whorf fest, dass die Hopi über eine andere Auffassung von Zeit und Raum verfügten. Innerhalb eines kontrastiv-linguistischen Paradigmas würde Sprachrelativismus in seiner ausgeprägtesten Form die Unmöglichkeit des Übersetzens implizieren. Tatsächlich findet Übersetzung aber in allen möglichen Formen und Kontexten statt (Munday, 2016).

Jakobson (1959/2012) wählt in Bezug auf die prinzipielle Übersetzbarkeit einen pragmatischen Standpunkt und beschreibt Übersetzen als „substitut[ing] messages in one language not for separate code-units but for entire messages in some other language" (Jakobson, 1959/2012, S. 127). Dementsprechend gilt es, ganze Botschaften zu berücksichtigen und Äquivalenz zwischen diesen größeren Einheiten herzustellen, nicht nur zwischen einzelnen Symbolen. Jakobson geht auch auf strukturelle und terminologische Unterschiede zwischen Zeichensprachen ein. Äquivalenz kann demnach nur auf der Ebene der Bedeutung bzw. der Gesamtbotschaft hergestellt werden und nicht unbedingt zwischen Symbolen. Nichtsdestotrotz kann es Lücken in den Sprachsystemen geben, die einer Äquivalenzbeziehung im Wege stehen, und die „durch Lehnwörter oder Lehnübersetzungen, durch Neologismen oder Bedeutungsverschiebungen und schließlich durch Umschreibungen" geschlossen werden können (Jakobson, 1981, S. 193).

Die Auffassung, dass Äquivalenzbeziehungen zwischen Sprachen im Prinzip möglich sind, kommt auch der MÜ-Forschung durchaus entgegen. Demnach müssten die diversen sprachlichen Äquivalente lediglich identifiziert und abgebildet werden, um eine maschinelle Übersetzung zu gewährleisten. Ein Instrument hierfür bietet Chomskys (1965a) generative Transformationsgrammatik. Diese nennt zu erfüllende Kriterien, damit sprachliche Strukturen als einer Sprache zugehörig erkannt werden. Die Grammatik einer Sprache wird dabei als Regelsystem gesehen, das genau jene Kombinationen von Wörtern hervorbringt, die in der jeweiligen Sprache als grammatikalisch korrekt angesehen werden. Eine generative Grammatik der deutschen Sprache wäre dementsprechend ein explizites und mechanisches Regelwerk, anhand dessen grammatikalisch korrekte Sätze im Deutschen formuliert werden können. MÜ-Forscher:innen verwendeten Chomskys Konzept der generativen Transformationsgrammatik als konzeptuelle Basis für die Entwicklung von MÜ-Systemen. Jedoch betonte Chomsky (1965a), dass sein Ansatz keine Unterfütterung für den Gedanken der MÜ sei:

> The existence of deep-seated formal universals [...] implies that all languages are cut to the same pattern, but does not imply that there is any point by point correspondence between particular languages. It does not, for example, imply that there must be some reasonable procedure for translating between languages. (Chomsky, 1965a, S. 30)

Chomskys Theorie unterstütze die Entwicklung eines „prozeduralen – allerdings automatentheoretisch orientierten – Regelbegriffs" innerhalb der Linguistik (Wilss, 1988, S. 237). Zuvor hatte sich die Sprachwissenschaft zwar ebenfalls lange mit Regeln befasst, jedoch vor allem auf einer strukturalistischen und sprachgenetischen Ebene. Mit seiner Transformationsgrammatik führte Chomsky (1965a) den Begriff des „rule governed behaviour" in die Sprachwissenschaft ein. Wilss (1988) versteht darunter „einen Formalismus oder [...] ein Kalkül, mit dessen Hilfe man sprachliche Äußerungen erzeugen, explizit beschreiben und erklären kann" (Wilss, 1988, S. 237).

Chomskys Konzept der generativen Transformationsgrammatik leistete der MÜ-Forschung konzeptuellen Vorschub. Die Vorstellung einer Grammatik, die nicht nur sprachliche Strukturen beschreibt, sondern auch das Potenzial hat, diese zu erzeugen, stützt das Konzept einer automatisierten Generierung von Sprache.

## 3.1.2 Frühe translationswissenschaftliche Schulen und maschinelles Übersetzen

Weitere Ansätze innerhalb der linguistisch orientierten Translationswissenschaft, die dem Konzept maschineller Übersetzung gegenübergestellt werden können, sind die „Leipziger Schule" und die „Stylistique comparée". Letztere stellt eine Form der kontrastiven Sprachanalyse zwischen Sprachenpaaren dar und weist somit Parallelen zu transferbasierten MÜ-Systemen (Abschnitt 2.2.1) auf. Das Ziel bestand darin, Prozeduren zur Erzeugung von sprachenpaargebundenen Äquivalenzen zur konkreten Anwendung in Sprachtransferprozessen zu entwickeln. Das erste Werk innerhalb dieses Ansatzes geht mit „Stylistique comparée du français et le l'allemand" auf Alfred Malblanc (1961) zurück. Als Standardwerk gilt allerdings das Übersetzungshandbuch von Jean-Paul Vinay und Jean Darbelnet, das zum ersten Mal unter dem Titel „Stylistique comparée du français et de l'anglais" (Vinay, & Darbelnet, 1958/1995) erschien. Im Rahmen dieser Klassiker wurden Übersetzungsprobleme der jeweiligen Sprachenpaare identifiziert und Prozeduren für deren Lösung vorgeschlagen. Der Äquivalenzaspekt bezieht sich hier auf die kommunikative Situation, für welche die sprachlichen Zeichen nur ein Ausdrucksmittel sind:

> [...] we should forget about the signs and find identical situations first. For, from these situations, a new group of signs must be created, which will by definition be the ideal equivalent, the unique equivalent, of the former. (Vinay, & Darbelnet, 1958/1995, S. 5)

Das Äquivalenzkonzept in der „Stylistique comparée" unterscheidet sich insofern von Strukturalisten wie Jakobson (1959), als das laut Prunč (2012, S. 47) „kommunikativ funktionsgleiche sprachliche Elemente ohne Rücksicht auf ihre Struktur" zum Kriterium für Äquivalenz gemacht werden. Die Äquivalenz von Texten ist somit an die Äquivalenz von Situationen geknüpft (siehe Abbildung 3.2):

## 3.1 Translationswissenschaft und maschinelles Übersetzen ...

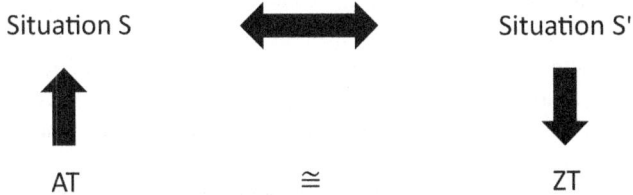

**Abbildung 3.2** Modell der Situationsäquivalenz in der Stylistique comparée nach Vinay und Darbelnet. (1958/1995, S. 5)

Von dieser theoretischen Grundlage ausgehend, leiteten Vinay und Darbelnet (2010) Übersetzungsstrategien ab, die sich wie eine regelbasierte Anleitung zum Übersetzen lesen und somit an den Grundcharakter von MÜ erinnern. So unterschieden sie zwischen grundsätzlichen Übersetzungsstrategien (*traduction directe* und *traduction oblique*), die sich wiederum in unterschiedliche Prozeduren unterteilen. Übersetzen wird somit zu einer Tätigkeit, die nach bestimmten Schemata abgearbeitet wird.

In die Gruppe der „traduction directe" fallen Verfahren, die eine mehr oder weniger lineare Übertragung erlauben. Diese sind (1) (Direkt-)Entlehnung („emprunt"), (2) Lehnübersetzung („calque") und (3) wörtliche Übersetzung („traduction littérale"), wobei letztere nur anwendbar ist, insofern die Strukturen und Konzepte in der Ausgangs- und Zielsprache identisch sind (ibid.). Die Verfahren der zweiten Gruppe – der „traduction oblique" – kommen zur Anwendung, wenn die Strukturen des betreffenden Sprachenpaares stärker divergieren und somit komplexere Prozeduren notwendig machen. Zu diesen zählen (4) die „Transposition", d. h. der Ersatz einer Wortartgruppe durch eine andere (z. B. Substantiv statt Verb), (5) die „Modulation", leichte Verschiebung der Semantik bzw. der Mitteilungsperspektive, (6) die „Äquivalenz" („équivalence"), situationsgleiche Äußerung mit umfassender Änderung der sprachlichen Struktur sowie des Stils, und (7) „Adaption", die Änderung des kulturellen Bezugsrahmens mit intendierter Situationsgleichheit (Vinay, & Darbelnet, 1958; 1995).

Vinay und Darbelnet verstehen ihre Übersetzungsverfahren als Hierarchisierung unterschiedlicher Prozeduren, wobei mit der niedrigsten Stufe begonnen wird, und erst wenn diese nicht zum gewünschten Erfolg führt, zur darauffolgenden übergegangen wird. Dementsprechend wird zunächst immer eine möglichst wortgetreue Übersetzung angestrebt, im Sinne eines möglichst geringen Eingriffes in die sprachliche Struktur. Die Prozeduren am unteren Ende der Skala weisen bereits einen ausgeprägteren „re-kreativen" Charakter auf (Pym, 2010). Vinays und Darbelnets „Stylistique comparée" wird nicht nur als Didaktisierung des Übersetzungsverfahrens gesehen, sondern auch als normative Strukturierung des Übersetzungsprozesses. Die schemenhaften Strategien erinnern dabei sehr stark an regelbasierte Übersetzungsverfahren. Auch wenn durch die Perspektive der Situationsgleichheit kulturelle Aspekte im Ansatz berücksichtigt werden, operieren die einzelnen Prozeduren vor allem auf der Mikroebene des Textes. Bevorzugt werden Verfahren, die einer Transkodierung gleichen. Nur wenn dies nicht möglich ist, werden den Translator:innen sukzessive mehr Freiheiten und Kreativität eingeräumt. Auch die Sprachenpaarbezogenheit ist eine Parallele zu regelbasierten MÜ-Verfahren. Das Forschungsinteresse der „Stylistique comparée" zielt vor allem auf die Entwicklung von Übersetzungsverfahren ab, die eine möglichst große Bandbreite an strukturellen Eventualitäten zwischen zwei Sprachen abdecken. Dabei ist es möglich, dass es für bestimmte AS-Strukturen keine Entsprechung in der ZS gibt. Diese Lücken, auch *gaps* oder *lacunae* genannt, gilt es mithilfe der Prozeduren 4 bis 7 zu schließen. Kritik an der „Stylistique comparée" kann vor allem hinsichtlich der Fokussierung auf die sprachlichen Mikrostrukturen geübt werden, die eine Betrachtung des Textes als kommunikatives Ganzes erschwert (Hajsok, 2014).

Auch in der MÜ-Forschung bestand lange Zeit die Maxime, komparative Beziehungen zwischen unterschiedlichen Sprachenpaaren zu entwickeln. So ging man davon aus, dass je vollständiger die Beschreibung der einzelnen Sprachstrukturen ausfällt, desto besser könne der maschinelle Transfer gelingen. Wie in der *„Stylistique comparée"* kann somit auch für den regelbasierten Ansatz aus translationswissenschaftlicher Sicht gesagt werden, dass dieser nicht über die Analyse einzelner isolierbarer Elemente hinausgeht. In beiden Fällen handelt es sich um eine Analyse syntaktischer, lexikalischer und morphologischer Elemente, die die jeweiligen Satzgrenzen und deren Oberfläche nicht verlassen. Auch die Möglichkeit einer Änderung der Funktion des ZT wird nicht berücksichtigt. Es wird implizit von Funktionsgleichheit zwischen AT und ZT ausgegangen, was keine alternative Interpretation des Zieles oder des Zwecks des ZT zulässt.

Durch das Ziehen von Parallelen zwischen den Übersetzungsverfahren der „Stylistique comparée" und Verfahren der MÜ lässt sich zeigen, dass einerseits Ähnlichkeiten zwischen beiden Ansätzen bestehen, vor allem was konzeptuelle Überlegungen in Bezug auf Translation betrifft. Andererseits fördert die Diskussion von möglichen Fallstricken der „Stylistique comparée" auch Mängel in vergleichbaren maschinellen Systemen zutage.

Als weitere Variante einer sprachkontrastiven Auslegung der TW gelten die Konzepte der „Leipziger Schule". Diese weisen ebenfalls Ähnlichkeiten zum Grundgedanken regelbasierter MÜ auf. Eines der Ziele der Leipziger Kolleg:innenenschaft war die Schaffung einer „Übersetzungsgrammatik", in der konkrete Verfahrensregeln für das Übersetzen erarbeitet werden sollten, basierend auf dem Vergleich unterschiedlicher Sprachsysteme (Neubert, & Kade, 1973).

Auch die Vertreter der Leipziger Schule operierten sehr stark mit dem Äquivalenzbegriff, wobei sie im Gegensatz zur *Stylistique comparée* nicht mit dem Konzept der Situationsgleichheit arbeiteten, sondern sich mit Sprache als System beschäftigten. Obwohl potenziell verschiedene Ebenen der Sprachstruktur für das Ziehen von Äquivalenzbeziehungen in Frage kommen könnten, konzentrierten sich die Vertreter der Leipziger Schule vor allem in den Anfangsjahren vorwiegend auf jene der Lexik, wobei sie diese mit der außersprachlichen Realität als *tertium comparationis* in Verbindung setzten (Prunč, 2012).

Als einer der Kernpunkte der Leipziger Schule wird immer wieder Kades (1968) Äquivalenztypologie genannt, die aufgrund ihres Ordnungsprinzips zwischen strukturellen Elementen zweier Sprachen auch für Überlegungen im Bereich der MÜ relevant erscheint. So können sprachliche Elemente zweier Zeichensysteme semantisch deckungsgleich sein (1:1; *totale Äquivalenz*), sie können unterschiedlich viele Ausdrucksebenen einnehmen (1:X, X:1; *fakultative Äquivalenz*), sie können einander teilweise entsprechen (1: $\frac{1}{2}$, $\frac{1}{2}$ : 1; *Teiläquivalenz*), oder die einzelnen Elemente können gar keine Entsprechung in der jeweils anderen Sprache haben (1:0, 0:1; *Nulläquivalenz*). Diese Äquivalenztypologie wurde später von Koller (1979) übernommen und wesentlich häufiger rezipiert als Kades (1969) Aufstellung.

Die klare Einteilung in unterschiedliche Arten von Bedeutungsentsprechungen nimmt nicht zuletzt durch die verwendeten Bezeichnungen mathematische Züge an. Sie scheint dadurch im Einklang mit regelbasierten MÜ-Systemen zu sein, die ebenfalls auf Basis klarer Anweisungen und Einteilungen arbeiten. Vorausgesetzt, dass sich Übersetzungsprozesse auf Regelschemata herunterbrechen ließen, könnten diese zumindest innerhalb eines kontrastiv-linguistischen Paradigmas potenziell von Computern operationalisiert werden.

Doch auch die Vertreter der Leipziger Schule erkannten mit der Zeit, dass Translation nicht auf sprachstrukturelle Äquivalenzbeziehungen reduziert werden kann, da diese stets in eine konkrete Kommunikationssituation eingebettet ist. So verwendete Jäger (1975) die Textlinguistik als Bezugsrahmen für einen kommunikativen Äquivalenzbegriff, der den Text in seiner Gesamtheit als Einheit für die Translation absteckte. Für eine Dynamisierung des Äquivalenzbegriffs sorgte ebenfalls Neubert (1973, S. 139), der von funktioneller Äquivalenz sprach, welche dann vorliegt,

> [...] wenn mit einem Text oder Textelement in einer konkreten Kommunikationssituation und unter Berücksichtigung einer konkreten Textsorte derselbe kommunikative Effekt erzielt wird, wie er durch den Ausgangstext in der Ausgangssprache erzielt wurde/worden wäre. (Neubert, 1973, S. 139)

Neubert vertritt damit einen text-pragmatischen Ansatz und fordert, dass auch eine Reihe von extralinguistischen Faktoren wie beispielsweise die zielsprachliche Textsorte in der Translation Berücksichtigung finden solle. Hier lässt sich somit bereits eine Abkehr vom klassischen kontrastiv-linguistischen Denken erkennen, indem beispielsweise der kommunikative Effekt zum relevanten Faktor der Translation wird. Die ursprüngliche Stoßrichtung der Leipziger Schule, die ein mechanistischeres Bild von Translation zeichnete, sollte die Übersetzungswissenschaft vor allem in der Form von Kades (1968) Übersetzungsmodell, das folgend beschrieben wird, noch einige Zeit begleiten. Dieses weist gleichzeitig eine starke Verwandtschaft mit frühen MÜ-Modellen auf.

### 3.1.3 Kades Übersetzungsmodell als Bindeglied zum maschinellen Übersetzen

Mit seinem Hauptwerk „Zufall und Gesetzmäßigkeit in der Übersetzung", legte Otto Kade (1968) das theoretische und begriffliche Fundament für die Leipziger Schule. Diese lieferte in weiterer Folge – vor allem im deutschsprachigen Raum – einen wesentlichen Beitrag zur Etablierung der TW als eigenständige Disziplin. Das darin enthaltene grundlegende Verständnis von Translation war einerseits prägend für das damals vorherrschende Forschungsparadigma und eignet sich andererseits dazu, sich aus konzeptueller Sicht mit MÜ zu beschäftigen.

Dies liegt vor allem an Kades Verständnis von Translation, welches eng an Shannon und Weavers Kommunikationsmodell (1949) angelehnt ist (siehe Abschnitt 2.1.1). Ähnlich wie Shannon und Weaver beschreibt auch Kade (1968) Kommunikation als einen Vorgang, in dem ein/e Sender:in (S) und ein/e Empfänger:in (E) eingebunden sind, welche über einen Mitteilungskanal miteinander in Verbindung treten. Auf diese Weise werden Signale ausgetauscht, die wiederum auf Codes basieren. Auch Kade versteht Sprache somit als Codesystem, wobei die jeweiligen Kommunikationspartner:innen dasselbe System verwenden müssen, um erfolgreich Nachrichten zu übermitteln. Nach de Saussure (1916/1983)

## 3.1 Translationswissenschaft und maschinelles Übersetzen ...

wäre hier das Codesystem als *langue* zu betrachten, während das tatsächlich übermittelte Signal in Codeform zur *parole* gehört. Dementsprechend definiert Kade ein- und zweisprachige Kommunikation vor allem danach, ob die verwendeten Codes demselben System angehören. Sprechen S und E unterschiedliche Sprachen, liegen zwei unterschiedliche Codesysteme vor, was zum Bedarf nach Translation führt:

> Soll trotz differenter Kodes eine Verständigung erreicht werden, so muß in den Kommunikationsprozess zwischen S und E ein Zwischenglied, der Übersetzer bzw. Dolmetscher (Translator = T), eingeschaltet werden, dessen Aufgabe darin besteht, durch den Kodierungswechsel AS → ZS die Mitteilung von S für E kommunikativ leistungsfähig zu machen. (Kade, 1968, S. 54)

Translation ist somit für Kade ein Sonderfall von Kommunikation, der dann eintritt, wenn S und E sich unterschiedlicher Kommunikationsmittel, beispielsweise in Form verschiedener Sprachen, bedienen.

Bereits Kades Begrifflichkeiten lassen Rückschlüsse auf sein Verständnis von Kommunikation, Sprache und nicht zuletzt Translation ziehen. Kades Definitionen weisen ein Mindestmaß an Komplexität auf, wodurch sein Modell leicht verständlich wirkt. Indem ein- und zweisprachige Kommunikation lediglich von einem Minimum an Parametern abhängig gemacht wird, scheint es möglich, dieses Modell auch für die MÜ nutzbar zu machen

In seinem Vorhaben, Translation grundlegend zu beschreiben, geht Kade in weiterer Folge dazu über, die Funktion des Translators bzw. der Translatorin (T) zu definieren. Diese liegt laut Kade (ibid. S. 54) im „Kodierungswechsel", sprich in der „Umschlüsselung" des Ausgangstextes, was somit als die zentrale Leistung von T gesehen wird. Der Translationsphase geht die Übermittlung des AT an T voraus (1. Phase) und mündet in die Bereitstellung des ZT für E (2. Phase, siehe Abbildung 3.3).

Wie dem Modell entnommen werden kann, sind die einzelnen Phasen in weitere Teilbereiche untergliedert. Während der ersten Phase fungiert der/die Translator:in zunächst als Empfänger:in (E1) und vollzieht eine „rezeptive kommunikative Leistung". Dies setzt voraus, dass der ausgangssprachliche Code beiden bekannt ist. Während der zweiten Phase erbringt der/die Translator:in in der Funktion als Sender:in ($S_1$) eine produktive kommunikative Leistung, wobei hier der zielsprachliche Code zwischen T und E ident sein muss (Kade, 1968, S. 55).

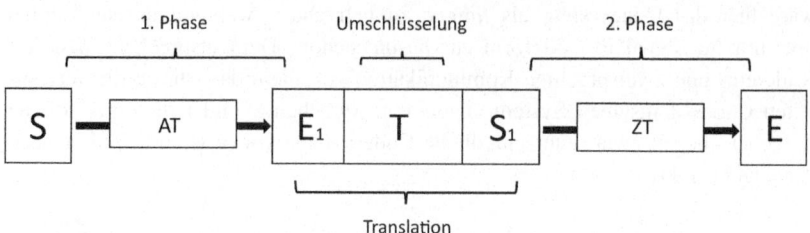

**Abbildung 3.3** Modell der zweisprachigen Kommunikation nach Kade. (1968, S. 55)

Bei näherer Betrachtung von Kades Modell treten Ähnlichkeiten mit dem Konzept maschineller Translation und insbesondere mit dem des maschinellen Dolmetschens auf. Dies betrifft vor allem das Herunterbrechen des Gesamtprozesses in klar voneinander abgegrenzte Phasen, was eine Beschäftigung mit den einzelnen Prozessstufen ermöglicht. Aber auch die verwendeten Begrifflichkeiten offenbaren Ähnlichkeiten in Bezug auf das grundlegende Verständnis von Translation. So können die Phasen „Rezeption" und „Produktion" bei Kade auch als „Input-" und „Outputphase" verstanden werden, die im Falle des maschinellen Dolmetschens in der Form der Spracherkennung und Sprachsynthese auftreten. Das von Kade als „Umschlüsselung" bezeichnete Mittelglied wird, wie bei Systemen für maschinelles Dolmetschen, als der eigentliche Translationsprozess gesehen (Lee, 2015; Stüker et al., 2012). Kades (1968) Modell stützt diese Auffassung insofern, als hier der „Kodierungswechsel" als Hauptleistung innerhalb des Translationsprozesses dargestellt wird, was für ihn gleichzeitig das Spezifikum zweisprachiger Kommunikation darstellt. Um die einzelnen Faktoren, die im Rahmen der zweisprachigen Kommunikation zur Anwendung kommen, noch näher zu spezifizieren, geht Kade einen Schritt weiter und fügt jeder Phase weitere kommunikative Faktoren hinzu (siehe Abbildung 3.4). Dementsprechend möchte S eine intendierte Information (i) übermitteln, die sich in der Form des AS-Textes als tatsächlich realisierte Intention (k) manifestiert. Diese löst wiederum einen kommunikativen Effekt (e) bei T in seiner Funktion als $E_1$ aus. T vollzieht nun den Kodierungswechsel von e auf $i_1$, was für jene Intention steht, die E verständlich gemacht werden soll. Diese drückt sich wiederum im ZS-Text in der Form von $k_1$ aus, was für die kommunikativ realisierte Intention durch T, in seiner Funktion als $S_1$ steht und bei E als kommunikativ ausgelöster Effekt $e_1$ eintrifft (ibid., S. 59–62).

3.1 Translationswissenschaft und maschinelles Übersetzen ...        49

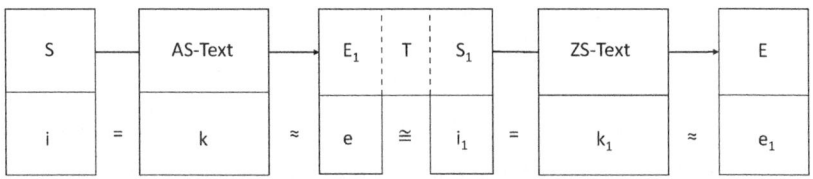

**Abbildung 3.4** Subjektive Faktoren der Translation. (Kade, 1968, S. 62)

Kades formelhaftes und mathematisch anmutendes Modell der subjektiven Faktoren von Translation kann als Versuch gewertet werden, all jene Parameter zu identifizieren, die Einfluss auf zweisprachige Kommunikation haben. In einem frühen Entwicklungsstadium der TW als eigenständige Disziplin, war dies einer der ersten Beiträge zur systematischen Beschreibung von Translation als Phänomen zweisprachiger Kommunikation. So scheint es plausibel, Kades Auflistung und detaillierte Beschreibung dieser einzelnen Faktoren auch zur Beschreibung und Konzeptualisierung von maschineller Translation heranzuziehen. Kades Modell scheint somit als Ausgangspunkt zur Darstellung sowohl von Human- als auch maschineller Translation fungieren zu können.

Ein weiterer Aspekt in Kades Modell, der sich sehr gut mit dem Konzept von MÜ vereinbaren lässt, ist der starke Fokus auf den Codierungswechsel, den er als fixen und unabdingbaren Teil von Translation sieht. Als Codierungswechsel beschreibt Kade die Umschlüsselung des kommunikativen Effekts (e) in die Intention ($i_1$) durch T, wobei für ihn „das entscheidende Kriterium der Translation [...] die Wahrung der Kongruenz zwischen (e) und ($i_1$) während der Umschlüsselung" ist (ibid., S. 62).

Kades Bestreben liegt vor allem darin, Gesetzmäßigkeiten der Translation von jenen Faktoren zu trennen, die zufälliger Natur sind. Letztere betreffen vor allem die Leistungsfähigkeit des Translators bzw. der Translatorin, welche von Fall zu Fall unterschiedlich ausfallen kann. Um also die translatorische Hauptleistung von subjektiven Faktoren zu isolieren, geht Kade (1968, S. 56) von T als „idealen Sprecher/Hörer" aus, der bzw. die unabhängig von psychosozialen Voraussetzungen und persönlichen Einstellungen imstande ist, die Regelsysteme einer zu schaffenden Übersetzungsgrammatik umzusetzen und somit zum „idealen Translator" zu werden.

Doch obwohl Kade von idealen Voraussetzungen ausgeht, schließt er es aus, dass es zu einem perfekten 1:1-Verhältnis zwischen der Intention von S (i) und dem Effekt bei E ($e_1$) kommen kann. Dies liegt laut Kade am Wesen zweisprachiger Kommunikation, da es in der ersten und zweiten Phase seines Modells zwangsläufig zu Änderungen im kommunikativen Wert des Informationsgehalts kommt. Das Ziel von Translation ist daher laut Kade „die optimale Annäherung des Effektes der Zielsprache an den Effekt bei einem Empfänger in der Ausgangssprache" (ibid., S. 63). Wie Kades Vorstellung zum idealen Translator vermuten lassen, setzt dies die optimale Kommunikation zwischen S und T sowie zwischen T und E voraus. Kades Überlegungen kulminieren in seiner Definition des translatorischen Grundproblems:

> Daraus folgt, daß der Informationsgehalt, den T durch den AS-Text aufnimmt und im ZS-Text realisiert, die invariante Größe in der Translation ist. Das translatorische Grundproblem besteht demnach darin, die Invarianz auf der Inhaltsebene trotz eines Kodierungswechsels auf der Ausdrucksebene zu wahren. (Kade, 1968, S. 63)

Kade beschreibt somit die Invarianz auf der Inhaltsebene zwischen e und $i_1$ als das eigentliche Ziel von Translation. An diesem Punkt kann festgehalten werden, dass das Kadesche Modell darauf abzuzielen scheint, den seiner Meinung nach eigentlichen Translationsvorgang zu isolieren und ihn von subjektiven bzw. sich wechselnden Faktoren zu trennen, die beispielsweise der Kommunikation zwischen S und T sowie zwischen T und E immanent sind. Ein Anliegen Kades scheint zu sein, auf ebendiese Nebengeräusche einzugehen und somit auch ein vollständigeres Bild des Gesamtprozesses zu zeichnen. Folgt man seinen Ausführungen, fallen diese subjektiven Faktoren jedoch in die Kategorie „Zufälligkeiten". Kades Anliegen ist es jedoch, vor allem „Gesetzmäßigkeiten" zu identifizieren, und findet diese im Codierungswechsel, dessen Ziel die Wahrung der Invarianz zwischen e und $i_1$ ist. Jedoch wird eine essenzielle Einschränkung in Bezug auf die hier als Gesetzmäßigkeiten präsentierten Bedingungen vorgenommen. Diese betrifft den Gültigkeitsbereich seines Modells, der das literarische Übersetzen ausschloss, da es hier nicht möglich sei, die Forderung nach Invarianz aufrechtzuerhalten (ibid., S. 49 f.).

Kades Versuch der Systematisierung des Translationsprozesses scheint durchaus mit Modellen für MÜ vereinbar zu sein. Vor allem die Reduktion von Translation auf den Codewechsel wirkt wie eine konzeptuelle Basis für die Idee der Automatisierung von Translation. Indem der Kontext, innerhalb dessen der zweisprachige Kommunikationsakt stattfindet, ausgeklammert wird, liefert Kade eine translationswissenschaftliche Ausgangsposition, von der aus MÜ konzeptualisierbar wird. Subjektive Faktoren, die bspw. die jeweilige Situation, die jeweiligen Kommunikationspartner:innen, ausgangstextspezifische Charakteristika oder das eigentliche Ziel der Kommunikation betreffen, wirken vernachlässigbar. Ausgehend von dieser Prämisse scheint es keine weitere Rolle zu spielen, ob die Umkodierung von einem Menschen oder von einer Maschine durchgeführt wird. So sehr Kades Modell durch seine Logik und Einfachheit besticht, so sehr muss es auch berechtigter Kritik ausgesetzt werden. Vor allem auf der Basis des kulturwissenschaftlichen Paradigmas, das ab den 1980ern innerhalb der TW an Relevanz gewann, kann argumentiert werden, dass die Beschreibung des Übersetzens als Umkodierung der Vielschichtigkeit des Phänomens als Ganzes nicht gerecht wird. Jene Faktoren die Kade als Zufälligkeiten bzw. subjektive Faktoren der Translation bezeichnet, sind zentrale Elemente des Übersetzens. Auch aufgrund dieser Erkenntnis wurden translatorische Phänomene ab dem „cultural turn" im Kontext ihrer soziokulturellen Bedingtheit untersucht, was den Objektbereich vergrößerte und den Blick auf die Gesamtsituation weitete, in der Translation stattfindet (siehe u. a. Snell-Hornby, 1990).

### 3.1.4 Maschinelles Übersetzen als translationswissenschaftliches Betätigungsfeld

Wie in den vorangehenden Abschnitten gezeigt werden konnte, bestehen diverse Überschneidungspunkte zwischen frühen translationswissenschaftlichen Theorien und Ansätzen in der MÜ-Forschung. Dementsprechend fand unter dem systemlinguistischen Paradigma in der TW auch eine indirekte, wenn auch überschaubare theoretische Auseinandersetzung mit MÜ statt. Diese wurde u. a. von Otto Kade (1968), aber auch von Werner Koller (1979) und Wolfram Wills (1988) in Teilen ihrer Werke betrieben.

Kade kann nicht nur wegen seiner grundsätzlichen Konzeptualisierungsbestrebungen in Bezug auf Translation als Vorreiter gesehen werden, sondern auch aufgrund seiner unmittelbaren Thematisierung von MÜ innerhalb der TW. So spricht Kade (1968, S. 39) die „Beschaffenheit des Translators als Kriterium" an und unterschiedet zwischen „Human- und Maschinenübersetzern". Erstere sind im Stande, intellektuelle und emotionale Inhalte begrifflich zu verarbeiten, während Letztere „nicht im eigentlichen Sinne denken können, sondern nur formalisierte Denkoperationen ausführen". Anstatt der Berücksichtigung der emotional-intellektuellen Komponente wird im Falle der MÜ eine Analyse der semantisch-funktionellen Bestandteile des Textes durchgeführt.

Da laut Kade eine Maschine nicht in der Lage sei, einen Text semantisch zu verarbeiten, muss stattdessen eine „formalisierte Analyse und Synthese" des

Textes erfolgen (ibid., S. 40). Kade stellt dafür folgendes Schema auf, das starke Ähnlichkeiten mit regelbasierten MÜ-Ansätzen aufweist (siehe Abbildung 3.5):

E → FA → AK → FS → A

E = Eingabe (input) des AS-Textes
FA = Formalisierte Analyse des AS-Textes
AK = Automatischer Kodierungswechsel auf der Basis einer algorithmisierten Zuordnung von ZS-Einheiten
FS = Formalisierte Synthese des ZS-Textes
A = Ausgabe (output) des ZS-Textes

**Abbildung 3.5** Formalisierte Analyse eines Ausgangstextes und Synthese eines Zieltextes. (Kade, 1968, S. 40)

Etwas mehr als zehn Jahre später ging Koller (1979) auf Probleme der Automatisierung des Übersetzungsprozesses ein. Koller sieht MÜ nicht nur als rein technologisches Problem, das allein durch leistungsfähigere Computer und damit einhergehend höherer Speicher- und Rechenkapazität gelöst werden kann. Laut Koller sollte MÜ vor allem als linguistisches Problem gesehen werden, wobei er die Sprach- und Textanalyse als die größte Herausforderung für MÜ einstufte.

So nennt er als Voraussetzung für die Bewerkstelligung von MÜ „die *eindeutige Identifizierung* der sprachlichen Elemente des AS-Textes" (ibid., S. 27, Hervor. i. Orig.). Als eindeutige Identifizierung gilt für Koller, dass einer bestimmten Buchstabenfolge, z. B. ‚v-a-t-e-r', eine eindeutige Bedeutung zugeordnet wird, beispielsweise: „Mann, der ein oder mehrere Kinder […] hat" (ibid.). Dieser Bedeutung muss anschließend wiederum ein ZS-Symbol zugewiesen werden, was in diesem Fall im Englischen der Buchstabenfolge ‚f-a-t-h-e-r' entspräche. Diese Herangehensweise erinnert an das Konzept einer Interlingua, bei der jeder sprachliche Ausdruck mit einer konkreten Bedeutungseigenschaft korrespondiert, die wiederum einem zielsprachlichen Ausdruck zugeordnet werden kann. Dementsprechend wäre für Koller das Problem der automatischen Sprachanalyse und somit das Problem der maschinellen Übersetzung überwindbar, wenn es in der Ausgangs- und Zielsprache jeweils immer nur eine lexikalische und grammatische Entsprechung für jedes Bedeutungselement gäbe. Er sieht daher lexikalische, morphologische, syntaktische und Wortklassen-Mehrdeutigkeiten als prinzipielles Problem für die MÜ (ibid., S. 28).

Wiederum etwa ein Jahrzehnt nach Koller und 20 Jahre nach Kade beschäftigte sich auch Wolfram Wilss (1988) mit Problemstellungen in der MÜ und beschrieb ähnlich wie Kade und Koller das intellektuelle „Verstehen" des Textes

## 3.1 Translationswissenschaft und maschinelles Übersetzen ...

als zentrale Herausforderung für MÜ. Er stellt zunächst fest, dass „der Übersetzer mit Hilfe der kombinatorischen Kraft seines Intellekts das semantische Substrat des Ausgangstextes ermittelt" (ibid., S. 144). Dem Rechner stünde eine dementsprechende Vorgehensweise nicht zur Verfügung, was somit ein „Textverstehen" oder eine „kreative Textverarbeitung" ausschließt, da er keinen Zugang zur eigentlichen Textbedeutung hat. Maschinelle Übersetzungsverfahren zu entwickeln bedeutet für Wilss letztendlich die Reduktion komplexer mentaler Vorgänge auf ein standardisiertes technisches Verfahren, welches von einem Rechner und den ihm zur Verfügung stehenden Mitteln durchgeführt werden kann.

Vor dem Hintergrund Kollers Annahme (1979), dass es nicht ausreiche, einen Text nach morphosyntaktischen Kategorien zu analysieren, da auch die semantische Ebene berücksichtigt werden müsse, ergibt sich hier ein weiteres Problemfeld. Demnach sollte ein MÜ-System auch über „Welt-, Sach-, und Erfahrungswissen" verfügen (ibid.). Wilss (1988) weist jedoch darauf hin, dass Computer, unabhängig davon, ob sie regel- und/oder datenintensiv operieren, der menschlichen Alltagskomplexität nur sehr begrenzt Rechnung tragen können. Die menschliche Lebensrealität in eine für Computer nachvollziehbare Form zu gießen wäre laut Wilss jedoch eine Voraussetzung für ein praxistaugliches MÜ-System. Er erwähnt in diesem Zusammenhang den Neopositivismus und die generative Linguistik. Folgt man diesen Theorien, ist es möglich, menschliche Lebenswelten und sprachliche Aussagen zu formalisieren und in „mathematisch-physikalische Sätze [zu] übertragen" (ibid., S. 148).

Die Formalisierung der „semantisch-funktionellen Seite" ist auch für Kade (1968) die Voraussetzung für ein funktionierendes MÜ-System. Demnach müssten „[…] alle sprachlichen Vorgänge in der Translation objektiviert werden, weil sie nur dann als formalisierte Operationen von einer Maschine ausgeführt werden können" (Kade, 1968, S. 40). In dieser Formalisierung menschlicher Kommunikation sieht Wilss (1988) Parallelen zum Bestreben, Lebensrealitäten in eine logisch-mathematische Grundstruktur zu gießen, wie sie beispielsweise von Leibniz ins Treffen geführt wurde. Demnach sollte Sprache in der Form ihrer Begriffe und ihrer Beziehungen untereinander mit algebraischen Methoden dargestellt werden. Diese Logifizierung von Lebensrealitäten und ihren sprachlichen Abbildern sollte in der Austauschbarkeit von Sprache und Ziffern münden. Für Wilss scheitert dieses Vorhaben der „Leibnizisierung" jedoch an der „Komplexität der lebenswirklichen Erscheinungen" (ibid., S. 148). Dem Problem menschliche Lebensrealitäten für Computer fassbar zu machen wird mittlerweile mit der Technologie des maschinellen Lernens begegnet, was sich vom Aufstellen von Regeln und der damit einhergehenden Formalisierung von Denken und Sprache unterscheidet (siehe Abschnitt 2.2).

Eine vollständige formale Abbildung sprachgebundener Lebensrealitäten in Form von Regeln und Daten schien jedoch in der Praxis zu scheitern. Nicht zuletzt, um die Möglichkeit der MÜ auch aus einem theoretischen Standpunkt aufrechtzuerhalten, führte Kade (1968) eine klare Unterscheidung zwischen Human- und Maschinenübersetzen ein. So schloss er es prinzipiell aus, dass die Prozesse in beiden Fällen auf ähnliche Weise abgewickelt werden könnten. Grundsätzlich verfolgten beide Modi zwar das gleiche Ziel, jedoch seien sie dazu gezwungen, unterschiedliche Lösungsansätze anzuwenden. Denn während beim Humanübersetzen der jeweilige Informationsgehalt der betreffenden Aussage erfasst und bearbeitet wird, kann eine Maschine aufgrund des fehlenden intellektuellen Verstehens eines Textes nur den Träger dieses Informationsgehaltes, sprich die Textoberfläche für den Translationsvorgang, heranziehen. Dementsprechend müssen sich auch die analytischen Operationen beim Human- und Maschinenübersetzen unterscheiden. Diese verlaufen beim Humanübersetzen in erster Linie intuitiv, wobei für MÜ-Systeme objektive Kriterien und Vorgänge definiert werden müssen:

> [...] weil hier infolge der zwangsläufigen Eliminierung der intellektuellen Verarbeitung des Inhalts aus dem Translationsvorgang die analytischen Operationen, die beim Humanübersetzen auf der Inhaltsebene ausgeführt werden, ausschließlich auf der Ausdrucksebene stattfinden. Somit können für das Maschinenübersetzen letztlich gültige Kriterien nur auf der Ausdrucksebene ermittelt werden [...]. (Kade 1968, S. 43)

Die Möglichkeit, sich ausschließlich der Ausdrucksebene zu bedienen, um maschinelle Übersetzung zu ermöglichen, wurde auch von Weaver (1949/1955) in seinem oft zitierten Memorandum vertreten, in welchem er den Übersetzungsvorgang mit Kryptographie verglich. Wilss (1988) kritisiert diesen Ansatz scharf und bezeichnet in wörtlich sogar als „grotesk". Der Vergleich natürlicher Sprache mit einem „voll inventarisierbaren, reglementierbaren, binär organisierten, quasi-mathematischen Code" werde menschlichen Denkprozessen und somit auch Sprache bei weitem nicht gerecht und sei somit weder zulässig noch zielführend (Willss, 1988, S. 157). Wilss geht von einer Unvereinbarkeit zwischen menschlicher Intelligenz und den Rechenprozessen eines Computers aus. Der Mensch denke vor allem in „semantischen" Kriterien, während eine Maschine ausschließlich „syntaktisch" operiert, und klar formalisierte Regeln anwendet, während dies bei der Interpretation von Bedeutungen nicht möglich sei (ibid.)

Aus diesen Überlegungen heraus und unter Berücksichtigung des damaligen Standes der Technik, schien somit die Beschäftigung mit der Ausdrucksseite eines

Textes und dessen lexikalisch-syntaktischen Manifestationen als erfolgversprechendster Ansatz in der MÜ-Forschung. Dies ist auch klar in Kollers (1979) Einführungswerk in die Übersetzungswissenschaft zu erkennen, in dem er MÜ vor allem als Problem der Sprachanalyse beschreibt und zu einer Angelegenheit der Linguistik erklärt. Koller setzt voraus, dass es kein Eins-zu-eins-Verhältnis zwischen Form und Inhalt bei natürlichen Sprachen gibt. Dementsprechend verortet er das Hauptproblem der automatischen Sprachanalyse in der Ambiguität von Sprache. Hier unterscheidet Koller zwischen lexikalischen und grammatischen Mehrdeutigkeiten.

Im Fall von *lexikalischen* Mehrdeutigkeiten kann beispielsweise das Wort ‚heiß' ‚sehr warm' (z. B. heißer Kaffee) bedeuten, aber genauso ‚heftig' (eine heiße Diskussion). Die entsprechende Übersetzung muss von der zutreffenden Bedeutung abgeleitet werden. Je nach Situation wären die jeweiligen Entsprechungen beispielsweise im Englischen ‚hot coffee' oder ‚heated discussion' (ibid., S. 29).

Im Fall von grammatischen Mehrdeutigkeiten führt Koller (ibid., S. 31–38) zunächst morphologische Polysemien an. So kann im Deutschen ‚denken' als Infinitiv gemeint sein (‚zu denken') aber genauso die 1. bzw. 3. Person Plural (‚wir/sie denken'), aber auch der Imperativ (‚Denken Sie!'). Als Beispiel für Wortklassen-Mehrdeutigkeiten kann das Wort ‚während' angeführt werden, das als temporale Konjunktion im Sinne von ‚zurzeit' verwendet werden kann, aber auch als adversative Konjunktion, um einen Gegensatz anzuzeigen. Als letztes Beispiel für grammatische Mehrdeutigkeiten geht Koller auf die Ebene der Syntax und somit auf die Beziehungen sprachlicher Einheiten untereinander ein. So kann z. B. der Ausdruck ‚die Bilder von Winston Churchill' als ‚die Bilder, die W. Churchill gemalt hat', ‚die Bilder, die W. Churchill gehören' oder ‚die Bilder, die W. Churchill darstellen' bedeuten (ibid.).

Diese Beispiele veranschaulichen, dass rein sprachsyntaktisches Wissen zur Erfassung der Bedeutung einer Aussage zu kurz greift, da diese stets in einen Sinnkontext eingebettet ist. So spricht Wilss (1988, S. 160) von der „Interdepedenz der syntaktischen und der semantischen Äußerungsdimension" und schlussfolgert daraus, dass Sinnwiedergabe Sinnverständnis voraussetzt. Dies führt zur Frage, inwiefern Wissen formal repräsentiert werden kann.

In diesem Zusammenhang stellt Kade (1968, S. 43) die Frage, inwiefern Sprache selbst zur Repräsentation von Wissen dienen kann, und nennt die Idee einer „Zwischensprache" in der Form einer Interlingua (siehe Abschnitt 2.2.1). Eine solche könnte auf „reinen Bedeutungen" aufbauen, die wiederum in konkrete sprachliche Manifestationen zu gießen sind. Über eine solche Zwischensprache wäre es laut Kade (ibid.) möglich, „strukturierte Äquivalenzbeziehungen zwischen gegebenen sprachlichen Systemen zu schaffen", die auch für die MÜ von Nutzen wären. Ein ähnliches Konzept findet sich auch bei Chomsky (1980), der von „externalized language" sprach. Eine Interlingua als Trägerin von „reinen Bedeutungen", muss aber ebenfalls eine konkrete Form annehmen, wenn sie bspw. für die MÜ verwendbar gemacht werden soll. Wenn von eindeutigen Beziehungen zwischen Bedeutungs- und Inhaltsebene ausgegangen werden kann, wäre eine Modellierung und Verwendung dieser semantisch-funktionalen Relationen durchaus denkbar, immer vorausgesetzt, diese verliefen völlig analog. Auch die Zwischensprache müsste aus einem konkreten Zeichensystem bestehen, das über Äquivalenzbeziehungen mit den natürlichen Sprachen verbunden ist.

Kades Bild einer Zwischensprache zur Realisierung von MÜ sollte jedoch bis auf weiteres eine Wunschvorstellung bleiben, was – wie in Abschnitt 2.2.1 beschrieben – in der Natur der Sache einer Interlingua liegt. So gilt es als praktisch nicht umsetzbar, abstrakte Konzepte in übersprachlichen Zeichensystemen darzustellen, sodass die menschliche Lebensrealität darin universell abgebildet wäre. Dies ist auch der Grund dafür, warum Interlinguae in kommerziellen MÜ-Systemen keine Anwendung finden (Härtel, 2016). Auch wenn der konkreten Entwicklung einer Interlingua zur Umsetzung maschineller Translation bis jetzt keine großen Erfolge beschert waren, steht dennoch außer Frage, dass die Formalisierung sprachlicher Strukturen im weitesten Sinne ein essenzieller Baustein für regelbasierte MÜ-Systeme ist.

Wilss versucht, weitere Unterschiede zwischen „menschlicher und maschineller Datenverarbeitung" im Kontext von Translationsprozessen herauszuarbeiten. Zunächst hält er jedoch fest, dass auch Parallelen in den Verfahren bestehen. Demnach besitzen sowohl Menschen als auch Maschinen eine Art „Speichereinheit", in der „Input" verarbeitet werden kann (Wilss, 1988, S. 236). Beide sind ebenfalls im Stande, die erfolgten und geplanten Arbeitsschritte zu überprüfen und gegebenenfalls anzupassen. Schließlich handeln auch beide nach einem Plan, der auf prozesshaften Schemen aufbaut.

Laut Wilss (ibid.) bestehen zwischen Humantranslation und MÜ jedoch mehr Unterschiede als Gemeinsamkeiten. Dies betrifft beispielsweise, wie mit Sprache als Zeichensystem umgegangen wird. In jedem Fall besteht Sprache aus Symbolen, die in einem paradigmatischen und syntagmatischen Verhältnis zueinanderstehen. Jedoch betont Wilss dass „[…] das sprachliche Zeichensystem mit dem Zeichensystem der mathematischen Symbolsprache oder einer Programmiersprache nur begrenzt vergleichbar" (ibid., S. 236) ist. Diese Unterschiede in der „Sprachverwendung" ergeben sich zwangsläufig aus den Unterschieden zwischen menschlichem Denken und maschineller Datenverarbeitung.

Weitere Diskrepanzen lassen sich aus der Regeldeterminiertheit der unterschiedlichen Sprachsysteme ableiten. Während mathematische Symbolsprachen und Programmiersprachen zu einem wesentlich höheren Grad von Regeln geprägt sind und ein geschlossenes System darstellen, ist menschliche Sprache ein offenes, dynamisches System, das im ständigen Wandel begriffen ist und auch Regeländerungen und Abweichungen zulässt. Humansprachliche Ordnungen können daher nur schwer algorithmisch erfasst und beschrieben werden.

Ein weiterer Knackpunkt ist die prinzipielle „binäre Schematisierung" von Denken und Sprache, der laut Wilss (1988, S. 237) „enge Grenzen gesetzt" sind. Dies erklärt er folgendermaßen:

> Nicht alles Denken ist in Chips transformierbar. Die Sprache versagt sich dem streng reglementierten Kalkül; der nur phänomenologisch zu beschreibende Sprachgebrauch läßt sich von keiner wie immer gearteten binaristisch fundierten Theorie ableiten. (Ibid., S. 237)

Auch die Hauptströmungen innerhalb der *Phänomenologie* sehen einen Widerspruch zwischen dem aktiven „Erkennen" und „Begreifen" unserer Welt durch konstruktive, intellektuelle Leistungen, ohne die unsere Wirklichkeit nicht erfasst werden kann, und dem Versuch der Automatisierung solcher Prozesse durch Maschinen (Winograd, 1983, S. 20 f.).

Dies führt auch zum Unterschied zwischen formaler und natürlicher Logik, wobei Letztere laut Wilss wesentlich komplexer und effektiver sei. Im Zusammenhang mit regelbasierter MÜ kann daher der Standpunkt vertreten werden:

> [daß] die MÜ-Forschung einen Riesenapparat an Formeln und Regeln in Gang setzen muß, um zu konkreten Ergebnissen zu gelangen, die der Mensch mit weniger Aufwand erreichen kann. (Wilss, 1988, S. 238)

Dies hat auch damit zu tun, dass sich Maschinen im Gegensatz zum Menschen vor allem Prototypen bedienen und lediglich auf digitalisiertes Wissen zurückgreifen können.

Obwohl Kades Begrifflichkeiten und Modelle (bspw. Translation als „Umschlüsselung") dem Konzept von maschineller Übersetzung durchaus Vorschub leisten, spricht auch er von „intellektuellen" und „emotionalen" Komponenten als zentrale Bestandteile eines jeden Translationsprozesses (Kade, 1968, S. 45). In der Verwendung dieser Begriffe erkennt Kade somit, dass Translation vor allem eine „geistige Leistung" ist, welche eine Art von Informationsverarbeitung erfordert, die primär Menschen zugeschrieben wird (ibid., S. 45.). Die „intellektuelle Komponente" ermöglicht es, dass eine kommunikative Intention

(„das Auszudrückende") zu einem konkreten Inhalt geformt wird. Die „emotionale Komponente" ist gleichzusetzen mit den „gefühlsmäßigen Haltungen", die in der kommunikativen Intention enthalten sind. Diese beiden Komponenten sind laut Kade „zufälliger Natur" und bedürfen somit einer Interpretation. Erst die „Formkomponente", in der sich die ersten beiden durch lexikalisch-semantische Elemente manifestieren, ist von „objektiven Faktoren" geprägt, da sie sich aus dem System der jeweiligen Sprache ergeben und somit „relativ stabilen Konventionen" unterliegen (ibid., S. 45). Kade (ibid., S. 46) zieht daraus die Schlussfolgerung: „Die Formkomponenten haben daher den Charakter der Notwendigkeit bzw. Gesetzmäßigkeit".

Kades Unterscheidung in Komponenten von „zufälliger" und „gesetzmäßiger Natur" scheint an sein Ziel gekoppelt zu sein, den Translationsprozess entlang möglichst objektivierbarer Maßstäbe zu beschreiben. Gleichzeitig zeigen sich hier – ähnlich wie bei Wilss – gewissermaßen zwei Arten der Informationsverarbeitung. Kade stellt jedoch vor allem die Gesetzmäßigkeiten in den Mittelpunkt, lassen sie sich doch nahtlos in sein Paradigma der „Umschlüsselung" integrieren. Wilss scheint hingegen vor allem die intellektuell-kognitiven Elemente zu betonen, die im Translationsprozess wirksam werden, und weist auf das oft beschriebene Problem der Objektivierung und strukturellen Beschreibung menschlichen Denkens und menschlicher Sprache hin. Daher dürfte auch seine skeptische Haltung bezüglich der Realisierbarkeit von MÜ kommen:

> Die Maschine beißt sich an den vielschichtigen Wirkungszusammenhängen der menschlichen Sprachverwendung die Zähne aus, weil diese Sprachverwendung zu komplex ist, als daß sie vollumfänglich in Form von Programmen verarbeitet werden könne. (Wilss, 1988, S. 244)

Koller sieht ebenfalls große Defizite in der maschinellen Analyse von Textinhalten ohne semantisches Welt-, Sach- und Erfahrungswissen. Im Grunde liegt auch hier ein Problem in der Art der möglichen Informationsverarbeitung vor. Da jedoch ein solches semantisches Verständnis die Grundlage für maschinelle Übersetzung sei, geht Koller beim damaligen Stand der Forschung nicht davon aus, dass der MÜ große Erfolge bevorstünden:

> Die von Übersetzern gelegentlich geäußerte Angst, daß sie durch die Entwicklung der automatischen Übersetzung überflüssig würden, hat sich als unbegründet erwiesen. (Koller, 1979, S. 26)

An dieser Stelle muss darauf hingewiesen werden, dass die hier dargestellten Beiträge von Kade, Koller und Wilss im Kontext eines MÜ-Paradigmas entstanden sind, das noch sehr stark von regelbasierten Systemen geprägt war, welche die Formalisierung sprachlicher Strukturen zum Ziel hatten. Bereits in den 1980er Jahren gewannen jedoch datenbasierte Systeme an Bedeutung, die zu einem wesentlich geringeren Teil auf der systematischen Abbildung lexikalisch-syntaktischer Strukturen basieren (siehe Abschnitt 2.2.2).

Nichtsdestotrotz haben die Beiträge von Kade, Koller und Wilss die Sichtweise auf MÜ vor allem in der deutschsprachigen Translationswissenschaft für lange Zeit geprägt. Dies war auch deswegen der Fall, weil im Anschluss an ihre Werke wenig nennenswerte translationswissenschaftliche Literatur zu MÜ hervorgebracht wurde. Die Marginalisierung von MÜ innerhalb des translationswissenschaftlichen Objektbereichs steht nicht zuletzt im Zusammenhang mit dem „cultural turn", der in den 1980er Jahren einsetzte und im Zuge dessen sprachwissenschaftliche Ansätze zusehends an Bedeutung einbüßten. Die mit dem linguistischen Paradigma assoziierte MÜ geriet dadurch aus dem Blickfeld der TW und wurde an die Peripherie der Disziplin gedrängt.

## 3.2 Maschinelles Übersetzen an der Peripherie der Translationswissenschaft

Vor allem innerhalb der linguistischen Ansätze besteht eine große Bandbreite an konzeptuellen und begrifflichen Überschneidungen zwischen der TW und der MÜ-Forschung. Dies änderte sich jedoch im Zuge eines Paradigmenwechsels, den die TW im Laufe der 1980er Jahre vollzog, der sich jedoch bereits gegen Ende der 1970er ankündigte (Snell-Hornby, 2006). Im Gegensatz zu früheren Ansätzen, die den Ausgangstext sowie die Äquivalenzbeziehungen zwischen diesem und dem Zieltext in den Mittelpunkt translationswissenschaftlicher Überlegungen stellten, wurde im Rahmen des sogenannten „cultural turn" dem Zieltext und dessen Funktion in der Zielkultur mehr Bedeutung beigemessen. Diese Verschiebung wurde federführend von zwei Gruppen von Wissenschaftler:innen propagiert; die erste in den Beneluxstaaten und Israel um Gideon Toury („Deskriptive Translation Studies"; siehe z. B. Toury, 1980), die andere in Deutschland um Hans Vermeer (siehe z. B. Vermeer 1978; 1989b), der die funktionalen Ansätze innerhalb der TW entscheidend mitprägte.

## 3.2.1 Funktionale Ansätze als langsame Abkehr von mechanistischen Übersetzungskonzepten

Als konzeptueller Ausgangspunkt für die funktionalen Ansätze innerhalb der TW kann Vermeers (1978) Beitrag „Ein Rahmen für eine allgemeine Translationstheorie" gesehen werden, dessen Kernthese laut Kußmaul (2004, S. 223) darin bestand, „dass Ziel und Zweck einer Übersetzung von den Bedürfnissen und Erwartungen des Lesers in seiner Kultur bestimmt wird". Dieser von Vermeer (1978) bezeichnete „Skopos" war hierarchisch der „Treue zum Original" und möglichen daraus abgeleiteten „Äquivalenzbeziehungen" übergeordnet. Der sich bereits hier abzeichnende Bruch mit den bis dahin dominierenden linguistischen Ansätzen wird jedoch in Vermeers (1986, S. 33) Beitrag „Übersetzen als kultureller Transfer" noch evidenter:

> Translation habe ich [...] definiert als ein Informationsangebot in einer Sprache z der Kultur Z, das ein Informationsangebot in einer Sprache a der Kultur A funktionsgerecht (!) imitiert. Das heißt ungefähr: Eine Translation ist nicht die Transkodierung von Wörtern oder Sätzen aus einer Sprache in eine andere, sondern eine komplexe Handlung, in der jemand unter neuen funktionalen und kulturellen und sprachlichen Bedingungen in einer neuen Situation über einen Text (Ausgangssachverhalt) berichtet, indem er ihn auch formal möglichst nachahmt. (Vermeer, 1986, S. 33)

Vermeer spricht sich hier explizit gegen ein äquivalenz- und sprachsystemisches Verständnis von Translation aus und plädiert stattdessen für eine ziel-(kultur-/situations-)orientierte Auslegung des Begriffs. Die angestrebte konzeptuelle Neuausrichtung kulminierte in Vermeers (ibid., S. 42) Verkündung der „Entthronung" des Ausgangstextes. Translation ist vielmehr situations-, zeit- und kulturabhängiges Handeln, wobei Vermeer (1989a, S. 9) Kultur wie folgt definiert: „[...] die Gesamtheit der Normen, Konventionen und Meinungen, nach denen sich das Verhalten der Mitglieder einer Gesellschaft richtet, und die Gesamtheit der Resultate aus diesem Verhalten".

Trotz der weitreichenden konzeptuellen Konsequenzen für die TW sieht Vermeer (1989b, S. 173) selbst seine „Skopostheorie" jedoch nur als Teil von Justa Holz-Mänttäris Theorie vom „Translatorischen Handeln". Die größtenteils in Finnland tätige Holz-Mänttäri lässt sich ebenfalls in die Tradition der deutschsprachigen Funktionalist:innen einreihen; verfolgen ihre Ansätze doch eine sehr ähnlich Stoßrichtung wie jene Vermeers, obwohl sie ihre Theorien zunächst unabhängig voneinander entwickelt hatten.

Holz-Mänttäri (1984a) beschreibt Übersetzen und Dolmetschen als kommunikative, interkulturelle Beratungs- und Produktionstätigkeiten, die Teilhandlungen in einem kooperativen Gefüge sind, an dem unterschiedliche Akteur:innen teilnehmen. Für Holz-Mänttäri steht im Fokus translatorischer Tätigkeiten somit nicht Sprache an sich, sondern vielmehr ein Handlungsgefüge. Auch in ihrer Definition von „translatorischem Handeln" lassen sich so gut wie keine Gemeinsamkeiten mit linguistischen Ansätzen finden: „Die translatorische Handlung ist in ein System anderer Handlungen eingebunden und wird von Faktoren gesteuert, die außerhalb ihrer selbst liegen" (Holz-Mänttäri, 1984b, S. 177). Holz-Mänttäri verfolgt somit einen handlungs- und systemtheoretischen Ansatz. Sie beschreibt Translation als Expert:innenfunktion, die in ein komplexes Gefüge eingebettet ist, und auf den Prinzipien der Arbeitsteilung, Spezialisierung, Kooperation und der Ausführung bestimmter Handlungsrollen beruht.

Wenig an sprachwissenschaftliche Kriterien erinnert auch die neue Terminologie, die Holz-Mänttäri einführt, indem sie beispielsweise von „Botschaftsträger" spricht, um damit den kommunikativen Charakter eines Translats zu betonen und Texte nicht mehr als bloße Abfolge von Sätzen darzustellen. Holz-Mänttäris „translatorisches Handeln" ist demnach alles andere als ein Codewechsel im Sinne Kades, sondern eine Expert:innentätigkeit, an deren Ende ein Designprodukt steht, das auf den jeweiligen Bedarf zugeschnitten ist (Holz-Mänttäri, 1986, 1993).

Sowohl Vermeers „Skopostheorie" als auch Holz-Mänttäris Theorie vom „translatorischen Handeln" sind somit klare Zeichen einer Emanzipation der TW von linguistischen Ansätzen. Es lässt sich bereits erkennen, dass MÜ nur schwer mit funktionalistischen Ansätzen in Vereinbarung zu bringen ist, da es an begrifflichen und konzeptuellen Überschneidungen mangelt. Dies setzt sich auch im Rahmen der „Descriptive Translation Studies" und der „Manipulation School" fort, welche die TW ab den 1980er Jahren prägten.

### 3.2.2 Descriptive Translation Studies als Bruch mit dem maschinellen Übersetzen

Bereits in den 1970er Jahren zeichnete sich in der TW eine Wende weg von äquivalenzorientierten und präskriptiven hin zu beschreibenden Ansätzen ab, die sich im Gegensatz zu linguistischen Übersetzungsmodellen auch explizit mit der Übersetzung literarischer Texte beschäftigen sollten.

Einen zentralen Beitrag lieferte Theo Hermans Mitte der 1980er Jahre als Herausgeber des Sammelwerks „The Manipulation of Literature". In der Einleitung beschreibt er als Ziel des Werks „[…] quite simply, to establish a new paradigm for the study of literary translation, on the basis of a comprehensive theory and ongoing practical research" (Hermans, 1985, S. 10). Die Wahl des Titels an sich erklärt Hermans folgendermaßen: „[...] from the point of view of the target literature, all translation implies a degree of manipulation of the source text for a certain purpose" (ibid., S. 11). Obwohl Hermans explizit betont, dass es sich bei den Autor:innen und ihren Beiträgen um keine eigene Schule handelt (ibid., S. 10), wurden die darin propagierten Ansätze bald als „Manipulation School" bekannt.

Unter den Autor:innen befand sich auch Gideon Toury, der ebenfalls einen deskriptiven, systemischen und zielkulturorientierten Zugang zu translationswissenschaftlicher Forschung vertrat. Nicht mehr linguistische Merkmale des Ausgangstextes sollten im Zentrum der Aufmerksamkeit stehen, sondern die Funktion, die eine Übersetzung in der Zielkultur erfüllt:

> Translating as a teleological activity *par excellence* is to a large extent conditioned by the goals it is designed to serve, and these goals are set in, and by the prospective receptor system(s). Consequently, translators operate first and foremost in the interest of the culture *into* which they are translating, and not in the interest of the source text, let alone the source culture. (Toury, 1985, S. 18 f., Hervor. i. Orig.)

Tourys (1995) Kulturbegriff bezieht sich prinzipiell auf den sozialen Kontext, in den Übersetzungen eingebettet sind und hierbei wiederum auf Weltanschauungen, Konventionen und vor allem Normen, die rund um den Translationsprozess zu tragen kommen.

Auch Susan Bassnett und André Lefevere (1990) propagierten eine kulturwissenschaftliche Ausrichtung translationswissenschaftlicher Forschung und leisteten als Herausgeber:innen des Sammelbands „Translation, History and Culture" einen wesentlichen Beitrag dazu, dass sich der Begriff „cultural turn" als Bezeichnung für die paradigmatische Wende der 1980er in der TW etablierte. So schreiben sie in ihrer Einleitung zum Sammelband:

> The 'cultural turn' also explains why this volume, as opposed to so many others in the field, displays a remarkable unity of purpose. All contributions deal with the 'cultural turn' in one way or another, they are so many case studies illustrating the central concept of the collection. (Lefevere, 1990, S. 4)

Der Sammelband an sich enthielt Beiträge einer Konferenz, die 1988 in Warwick stattfand und unter anderem auch postkoloniale und feministische Denkansätze einschloss. Snell-Hornby (1990) wiederum verfasste den Beitrag „Linguistic Transcoding or Cultural Transfer? A Critique of Translation Theory in Germany", in welchem sie ebenfalls zugunsten einer kulturorientierten Ausrichtung der TW Stellung bezog.

Rückbezüglich kann die Meinung vertreten werden, dass mit der Veröffentlichung dieses Sammelbandes der „cultural turn" als vollzogen betrachtet werden kann. So schrieb Edwin Gentzler in seinem Vorwort zu einer Sammlung von Beiträgen von Bassnett und Lefevere mit dem Titel „Constructing Cultures" über den Band von 1990: „[…] it was then that translation studies took the cultural turn. […] while many translation scholars were inching toward the cultural turn in the 1990s Bassnett and Lefevere were the first to articulate the position" (Gentzler, 1998, S. xi). Dieser Paradigmenwechsel brachte nicht nur einen weiteren Emanzipationsschub für die TW als Disziplin mit sich, sondern auch eine Neuauslegung des Objektbereichs, in dessen Zentrum Translator:innen standen. Diese neue Ausrichtung wurde u. a. von Chesterman (2009) in seinem Beitrag „The Name and Nature of Translator Studies" propagiert. In weiterer Folge intensivierte sich die Beschäftigung mit der Handlungsträgerschaft und der sozialen Rolle von Translator:innen (Kinnunen, & Koskinen, 2010), wodurch MÜ weiter aus dem translationswissenschaftlichen Objektbereich gedrängt wurde.

### 3.2.3 Translationswissenschaft als Disziplin von und für Humanübersetzer:innen

Mit dem „cultural turn" machte die translationswissenschaftliche Forschung einen weiteren Schritt in Richtung einer eigenständigen und kritischen Disziplin, indem das alte sprachwissenschaftliche Paradigma und die damit einhergehende Normativität abgelegt und stattdessen Translation zu einem Phänomen von soziokultureller Relevanz erklärt wurde (Dizdar 2012; Prunč 2012). Dieser Paradigmenwechsel brachte es jedoch mit sich, dass MÜ immer mehr an die Peripherie des translationswissenschaftlichen Diskurses geriet. Dies kann damit erklärt werden, dass das Phänomen MÜ vor allem auf epistemologischer Ebene sehr stark mit jenen linguistischen Ansätzen in Verbindung gebracht wurde, von denen sich viele Vertreter:innen der TW zu distanzieren versuchten. MÜ stand in gewisser Weise repräsentativ für ein mechanistisches und ahistorisches Verständnis von Translation, sowie für eine Denkweise, die von Äquivalenzbeziehungen und Symmetrie zwischen den Sprachen geprägt war (Rozmyslowicz, 2014).

Dem Konzept maschineller Translation wurde unter den Vorzeichen des „cultural turn" mit Skepsis bis Ablehnung begegnet, was sich auch in folgendem Zitat von Bassnett und Lefevere (1998) widerspiegelt:

History [...] is one of the things that happened to translation studies since the 1970s, and with history a sense of greater relativity and of the greater importance of concrete negotiations at certain times and in certain places, as opposed to abstract, general rules that would always be valid. In the post-war period, the agenda behind the analysis of translatability was that of the possible development of machines that would make translations valid for all times and all places, and would do so at any time, in any place. Machines, and machines alone, were to be trusted to produce 'good' translations, always and everywhere. History has turned out to be the ghost in that machine, and the ghost has grown, the machine has crumbled. (Bassnett, & Lefevere, 1998, S. 1)

Lefevere und Bassnett beschreiben MÜ implizit als Antikonzept zu einer konstruktivistischen und kulturalistischen Sicht auf Translation. Im Versuch Begriffe wie Kultur stärker in den Diskurs der TW zu integrieren, sieht Rozmyslowicz (2014, S. 149) jedoch eine Überbeanspruchung dieses Konzepts aus strategischen Motiven, nicht zuletzt, um sich von der sprachkontrastiven Vergangenheit der Disziplin abzugrenzen. Auch Koskinen kritisiert die Beliebigkeit, mit der das Konzept Kultur im translationswissenschaftlichen Diskurs teilweise verwendet wird, und merkt an: „Ever since the ‚cultural turn' in Translation Studies it has been commonplace to state that translation is an act of cultural mediation" (Koskinen, 2004, S. 134).

Nichtsdestotrotz hat die kulturhistorische Ausrichtung translationswissenschaftlicher Forschung zu einer Adaptation des Objektbereiches der Disziplin beigetragen. Dies zeigt sich auch bei Prunč, der MÜ, unter Bezugnahme des Konzepts der Intentionalität, als nicht prototypische Erscheinung von Translation beschreibt:

Intentionalität scheint den wesentlichen Unterschied zwischen der Maschinellen (MÜ) und Humanübersetzung (HÜ) auszumachen. Handeln, insbesondere in der Form des kommunikativen Handelns, ist eine zutiefst menschliche Kategorie und bleibt dem Menschen als sozialem Wesen vorbehalten. Das Merkmal der Intentionalität kann aufgrund des Anteils der menschlichen Interaktion auf einem Kontinuum nahe Null beim isolierten Einsatz der vollautomatischen Maschinenübersetzung bis zur Vollausprägung bei der HÜ im Sinne eines bewussten sozialen Handelns angesiedelt werden. Je ausgeprägter das Merkmal der Intentionalität ist, umso mehr entspricht das jeweilige Phänomen dem prototypischen Begriff von Translation. (Prunč, 2004, S. 265)

Prunč stellt eine Verbindung zwischen prototypischen Translationsprozessen und der Idee von Intentionalität her. Dadurch verortet er Translationsprozesse mit steigender Einbindung von Technologie (z. B. Tools für computergestützte Übersetzung wie Translation Memory bis hin zu MÜ) an der Peripherie des

## 3.2 Maschinelles Übersetzen an der Peripherie ...

translationswissenschaftlichen Objektbereichs. Für Rozmyslowicz (2014, S. 149) ist dies nicht ganz unproblematisch, da MÜ somit weiter in Richtung eines „agentless decoding-process" gerückt wird, mit dem sich die die TW seit dem „cultural turn" nicht mehr assoziieren wollte, womit sogar ein „toter Winkel" entstehen kann. Dies führt im Extremfall dazu, dass MÜ nicht mehr als translationswissenschaftliches Phänomen erfasst wird.

Prunč (2004, S. 265) beschreibt ein Kontinuum, bei dem das eine Ende „volle" Intentionalität und zu 100% menschlich gesteuerte Translation bedeutet und die Intentionalität am anderen Ende gleich null ist. Mit abnehmender Intentionalität steigt die Auslagerung menschlicher Denkprozesse und Handlungen an technologische Artefakte, was zu einer Entlastung des kognitiven Apparats beim Translator bzw. bei der Translatorin führt. Die Auslagerung von kognitiven Prozessen speziell beim Übersetzen ist jedoch kein Phänomen, das erst mit dem Auftauchen moderner Technologien einsetzte. So kann bereits der Einsatz einfacher Behelfe wie Wörterbücher oder das Zurückgreifen auf frühere Übersetzungen als Externalisierung translatorischer Leistungen an technische Artefakte gesehen werden. Cronin (2013) verweist beispielsweise auf den Stein von Rosetta als Hilfsmittel,[1] das wesentlich zur Entschlüsselung ägyptischer Hieroglyphen beitrug, und somit die Übersetzung weiterer Texte ermöglichte. Der Stein kann somit als antiker Paralleltext gesehen werden und stellt somit ebenfalls ein (vor)technisches Artefakt dar, das als translatorisches Hilfsmittel herangezogen wurde. Die Verwendung von Translationstechnologien wie „Translation-Memory" (TM)-Systemen und MÜ könnte als weitere technische Evolution gesehen werden, die an diese frühen Hilfsmittel anknüpft.

Bei einer strengen Auslegung der oben angeführten Objektbeschreibung von Prunč stellt MÜ jedoch die ultimative Externalisierung von Translation dar und befindet sich somit nicht mehr im Objektbereich der TW. Hier tut sich laut Rozmyslowicz (2019, S. 26) das Problem einer starken „Akteursorientierung" auf, bei dem nur mehr jene translatorischen Phänomene relevant sind, an denen zu möglichst großen Teilen Humantranslator:innen beteiligt sind. In einem Extremszenario, in dem so gut wie alle Translationsprozesse maschinell durchgeführt werden, würde sich die TW nur mehr mit einem verschwindend geringen Anteil der insgesamt erbrachten Translationsleistungen beschäftigen.

---

[1] Die nach dem Fundort am Mittelmeer benannte Steintafel beinhaltet Inschriften in drei Sprachen (ägyptische Hieroglyphen, Demotisch und Altgriechisch), die sinngemäß gleichbedeutend sind und in denen der ägyptische König Ptolemaios V. verehrt wird (Adkins, & Adkins, 2000).

Es darf deshalb in Frage gestellt werden, ob eine Ausrichtung der TW an den Prinzipien des „cultural turn" überhaupt eine konzeptuelle und begriffliche Grundlage bietet, um MÜ als relevantes Forschungsobjekt zu behandeln. Des Weiteren drängen sich Zweifel hinsichtlich der Sinnhaftigkeit einer Ausgrenzung von MÜ aus dem translationswissenschaftlichen Objektbereich auf. Einerseits scheint die argumentative Grundlage dafür auf keinem soliden Fundament zu stehen, und auch aus praktischen Gründen würde sich die TW eines vielversprechenden und zukunftsreichen Betätigungsfeldes entledigen. Ein Modell, anhand dessen MÜ innerhalb der TW verortet werden könnte, stellt die „map of translation studies" von Holmes (1988) dar. So könnte MÜ unter den Kategorien „process-oriented translation studies" oder „translator aids" eingeordnet werden. Abschnitt 3.3 stellt dar, dass MÜ auch anhand neuerer translationswissenschaftlicher Ansätze in den Objektbereich der Disziplin reintegriert werden kann.

## 3.3 Reintegration des maschinellen Übersetzens in die Translationswissenschaft

Bedingt durch eine Neuausrichtung der TW ab den 1980er Jahren, die sich vor allem aus dem „cultural turn" ergab, wurde MÜ bis zur Jahrtausendwende und darüber hinaus kaum als Teil des translationswissenschaftlichen Objektbereichs wahrgenommen. Eine erste Wende brachten technologische Neuerungen, wie beispielsweise die ersten webbasierten MÜ-Systeme, allen voran *Babel Fish*,[2] über die MÜ langsam Massentauglichkeit erlangte. Der großflächige Ausbau schnellerer Internetverbindungen, die Digitalisierung immer weiterer Lebensbereichen sowie die Verbreitung von Smartphones sorgten für weitere Innovationsschübe bei MÜ-Systemen. Vor allem Technologiekonzerne wie Google, Microsoft und Facebook erkannten hier ein gewaltiges Marktpotenzial und leisten der Verbreitung dieser Technologie enormen Vorschub. Bereits 2012 ging ein Vertreter von Google davon aus, dass rein auf Textmenge basierend *Google Translate* in etwa an einem einzigen Tag so viel übersetzt, wie alle Berufsübersetzer:innen der Welt in einem Jahr (Och, 2012). Dies ist vor allem auf die hohe Anzahl an Anfragen von Benutzer:innen zurückzuführen, die Google selbst auf etwa 500 Millionen am Tag schätzt (Turovsky, 2016a). Mit der zunehmenden Bedeutung von MÜ-Systemen scheint auch das Interesse der TW an dieser Technologie langsam zurückzukehren.

---

[2] Eine von Yahoo betriebene, webbasierte Plattform für MÜ, die 1997 online ging, 2012 durch Microsoft aufgekauft und durch *Bing Translator* ersetzt wurde.

## 3.3.1 Technikphilosophische Perspektiven auf maschinelles Übersetzen

Michael Cronin gilt als Pionier einer konzeptuellen Auseinandersetzung mit Translation unter den Vorzeichen des technologischen Wandels. Die Relevanz einer grundlegenden Beschäftigung mit Translationstechnologie begründet er folgendermaßen:

> The omnipresence of online translation options, the proliferation of smartphone translation apps, the relentless drive towards automation in large-scale translation projects, the fundamental changes in literacy practices as reading migrates from page to screen, the unforgiving instantaneity of electronic communication as responses are demanded 24/7, the ever-changing wardrobe of digital translation props such as endlessly mutating translation memory software – all of these factors contribute to the sense that 'this feels different'. There may have been changes before but this time, the 'confusion is more frightening. More total'. (Cronin, 2013, S. 1)

Cronin spricht damit einen fundamentalen Wandel im gesellschaftlichen Umgang mit Translation an, der vor allem durch technologische Umbrüche hervorgerufen wird. Demnach ist sowohl die Tätigkeit des Übersetzens an sich, aber auch das Bild, das wir davon haben, im digitalen Zeitalter massiven Veränderungen unterworfen, was auch Auswirkungen auf andere Lebensbereiche mit sich bringt: „Students, scholars, and, indeed, anyone interested in the future of human cultures and languages, would be well advised to watch carefully what is happening to translation in the digital age" (ibid., S. 2). Denn der technologische Wandel, dem das Übersetzen und Dolmetschen auf besondere Weise ausgesetzt sind, steht gewissermaßen repräsentativ für grundsätzliche gesellschaftliche Entwicklungen, die wir im Zeitalter der Digitalisierung erleben.

Die von Cronin beobachtete „translation revolution" (ibid.) hat laut Rozmyslowicz (2014) sehr stark mit den veränderten soziokulturellen Bedingungen zu tun, unter denen Translation und insbesondere MÜ stattfindet. Durch den einfachen und oft kostenlosen Zugang zu MÜ-Systemen hat sich Translation zu etwas ständig Verfügbarem entwickelt. Dies führt auch zu Veränderungen in der Funktion und der Position von Translation in unserer Gesellschaft.

Um die soziokulturelle Funktion von Übersetzen unter dem Aspekt der Automatisierbarkeit zu untersuchen, bedient sich Rozmyslowicz (ibid., S. 151 ff.) Begriffen aus der anthropologischen Philosophie Arnold Gehlens. Dabei beschreibt Gehlen den Menschen als prinzipiell „weltoffenes Wesen". Diese „Weltoffenheit" führt dazu, dass sich Menschen, anders als Tiere, künstlicher Strukturen bedienen, um sich in der Welt zurechtzufinden, deren Komplexität zu reduzieren und so eine „Entlastung" herbeizuführen. Hierbei spielen Kultur und Technologie eine wichtige Rolle, da sie dem Menschen Stabilität und Orientierung bieten (Gehlen, 1940; 1993).

Angewandt auf Sprache und Kommunikation steht der Mensch in einer zunehmend globalisierten Welt vor der Hausforderung, sich in Situationen zurechtzufinden, wo er mit der Sprache und Kultur seines Gegenübers nicht vertraut ist. Hier bringt Rozmyslowicz (2014) Gehlens (1956, S. 56 ff.) Begriffe „Hintergrundserfüllung" und „Beisichbehalten" ins Spiel, um die Funktion von MÜ in diesem konkreten Kontext zu beschreiben. „Hintergrundserfüllung" beschreibt jenen Zustand, in dem menschliche Bedürfnisse ständig und konstant erfüllt werden. Das „Beisichbehalten" bezieht sich auf die stabile Erfüllung menschlicher Bedürfnisse bei wechselnden Bedingungen.

Unter Zuhilfenahme dieser Konzepte kann MÜ als Technologie gesehen werden, welche die ständige und ungestörte Erfüllung der Nachfrage nach Translation gewährleistet. Das Bedürfnis nach Translation rückt somit in den Bereich der „Hintergrundserfüllung", da sie zumindest theoretisch immer und überall verfügbar wird. Darüber hinaus bietet MÜ auch buchstäblich die Möglichkeit des „Beisichbehaltens", da sie beispielsweise in Form von Smartphones mitgetragen werden kann. Wenn sich im Alltag der Bedarf nach Translation zufällig ergibt, könnte dieser ganz unabhängig von der Situation gedeckt werden. Folgt man dieser Argumentation, führt die Verfügbarkeit von MÜ dazu, dass Translation ständig abrufbar ist. Dies hätte auch Auswirkungen auf das Kommunikationsverhalten, da Sprachbarrieren scheinbar ständig aufgehoben wären. In gewisser Weise können MÜ-Systeme daher mit Navigationsgeräten verglichen werden, da sie Hilfestellung und Orientierung an Orten bieten, an denen wir uns ansonsten nicht zurechtfinden würden und die wir somit nicht aufgesucht hätten (Rozmyslowicz, 2014).

Um es mit Cronin (2013, S. 65) zu sagen, erscheint MÜ unter solchen Voraussetzungen als ein Phänomen mit „messianic or redemptive qualities". Dies führt laut Rozmyslowicz zu einem Translationsverständnis,

> [...] which understands translation as an unproblematic transfer of meaning across linguistic and cultural boundaries – which is to say, as a phenomenon with no transformative or constructive properties of socio-cultural relevance. (Rozmyslowicz, 2014, S. 154)

Die ständige Verfügbarkeit von Translation durch ihre maschinelle Reproduzierbarkeit kann demnach zu einer Auffassung des kulturlosen Transfers führen, die insbesondere unter translationssoziologischen Ansätzen bereits zurückgedrängt worden war. Jedoch darf die Frage gestellt werden, ob sich dieses Problem nur im Rahmen der MÜ ergibt, oder auch generell unter sprachkontrastiven Auslegungen von Translation zum Tragen kommt. Zwar kann diese Frage an dieser Stelle nicht abschließend geklärt werden, jedoch lässt sich anhand der hier geführten Diskussion erkennen, dass eine translationstheoretische Sicht auf MÜ das Potenzial hat, eine wertvolle und ergänzende Perspektive in den wissenschaftlichen Diskurs zu diesem Objekt einzubringen, die über die unmittelbaren Implikationen ihrer praktischsten Anwendung hinausgeht.

### 3.3.2 Ein translationswissenschaftliches Modell für maschinelles Übersetzen

Im Rahmen des Versuchs, Forschung zu maschineller Übersetzung und translationswissenschaftliche Ansätze miteinander in Verbindung zu bringen, könnten beide Wissenschaftsbereiche durchaus von den Erkenntnissen der jeweils anderen profitieren. Zum einen ist es möglich, MÜ anhand translationstheoretischer Ansätze zu untersuchen und zu interpretieren, zum anderen kann auch die MÜ-Forschung wertvolle Schlüsse aus einer translationswissenschaftlichen Beschäftigung mit MÜ ziehen.

Überlegungen dazu bietet Schmidt (2013), der in MÜ-Systemen formalisierte Übersetzungsmodelle erkennt, die sehr vereinfacht und teilweise stark defektiv sind, da ihnen keine Theorie zugrunde liegt, die in der TW auf große Zustimmung stoßen würde. So wie übersetzungswissenschaftliche Theorien einem gewissen Evolutionsprozess unterliegen, müssten auch Ansätze in der MÜ ständig in Frage gestellt und weiterentwickelt werden, nicht zuletzt durch Anregungen aus der TW.

Als Beispiel greift Schmidt (2013) regelbasierte Ansätze innerhalb der MÜ auf und weist darauf hin, dass selbst interlinguale Systeme (siehe Abschnitt 2.2.1), die auf der Grundlage von Bedeutungsabstraktionen arbeiten, auch noch keine „wesentliche[n] Aspekte der Translationstheorie berücksichtigen" (Schmidt 2013, S. 323). RBMT würde lediglich semantisch äquivalente Texte produzieren und keine „zielkulturell adäquate[n] Kommunikationsakte" (ibid.) realisieren oder auf Aspekte wie den Skopos einer Translation (siehe Abschnitt 3.3.1) eingehen.

Um dies zu ermöglichen, müsste ein MÜ-System zumindest im Ansatz über die Möglichkeit intelligenten Handelns verfügen. Dazu wäre es erforderlich, Schlüsse auf der Grundlage von Weltwissen ziehen zu können und von mehreren Handlungsmöglichkeiten die Beste auszuwählen. Diesen Ansatz verfolgt die „Mikroweltentheorie" (Hayes, 1988), deren Grundidee es ist, die Komplexität der Welt in vereinfachten Modellen abzubilden, indem zunächst nur kleinere Ausschnitte formalisiert werden, diese jedoch Stück für Stück zu größeren und komplexeren Systemen zusammenzufügen. Programme, die mit Mikrowelten arbeiten, sind bis jetzt jedoch nicht in der Lage, menschliche Sprachproduktion so zu imitieren, um eine Lösung für intelligente MÜ darzustellen (Walter, 2014). Theoretisch könnten solche Modelle auch für die MÜ nutzbar gemacht werden, indem ein Skopos-basierter Ansatz durch eine KI-Komponente ergänzt wird. Schmidt (2013) weist jedoch darauf hin, dass für jeden Ausschnitt unserer Realität eine eigene Mikrowelt entworfen werden müsste und dies ein zu komplexes und aufwendiges Unterfangen sei, als das es umsetzbar wäre. Menschliche Lebenswelten sowie Verfahren zur maschinellen Übersetzung von natürlicher Sprache in operationalisierbare Regeln zu gießen, scheitert laut Schmidt (ibid.) an der Vielschichtigkeit dieser Realitäten.

Korpusbasierte Ansätze und im Speziellen statistikbasierte MÜ-Systeme weisen laut Schmidt (2013) jedoch im Vergleich zu regelbasierten Modellen eine elaboriertere Herangehensweise auf, die dem menschlichen Denken besser entspricht:

> Für regelbasierte Ansätze gilt: Eine Regel trifft zu oder nicht. Etwas ist ein X oder es ist nicht ein X. Es ist nicht ein wenig X oder fast X. Unschärfen, Unvollständigkeiten, Lücken, Übergänge usw. sind in regelbasierten Systemen sehr schwer oder gar nicht darstellbar. Bei unserer kognitiven Fähigkeit kommt es aber genau darauf an. Wir sind in der Lage, mit unvollständiger Information umzugehen. Deshalb gibt es gute Gründe anzunehmen, dass unser kognitiver Apparat ein ‚probabilistischer' Apparat ist und nicht ein regelbasierter Apparat. (Schmidt, 2013, S. 325)

Was aus translationswissenschaftlicher Sicht bei statistikbasierten und neuronalen Ansätzen zusätzlich noch relevant scheint, ist der Aspekt des selbständigen Lernens. Da ihr Wissen nicht primär in Übersetzungsregeln steckt, sondern in zwei- und mehrsprachigen Korpora, müssen sie nicht ständig weiter programmiert und durch neue Regeln, Lexika oder Grammatiken ergänzt, sondern lediglich anhand von Daten trainiert werden (ibid.).

Dass statistikbasierte MÜ-Systeme auf vorhandenes Textmaterial zurückgreifen und ihre Übersetzungen auf bereits bestehenden aufbauen, erinnert an die Herangehensweise von Humanübersetzer:innen, die ihrerseits Übersetzungen stets im bereits existierenden textuellen Umfeld anfertigen. (Human-)Übersetzungen (wie auch Verdolmetschungen) entstehen nicht im luftleeren Raum, isoliert von sprachlich-kulturellen Gegebenheiten, sondern nehmen auf den für sie relevanten Kontext Bezug. SMT und NMT berücksichtigen zumindest den textuellen Zusammenhang im Rahmen bereits bestehender Übersetzungen. Trotzdem basieren alle derzeitigen MÜ-Systeme auf einer Gegenüberstellung textueller Segmente, ohne Bezugnahme auf den kommunikativen Kontext (siehe Kapitel 2). Deshalb versucht Schmidt einen alternativen Ansatz für MÜ zu skizieren, um Erkenntnisse der Translationstheorie in MÜ-Systeme zu integrieren. Dabei greift Schmidt mit der „Skopostheorie" (Vermeer, 1989b) auf ein Modell zurück, das zwar keinen modernen translationswissenschaftlichen Ansatz darstellt, jedoch Aspekte wie die kommunikative Funktion des Ausgangs- und Zieltextes berücksichtigt. Ähnlich wie ein/e Humanübersetzer:in soll das MÜ-System Parameter wie „Vokabular, Syntax, textuelle Struktur des zielsprachlichen Textes, Stil, Kommunikationsmittel (implizit, explizit)" berücksichtigen (Schmidt, 2013, S. 329). Idealerweise steht am Ende ein System,

> […] das in der Lage ist, sich an kulturelle Erwartungen anzupassen, d.h. ein System, das einen ausgangsprachlichen Text in einen zielsprachlichen Text übersetzen kann, gemäß der kommunikativen Funktion (!) [um] so (teilweise) ‚kulturelle Mediation' zwischen zwei Sprachen zu erzielen. (Ibid., S. 329)

Schmidt (2013) schlägt vor, ein vereinfachtes Kulturmodell[3] zu entwickeln und dieses maschinell bearbeitbar zu gestalten, damit sie letztendlich in MÜ-Systemen implementiert werden können. Dies dient in weiterer Folge auch dazu, den Translationsskopos zu berücksichtigen, der, wie bereits erwähnt, in gängigen MÜ-Ansätzen praktisch nicht vorkommt. So könnte dem System der konkrete Kommunikationszweck des Translats oder Auskünfte über die Zielleserschaft zur Verfügung gestellt werden. Diese kulturellen und textuellen Informationen könnten letztendlich in eine MÜ-Architektur einfließen, die Schmidt entsprechend Abbildung 3.6 skizziert. Hier wird veranschaulicht, aus welchen Komponenten ein MÜ-System besteht, das an einen skoposorientierten Ansatz angelehnt ist. Nach der Analyse des Ausgangstextes wird eine übersprachliche Repräsentation desselben angefertigt. Aus dieser AT-Repräsentation sowie aus dem vorweg definierten Zweck des Translats (Translationsskopos) wird eine „Inferenzmaschine" mit jenen Informationen gespeist, die für die Verarbeitung außersprachlicher kultureller Elemente verantwortlich ist. Daraus wird ein Translationsziel abgeleitet,

---

[3] Als mögliche Ausgangspunkte hierfür nennt Schmidt Edward T. Halls (1979) Konzept der „high-context vs. low-context cultures" sowie Geert Hofstedes (1991) Ansatz der „Kulturdimensionen", die beide als umstritten gelten.

welches sich im Translationsmodell sowie in der Generierung des zielsprachlichen Textes niederschlägt. Ähnlich dem Transfermodul bei MÜ-Systemen, die auf einer Interlingua basieren, entsteht so eine sprachunabhängige Repräsentation des Zieltextes, aus dem wiederum das finale Translat erzeugt wird.

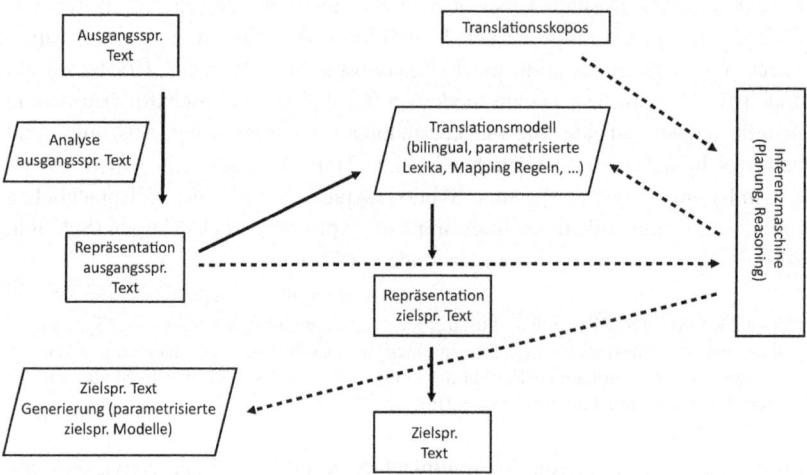

**Abbildung 3.6** MÜ-Architektur nach Schmidt. (2013, S. 329)

Schmidts MÜ-Modell, das an translationswissenschaftliche Überlegungen angelehnt ist, kann nur als Skizze dafür verstanden werden, Konzepte aus der TW in ein MÜ-Modell zu integrieren. Ein tatsächlicher Anspruch auf eine etwaige praktische Umsetzbarkeit kann jedoch nicht erhoben werden. Dies liegt vor allem an der Notwendigkeit der Einbindung bzw. Formalisierung von Kulturkonzepten. Inwiefern diese so dargestellt werden können, dass sie maschinell bearbeitbar und für die MÜ nutzbar wären, bleibt in diesem Fall unbeantwortet.

Auch die Eignung der Skopostheorie für eine Integration in ein MÜ-Modell muss kritisch hinterfragt werden. Zwar lassen sich anhand der Skopostheorie sehr gut Hypothesen aufstellen – aufgrund der allgemeinen Vagheit der Theorie können diese jedoch nur schwer überprüft werden. Chesterman (2010/2017, S. 67) kritisiert diesen Umstand folgendermaßen: „The big gap is […] how a given Skopos or Skopos type might actually correlate with given translation strategies or techniques". Somit darf durchaus hinterfragt werden, inwiefern ein MÜ-System im Stande sein soll, auf der Grundlage eines ihm mitgeteilten Skopos, eine konkrete Übersetzungsstrategie umzusetzen.

Auch wenn somit insgesamt unklar bleibt, ob und inwiefern Konzepte wie „Kultur" und „Skopos" in ein MÜ-System überhaupt integrierbar sind, weist Schmidt zumindest auf Aspekte in konventionellen MÜ-Systemen hin, die nach translationswissenschaftlichen Überlegungen Berücksichtigung verdienen.

### 3.3.3 Übersetzunsverfahren in maschineller und Humantranslation

Die Diskussion grundsätzlicher Defizite in MÜ-Systemen ist jedoch nur eine von vielen möglichen Herangehensweisen der TW an die MÜ. Eine Auseinandersetzung mit MÜ, vor dem Hintergrund eines gemeinsamen Nenners beider Fachbereiche, würde relevante Erkenntnisse sowohl für die TW als auch die MÜ-Forschung liefern. Ein solcher gemeinsamer Nenner könnten Übersetzungsverfahren sein, welche auf beiden Seiten in unterschiedlicher Form stattfinden, jedoch auch Gemeinsamkeiten aufweisen.

Modelle für Übersetzungsverfahren wurden im Bereich des Humanübersetzens von der TW und im Bereich der MÜ hauptsächlich von der Computerlinguistik entwickelt (auf parallele Entwicklungen wurde bereits in Abschnitt 3.1 eingegangen). Diese schlagen sich auch in der Beschreibung und Modellierung der Verfahren in beiden Bereichen nieder. So gab es sowohl in der TW als auch in der MÜ-Forschung die Bestrebung, sich von der Beschäftigung mit der Wortebene zu distanzieren und stattdessen die Ebene einer interlingualen Repräsentation einzuführen. Dementsprechend ging man in der MÜ-Forschung – wie in Abschnitt 2.2.1 beschrieben – dazu über, anstatt eines direkten Ansatzes, der vor allem auf der Wortebene operierte, eine interlinguale Methode voranzutreiben, bei der Bedeutungen aus den einzelnen Satzteilen abstrahiert werden sollten. Carl und Schaeffer (2017, S. 51 f.) nennen dies ein „stratificational model", da in den Übersetzungsprozess mehrere Ebenen eingezogen werden[4] und der gesamte Übersetzungsprozess somit „geschichtet" wird. In der TW existieren ebenfalls Translationsmodelle, die den Prozess gleichermaßen in Ebenen einteilen. Eine frühe Version stammt beispielsweise von Nida:

> [...] it is both scientifically and practically more efficient (1) to reduce the ST to its structurally simplest and most semantically evident kernels, (2) to transfer the meaning from SL to receptor language on a structurally simple level, and (3) to generate

---

[4] Im Fall eines Interlingua-Systems stellt die Wortebene nur die erste dar, darauf aufgebaut folgt die Analyse der Syntax und der Semantik, die schließlich in eine sprachübergreifende Repräsentation gipfelt (siehe Abb. 2.4 in Abschnitt 2.2.1).

stylistically and semantically equivalent expressions in the receptor language. (Nida, 1964, S. 68)

Nida (1964) nimmt Bezug auf Chomskys (1965a) generative Transformationsgrammatik und schlägt vor, den AT auf seine inhaltliche Quintessenz („kernel") zu reduzieren. Dieser „kernel" stellt eine interlinguale Repräsentation der ursprünglichen Aussage dar und nimmt am Ende die Form eines konkreten zielsprachlichen Ausdrucks an. Ein weiteres translationswissenschaftliches Modell, das ebenfalls unterschiedliche hierarchische Ebenen aufweist, ist Seleskovitchs „Théorie du sens" (1975), das als vereinfachte Darstellung des Dolmetschprozesses bezeichnet werden kann. Im Grunde handelt es sich hierbei um eine „Deverbalisierungstheorie", bei der die Bedeutung von der wörtlich getätigten Aussage getrennt und in einzelne Teile zerlegt wird. Die abstrahierte Bedeutung tritt dann in Form der (zielsprachlichen) Verdolmetschung wieder zutage (siehe Abbildung 3.7).

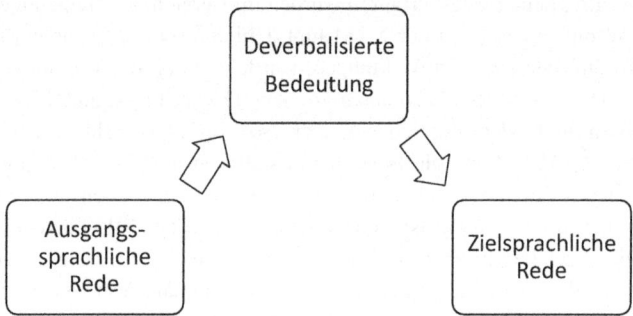

**Abbildung 3.7** Théorie du sens (angelehnt an Seleskovitch, 1975)

Seleskovitchs „Théorie du sens" und Nidas „kernels" weisen in ihrer hierarchischen Struktur Ähnlichkeiten mit Vauquois' (1968) Darstellung regelbasierter MÜ-Ansätze in Form einer Pyramide auf, an deren Spitze eine sprachunabhängige Repräsentation steht (siehe Abbildung 2.4 in Abschnitt 2.2.1). Jedoch besteht ein Unterschied zwischen den Modellen Seleskovitchs (1975) und Nidas (1964) auf der einen und einem Interlingua-Modell auf der anderen Seite. Im ersten Fall handelt es sich lediglich um vereinfachte Darstellungen des Übersetzungs- und Dolmetschprozesses in der Humantranslation. Bei der Vorstellung, sprachunabhängige Repräsentationen für die MÜ nutzbar zu machen, handelte es sich jedoch nicht um ein Modell einer tatsächlich ausgeführten Vorgehensweise, sondern um ein Desideratum für die Weiterentwicklung der MÜ, das bislang an seiner praktischen Umsetzung scheiterte.

Eine weitere Parallele zwischen maschineller und Humantranslation in Bezug auf die jeweiligen Übersetzungsprozesse liegt in der Bedeutung des Zieltextes, die in beiden Fällen ab den 1980er Jahren zunahm. Mit der Entwicklung datenbasierter MÜ-Modelle trat die vorher unter den regelbasierten Ansätzen praktizierte ausführliche Analyse des Ausgangstextes in den Hintergrund. Stattdessen berechnen datenbasierte MÜ-Systeme die wahrscheinlichste zieltextliche Umsetzung des AT. Dies geschieht anhand eines eigenen ZS-Modells, basierend auf bereits existierenden Texten aus der Zielsprache (siehe auch Abschnitt 2.2.2).

Zu einer vergleichbaren Wende kam es in den 1980er Jahren auch in der TW. Carl und Schaeffer (2017) bezeichnen die Verlagerung der Aufmerksamkeit vom AT hin zum ZT auch als „target turn", da man sich fortan vermehrt für die Funktion von Übersetzungen in der jeweiligen Zielkultur interessierte und von einer Beschäftigung mit dem AT und seiner linguistischen Beschaffenheit abzurücken begann. Diese Interessensverschiebung beschreibt Toury (1985) folgendermaßen:

> Translating [...] is to a large extent conditioned by the goals it is designed to serve and these goals are set in, and by, the prospective receptor system(s). Consequently, translators operate first and foremost in the interest of the culture *into* which they are translating, and not in the interest of the source text, let alone the source culture. (Toury, 1985, S. 19 Hervor. i. Orig.)

Auch die bereits beschriebene Skopostheorie (Reiß, & Vermeer, 1984) legt den Fokus auf die Ausgestaltung des Zieltextes und hebt somit dessen Status. In diesem Zusammenhang propagierte Vermeer: „[...] one must translate, consciously and consistently, in accordance with some principle respecting the target text" (Vermeer, 1989b, S. 182).

Der Bedeutungsgewinn des ZT, sowohl in der translationswissenschaftlichen als auch in der MÜ-Forschung, kann in beiden Fällen als Bedürfnis interpretiert werden, dem Produkt des Übersetzungsvorgangs größere Aufmerksamkeit zu widmen. Sowohl in der TW als auch in der Forschung zu MÜ kam es somit parallel zu einer Verschiebung des Interesses; weg von der Fokussierung auf den Ausgangstext und hin zum Zieltext und den Bedürfnissen des Zielpublikums.

Der Vergleich dieser Herangehensweisen zwischen den beiden Disziplinen unter dem gemeinsamen Nenner der jeweiligen Übersetzungsverfahren fördert somit einige Parallelen zutage. Jedoch gibt es auch Gesichtspunkte, unter denen die bestehenden Unterschiede in der Auseinandersetzung mit Translation verstärkt zutage treten.

### 3.3.4 Exkurs: Menschliche Sprachen und Programmiersprachen

Auch wenn hinsichtlich der Modellierung der Übersetzungsverfahren einige Parallelen zwischen TW und der MÜ-Forschung identifiziert werden können (siehe Abschnitt 3.3.4.), gehen die beiden Disziplinen bezüglich der Operationalisierung dieser Prozesse doch sehr unterschiedliche Wege. Dies hat vor allem auch mit den internen Arbeits- und Kommunikationsmitteln zu tun, die einem Rechner zur Verfügung stehen und die sich von denen eines Menschen stark unterscheiden. Die Befehlsausführungen eines Computers basieren auf der Berechnung von Zahlenfolgen, auf der Grundlage eines binären Systems bestehend aus Nullen und Einsen. Diese Nullen und Einsen wiederum stehen für abstraktere Konzepte, wie z. B. bestimmte Arbeitsprozesse. Als kommunikatives Bindeglied zwischen den Rechenprozessen eines Computers und den von Menschen erteilten Befehlen fungieren Programmiersprachen.

Um die Kommunikation zwischen Mensch und Computer in der Form von Programmiersprachen effizienter zu gestalten, bedient sich auch die Informatik linguistischer Konzepte wie Syntax und Semantik. Des Weiteren weisen auch Programmiersprachen eine hierarchische Struktur auf: So gibt es Wörter (Tokens), Sätze (Anweisungen), Absätze (Funktionen) und Texte (Programme). Ebenso führt ein Rechner einen Übersetzungsprozess aus, indem er Eingaben in konkrete Befehle und Arbeitsprozesse überträgt. Dazu müssen jedoch Befehle bestimmten Prozessen eindeutig zuordenbar sein. Die Eindeutigkeit von Programmiersprachen ist somit eine der obersten Maximen, damit die Kommunikation zwischen Mensch und Maschine funktioniert (Giammarresi, & Lapalme, 2016).

Doch bestehen auch grundsätzliche Unterschiede zwischen Programmiersprachen und menschlicher Sprache. Letztere entstehen auf natürliche Weise,[5] entwickeln sich dynamisch weiter und können nach synchronen und diachronen Aspekten untersucht werden. Darüber hinaus weist menschliche Sprache unzählige Funktionen auf und ist ständigen Veränderungen durch die Sprachgemeinschaft unterworfen (Crystal, 2010). Programmiersprachen hingegen entstehen unter Laborbedingungen und erlauben keine Abweichungen von der streng vorgegebenen Syntax, die auf einer starren, formalen Grammatik fußt. Dies ist

---

[5] Mit der Ausnahme von Plansprachen wie etwa Esperanto.

## 3.3 Reintegration des maschinellen Übersetzens ...

vor allem der notwendigen eindeutigen Korrespondenz zwischen Befehlen und Arbeitsprozessen geschuldet. Während somit ein schlecht formulierter Text in einer natürlichen Sprache für Menschen i. d. R. trotzdem noch ein gewisses Maß an Verständlichkeit aufweist, kann eine fehlerhaft formulierte Anweisung in einer Programmiersprache von einem Rechner nicht ausgeführt werden. Die einzelnen Bestandteile eines Programms müssen daher auch klare Bedeutungen haben, die keine Interpretation vonseiten des Rechners erfordern, da er diese ansonsten nicht ausführen kann (ibid.).

Anhand dieser unterschiedlichen Charakteristika zwischen Programmiersprachen und natürlichen Sprachen manifestieren sich somit auch Unterschiede im menschlichen und maschinellen „Denken" und in weiterer Folge auch Unterschiede im Umgang mit Sprache. Während Computer in ihrer Kommunikation nach innen und nach außen nur auf jene engen Bahnen beschränkt sind, die ihnen zuvor von Techniker:innen gelegt werden, ist menschliche Kommunikation flexibel, dynamisch und kontextbezogen. Auf diesen Umstand wies auch Wilss (1988) hin, indem er zwischen „diskursivem" und „algorithmischen" Denken unterschied und in Bezug auf das Sprachverständnis eines Computers anmerkte:

> Es ist – zumindest derzeit – ausgeschlossen, dem Rechner eine kreative Textverarbeitungskompetenz zu vermitteln, die über vorausgesetzter Textbedeutung extensional operiert. (Wilss, 1988, S. 144)

Aus dem Umgang mit Sprache eines Rechners lässt sich auch indirekt der Umgang mit Translation ableiten. So betreibt ein Computer ständig Übersetzungen, um jegliche Arbeitsprozesse auszuführen. Um vom Menschen eingegebene Befehle ausführen zu können, übersetzt ein Computer zwischen der abstrakten Befehlsebene hin zu Nullen und Einsen, auf die maschinelle Arbeitsprozesse heruntergebrochen werden müssen. Auch um MÜ zu operationalisieren, müssen solche computerinterne Übersetzungen stattfinden.

Diesem Bild von Übersetzen lässt sich jenes von Humantranslation gegenüberstellen, wie es bspw. Giammarresi und Lapalme[6] vornehmen, die auch ohne genuin translationswissenschaftlichen Hintergrund Übersetzen als sozialen und kreativen Prozess beschreiben:

> Human translators [...] must negotiate, compromise, and sometimes push the boundaries of the source/and or target language, taking into account the semantic spheres of words and constructions in the source language and determine how best map them

---

[6] Guy Lapalme forscht im Bereich der Computerlinguistik, während Salvatore Giammarresi im Bereich der angewandten Sprachwissenschaft und Lokalisierung tätig ist.

into the target language, taking into consideration [...] the sender, the receiver, the context and the medium of the message. This is in essence the *art* of translation. (Giammarresi, & Lapalme, 2016, S. 212; Hervor. i. Orig.)

Wie Wilss (1988) bereits im vorangegangenen Zitat andeutete, basiert Humanübersetzung auf Textverständnis. Somit stellt sich die Frage, ob ein Verständnis des Textes eine Grundvoraussetzung für eine Übersetzung ist, die auch als solche angesehen wird. Im Fall von regelbasierten und datenbasierten Ansätzen zeigt sich, dass erstere zumindest die Wort- und Satzstruktur analysieren, während letztere auf Parallelkorpora, Wahrscheinlichkeitsberechnungen und maschinelles Lernen zurückgreifen. Somit kommt es im Fall von MÜ zu keiner Textanalyse im Sinne eines semantischen Textverständnisses. Die hier zum Tragen kommenden statistischen Parameter sind schlichtweg nicht dazu konzipiert, Textpragmatik zu analysieren.

Obwohl man somit bei datenbasierten MÜ-Systemen kaum von Textverständnis sprechen kann, erzielen diese für Sprachkombinationen wie Englisch-Deutsch bessere Resultate als ihre regelbasierten Pendants, solange ausreichend Daten in Form von Parallelkorpora vorliegen (Koehn, 2020). Eine Erklärung hierfür ist ist, dass Korrespondenzen zwischen ausgangs- und zielsprachlichen Elementen bis zu einem gewissen Grad sehr wohl berechenbar sind (ibid., S. 220). MÜ-Systeme der neueren Generation (allen voran NMT) machen sich diese Berechenbarkeit zu Nutze, indem sie möglichst große Datenmengen in Form von bereits bestehenden Übersetzungen auswerten und daraus ihr eigenes Übersetzungsmodell ableiten (siehe Abschnitt 2.2.2). Die unterschiedliche technische Ausgestaltung von MÜ-Systemen kann anhand von techniksoziologischen Theorien diskutiert werden. Dies erfolgt im nächsten Kapitel.

# Translationstechnologie und Techniksoziologie

Translationstechnologien können vor dem Hintergrund unterschiedlicher wissenschaftlicher Disziplinen besprochen werden. Techniksoziologische Perspektiven ermöglichen einerseits die Beschäftigung mit den Auswirkungen von Technikverwendung und andererseits die Auseinandersetzung mit jenen Rahmenbedingungen, unter denen technische Artefakte entwickelt werden. Technikdeterministische und sozialkonstruktivistische Ansätze sowie die Diskussion über menschliche und materielle Handlungsträgerschaft liefern ergänzende Sichtweisen auf Translationstechnologien und tragen somit zu einem vollständigeren Bild und Verständnis von MÜ bei.

## 4.1 Technikdeterminismus und Translationstechnologie

Die Vorstellung von Technik als prägender Faktor unserer Gesellschaft ist in der Öffentlichkeit sehr weit verbreitet. Oft wird technischer Fortschritt mit der Verbesserung unserer Lebensumstände gleichgesetzt. Es sind einfache Gleichungen wie diese, die dazu führen, dass *technikdeterministische* Sichtweisen nach wie vor großen Zuspruch genießen, obwohl sie einen der ältesten techniksoziologischen Ansätze darstellen. Auch in der Übersetzungsbranche sowie in der TW werden technikdeterministische Perspektiven immer wieder herangezogen, um Veränderungen darzustellen, die mit Technologie im Zusammenhang stehen. Besondere Popularität genießen sie in der Diskussion rund um die Auswirkungen der Digitalisierung auf die Humantranslation.

## 4.1.1 Technikdeterministische Ansätze in der Techniksoziologie

Im Zeitalter rasanten technischen Wandels haben Menschen oft den Eindruck, permanent von technologischen Neuerungen getrieben zu sein und sich konstant an neue Entwicklungen anpassen zu müssen. Technikdeterministische Ansätze in der Techniksoziologie stehen mit dieser Wahrnehmung in Einklang. Ausgangspunkt ist die Annahme, dass Technik gesellschaftliche Veränderungen erzwingt und dass Menschen sich an technische Neuerungen anpassen müssen. Ein Beispiel hierfür ist die Digitalisierung immer weiterer Lebensbereiche und die laufende Entwicklung neuer Gerätschaften und Software, die oft zu Anpassungsprozessen und auch Widerständen auf Seiten der Nutzer:innen führen. Der Translationsbereich stellt hier keine Ausnahme dar. Auch das Übersetzen und Dolmetschen ist großen Umwälzungen ausgesetzt, die nach einer technikdeterministischen Lesart vor allem dem technischen Fortschritt geschuldet ist. Technikdeterminismus steht somit durchaus im Einklang mit der westlichen Tradition einer positivistischen Sichtweise auf Wissenschaft und Technik als „rational, culturally neutral and value-free" (Olohan, 2017, S. 266).

Als klassisches Beispiel für technikdeterministische Theorien gilt Lynn Whites (1962) „Steigbügelthese", anhand der er veranschaulicht, wie technische Innovationen den Lauf der Geschichte beeinflussen können. So erlangte der Steigbügel in Mitteleuropa zunächst besondere Bedeutung bei den Franken, die im Zuge ihrer Militärstrategie für die Kavallerie massiv auf diese Gerätschaft setzten. Zuvor versuchten sich Reiter:innen im Sattel zu halten, indem sie ihre Schenkel an die Seite des Pferdes pressten. Der Steigbügel gab den Reiter:innen jedoch zusätzlichen Halt, was ihnen ermöglichte, flexiblere Reitpositionen einzunehmen. Vor der Einführung des Steigbügels galt es für die Kavallerie als gefährlich, sich direkt in das Kriegsgeschehen einzumischen. Durch den verbesserten Halt im Sattel konnten die Reiter:innen nun jedoch auch mit schweren Waffen in Kampfhandlungen eingreifen. Diese militärstrategische Änderung wurde in Europa im Karolingerreich als erstes umgesetzt, wodurch sich ein massiver Vorteil für die Kriegsführung ergab und dieser die Expansion der Karolinger begünstigte (ibid., S. 1–38).

Whites „Steigbügelthese" ist ein klassisches Beispiel für technikdeterministische Ansätze der Techniksoziologie, die „[…] technische Neuerungen als erklärende Variable für gesellschaftlichen, kulturellen und/oder sozialen Wandel" sehen (Häußling, 2014, S. 134). Prinzipiell wird zwischen zwei Strömungen des Technikdeterminismus unterschieden: (1) den „genetischen Determinismus",

## 4.1 Technikdeterminismus und Translationstechnologie

wonach Technik eine gewisse Eigenständigkeit besitzt und die Richtung technischer Entwicklungen vorgegeben und somit „determiniert" sei, und womit eine Selbstläufigkeit der Technik einhergeht, sowie (2) den „konsequenziellen Determinismus", der den prägenden Charakter von Technik auf die Gesellschaft sowie Sachzwänge betont, die sich aus dem Umgang mit Technik ergeben (Ropohl, 1991, S. 193 f.).

Ein klassischer Vertreter der zweiten Variante ist William Ogburn (1886–1959), US-amerikanischer Soziologe und Pionier der Technikfolgenabschätzung. Ogburn (1969) propagierte die These, wonach technische Entwicklungen gesellschaftliche Veränderungen hervorrufen. Er untersuchte beispielsweise Innovationen im Bereich der Landwirtschaftstechnik, die Einführung von Maschinen für die industrielle Güterproduktion sowie Entwicklungen in der Militärtechnik. Für letzere konnte er zeigen, inwiefern militärische Innovationen Einfluss auf das Staatsverständnis haben und sich somit auf die Machtverhältnisse innerhalb eines Staates auswirken können.

Als Grundlage für seinen Technikdeterminismus formuliert Ogburn (1964) die These des „cultural lag", wonach sich verschiedene Teile der Gesellschaft unterschiedlich schnell entwickeln. Rascherer Wandel in einem Bereich erzwinge Anpassungen in einem anderen. In der Moderne seien es oft wissenschaftlich-technische Entwicklungen, die zu Veränderungen in anderen Gesellschaftsbereichen führen. Die treibende Kraft hinter dem „cultural lag" in Industrieländern sind technologische Errungenschaften, die beispielsweise Veränderungen im Bildungssystem hervorbringen. Ogburns (1964) These des „cultural lag" stellt jedoch nur auf den ersten Blick eine pure technikdeterministische Lesart dar. So könne es im Prinzip jeder beliebige Gesellschaftsbereich sein, der sich schneller entwickelt als andere. Es handelt sich also in erster Linie um eine generelle Theorie für kulturelle Anpassungsprozesse. Im Zeitalter der Moderne sei jedoch im Regelfall die Technik als primärer Motor für soziale Veränderungen zu identifizieren (Schubert, 2014). Aber auch die Technik an sich sei ein Produkt des Menschen und somit eine Manifestation von Kultur. Technik kann nach Ogburn (1922, S. 268 ff.) daher als „material culture" bezeichnet werden. Der an der Oberfläche zutage tretende technikdeterministische Charakter seiner Thesen wird somit relativiert und durch einen sozialkonstruktivistischen Keim ergänzt.

Eine eindeutig deterministische Sicht auf Technik vertrat hingegen Jacques Ellul (1912–1994), französischer Philosoph, Soziologe und Laientheologe. Ellul (1954; 1964) vertrat im Vergleich zu Ogburn eine weitaus radikalere Position, indem er postulierte, dass Technik eine übermächtige Stellung in unserer Gesellschaft einnehme, da sie sich aufgrund ihres eigenständigen Charakters von sich aus weiterentwickele und immer weitere Bereiche der sozialen Welt für sich beanspruche. Ellul sieht Technik als Selbstläufer, was ihn zu einem Vertreter eines genetischen Technikdeterminismus macht:

> External necessities no longer determine technique. Technique's own internal necessities are determinative. Technique has become a reality itself, self-sufficient, with its own special laws and its own determinations. (Ellul, 1964, S. 134)

Elluls Technikdiskussion nimmt teilweise theologische Züge an, weshalb seine Beiträge in wissenschaftlichen Kontexten anfangs kaum rezipiert wurden. So schalte die Technik mit ihren allgemeingültigen und alles durchdringenden Prozessen menschliche Prinzipien aus und etabliere stattdessen ein Regime, das von Effizienz, Zweckrationalität und dem Optimierungsgedanken geprägt sei (Ellul, 1954). Hierbei zieht Ellul Parallelen zur Einführung von Maschinen während der Industrialisierung vor dem Grundprinzip der Produktivitätssteigerung. Die Maschine stelle „die perfekte Verkörperung von Arbeitsprozessen dar" (Häußling, 2014, S. 138). Ellul (1954) macht die Maschine für die Verschlechterungen von Arbeitsbedingungen verantwortlich – nicht wie Marx (1867) den Kapitalismus. Im Gegensatz zur Technik ist die Maschine aber nicht nur auf den industriellen Bereich beschränkt. Erstere dringe in alle Lebensbereiche vor und mache sie zur Maxime, an der sich alles andere zu orientieren habe. Ein weiterer Unterschied zwischen Maschine und Technik besteht laut Ellul (1954) auch darin, dass die Maschine eine klar erkennbare und abgrenzbare Gestalt annimmt, während Technik auf subtile Weise mit der menschlichen Lebenswelt verschmilzt. Darin besteht gleichermaßen der Unterschied zwischen vormoderner und moderner Technik. Erstere sei noch stark vom Gedanken geprägt, die Natur nachzuahmen, sodass Menschen ihr materielles Umfeld in ihrem Sinne gestalten können, um sich nicht zuletzt vor Umwelteinflüssen zu schützen, während Zweitere immer eigenständiger und unabhängig vom Menschen funktioniert.

Ellul (1954) verortet den Übergang von vormoderner zu moderner Technik im 18. Jahrhundert. Gemäß dem damals vorherrschenden Fortschrittsglauben ging man davon aus, dass Wissenschaft und Technik die gesellschaftliche Entwicklung vorantreiben und letztendlich den Menschen aus seinem von Strapazen geprägten Leben befreien würde. Nach technikdeterministischer Lesart handle es sich hier jedoch nicht um einen Befreiungsschlag, sondern um eine Unterwerfung vor der Technik und ihren Prinzipien der „Universalität, Perfektion, Einheitlichkeit und Künstlichkeit" (Häußling, 2014, S. 139). Für Ellul (1954) nimmt Technik die Position einer Gottheit ein, der sich die Menschen immer weiter annähern und sich mit ihr umgeben wollen. Damit rücke die Technik an die Stelle von

Spiritualität und Religion, da sie in gewisser Hinsicht menschliche Urbedürfnisse befriedigt.

Elluls Thesen muten durchaus fatalistisch an. Dem Diktat der Technik könne man sich laut ihm kaum entziehen. Aber auch die gesamte argumentative Herangehensweise kann als unorthodox bezeichnet werden, ist seine Technikdiskussion gewissermaßen entkoppelt von der damaligen philosophischen und sozialwissenschaftlichen Debatte (Häußling, 2014).

Helmut Schelsky (1912–1984), ein prominenter Schüler Arnold Gehlens und Paradevertreter des Technikdeterminismus, verwendete Elluls Ausführungen als Ausgangspunkt für eine fortführende Diskussion über die Sachzwänge, die sich aus der Nutzung von Technik ergeben. Schelsky (1965) beschrieb, wie die Technisierung der modernen Zivilisation soziale Welten sowie das Selbstbild des Menschen nachhaltig verändert. Zwar habe sich der Mensch durch das Mittel der Technik von den Zwängen, die ihm die Natur ursprünglich auferlegte, befreit, jedoch begab er sich gleichzeitig in die Abhängigkeit einer technisch bedingten Umgebung. Diese Durchdringung menschlicher Lebensrealitäten durch Technik führt zu ständigen sozialen Anpassungsprozessen, die wiederum neue psychische und soziale Zustände hervorrufen. Durch solche Veränderungsprozesse entsteht wiederum Bedarf an neuen Techniken, um mit den veränderten Lebensbedingungen umgehen zu können. So wird ein sich ständig fortsetzender Kreislauf von technisch-naturwissenschaftlichen Konstruktionen und darauffolgenden sozialen Adaptionen generiert.

Diese Überlegungen führen zu Schelskys (1965) Theorie des „technischen Staates". In diesem Gebilde werden menschliche Entscheidungen von technischen Rahmenbedingungen abhängig gemacht, wodurch Technik den größten Machtfaktor in einer Gesellschaft darstellt. Der Staat sei im technischen Zeitalter „[...] ein universaler technischer Körper geworden und beweist seine staatliche Effizienz nicht zuletzt in der Perfektionierung der technischen Möglichkeiten der Gesellschaft" (ibid.; S. 455). Demnach vollziehe der Staat Imperative, die ohnehin bereits durch die Technik vorgegeben sind. Die Strukturen und Einrichtungen des technischen Staates werden so zum Vollzugsgehilfen der Technisierung.

Degele (2002, S. 30) nennt Schelskys These ein „Modell einer Technokratie als Herrschaft einer autonom gewordenen Technologie", in der „Sachzwänge an die Stelle von sozialen Zwängen treten". Vor diesem Hintergrund kann die Idee vom „technischen Staat" auch als Kritik an den Folgen der Modernisierung verstanden werden. Durch diese Diskussion werden die Konsequenzen des ständigen Strebens nach mehr Effizienz sowie die Leitfunktion von Technik für den sozialen Wandel offengelegt.

Genau wie bei Ellul schwingt auch in der Technikdeutung Schelskys ein gewisser totalitärer Anspruch mit. Hinsichtlich der Analyseperspektive wählt Schelsky (1965) ein Abstraktionsniveau, das den Blick auf Details und spezifischere Umstände ausspart. Auch andere Vertreter:innen von technikdeterministischen Ansätzen siedeln ihre Diskussion auf der Makroebene soziotechnischer Entwicklungen an. Von dieser Warte aus erscheinen Sachzwänge, die sich aus dem Umgang mit Technik ergeben, augenscheinlicher. Konstruktivistische Ansätze (siehe Abschnitt 4.2) hingegen legen den Fokus auf soziale Aushandlungsprozesse, die vor allem auf der gesellschaftlichen Mikroebene stattfinden.

Auch wenn technikdeterministische Ansätze somit kein vollständiges Bild von soziotechnischen Prozessen liefern können, reflektieren sie die weitverbreitete Wahrnehmung vieler Techniknutzer:innen, sich der Arbeitsweise von Technologien anpassen zu müssen. Diese Fixierung auf die Dominanz von Technik sowie sich daraus ergebende menschliche Anpassungsprozesse führen zu einer Vernachlässigung in der Beschäftigung mit dem Ursprung technischer Artefakte bzw. mit der Agenda, die hinter ihnen ihnen steht (Whyatt, 2008).

Die Einführung neuer Technologien geht oft mit dem Versprechen einer Verbesserung der Lebensqualität oder zumindest mit der Erleichterung von Arbeitsprozessen einher. Die ständige Verbesserung unserer Lebensumstände durch Technologie wird vor allem von Technologiekonzernen propagiert und scheint aus deren Sicht fast schon naturgesetzlichen Charakter zu haben.

Als Beispiel hierfür kann das sogenannte „Moore's Law" (1975) dienen, benannt nach dem Gründer von Intel, Gordon Moore, der in den 1960ern vorhersagte, die Rechenleistung von Computerchips würde sich jedes Jahr verdoppeln. Anfangs erfüllte die Halbleiterbranche diese Vorhersage noch mit Leichtigkeit. Ab den 1990er Jahren begannen die Entwickler:innen an Kapazitätsgrenzen zu stoßen. Um die ausgegebenen Ziele trotzdem zu erreichen und „Moore's Law" am Leben zu erhalten, mussten immer mehr Ressourcen in Forschung und Entwicklung investiert werden. „Moore's Law" wurde so zu einer sich selbst erfüllenden Prophezeiung, bis die Chiphersteller immer weniger Sinn darin sahen, das „Gesetz" der jährlichen Verdoppelung der Rechenleistung aufrechtzuerhalten. Ab dem Jahr 2016 begannen Technologiekonzerne somit davon zu sprechen, dass sich der Nutzwert der Geräte jedes Jahr durch verbesserte Funktionalität verdoppeln würde, um so den allgemeinen Eindruck vom ständigen und unaufhaltsamen Fortschritt am Leben zu erhalten (Waldrop, 2016).

„Moore's Law" demonstriert, wie vermeintliche Gesetzmäßigkeiten in der Technikentwicklung von Menschen aufrechterhalten werden. Technische Innovation geschieht nicht automatisch, sondern wird von menschlichem Entwicklergeist hervorgebracht. Nichtsdestotrotz werden technikdeterministische Sichtweisen

## 4.1 Technikdeterminismus und Translationstechnologie

nach wie vor gerne herangezogen, um den Zusammenhang zwischen technologischen Veränderungen und gesellschaftlichem Wandel darzustellen. Auch im translationswissenschaftlichen Diskurs sind technikdeterministische Perspektiven eine populäre Herangehensweise zur Beschreibung von Transformationsprozessen.

### 4.1.2 Technikdeterministische Perspektiven auf Humantranslation

Schon bei einem Blick auf die biblische Geburtsstunde von Translation ist Technik allgegenwärtig. In Pieter Bruegels Gemälde „Großer Turmbau zu Babel"[1] aus dem Jahr 1563 sind technische Hilfsmittel wie Leitern, Flaschenzüge, Hebebäume, Gerüste usw. zu sehen. Die Verwendung von Technik ist somit auch im biblischen Sinne an Sprachenvielfalt und folglich an die Notwendigkeit nach Übersetzung geknüpft. Technik kann in diesem Zusammenhang als Voraussetzung für den Turmbau gesehen werden, der Gottes Zorn und das babylonische Sprachengewirr zur Folge hatte (Cronin, 2012; 2010). Tatsächlich ist Übersetzen ohne den Einsatz von Technik schon lange nicht mehr vorstellbar. So könnte bereits die Entwicklung der phonetischen Schrift als technische Voraussetzung bzw. Kulturtechnik und somit als Ausgangslage für Übersetzung bezeichnet werden (Krämer, 2000). Eine der technisch einschneidensten Errungenschaften für die Verbreitung von Texten und somit auch Übersetzungen war jedoch die Erfindung des Buchdrucks im 15. Jahrhundert. Am Beispiel der Übersetzung der Bibel in die deutsche Sprache sowie deren rasche Verbreitung über den Buchdruck zeigt sich, dass Übersetzung in Verbindung mit Technik auch maßgebend für historische Entwicklungen sein kann. Die Lutherbibel, als eine der ersten Massenschriften infolge einer technischen Innovation, spielte somit eine wesentliche Rolle in der Bekanntmachung reformatorischen Gedankenguts (zur Mühlen, 1978; Pettegree, & Hall, 2006).

Wie das Beispiel der Lutherbibel in Kombination mit der Innovation des Buchdrucks illustriert, ist die Bedeutung eines Inhalts auch sehr oft an das Medium gekoppelt, das die Verbreitung ermöglicht. Als in den 1960er Jahren das Fernsehen langsam zum Massenmedium aufstieg, bestand das innovative Element eher

---

[1] Thema des Gemäldes von Pieter Bruegel dem Älteren (um 1525/1530–1569) ist der im ersten Buch Mose beschriebene Turmbau zu Babel. Die Ölmalerei auf Eichenholz (114 cm x 155 cm) ist im Kunsthistorischen Museum in Wien ausgestellt.

in der Möglichkeit, Videomaterial von Geschehnissen auf der ganzen Welt innerhalb von Sekunden in private Häuser zu übertragen, als im gesendeten Material an sich (McLuhan, 1964).

Der technische Wandel führte auch zu neuen Medienformaten, in denen Übersetzungen erscheinen. Längst sind es nicht mehr nur in sich geschlossene Texte, die übersetzt werden, sondern, wie das Beispiel der Website- und Softwarelokalisierung zeigt, eine Reihe von Informationsträgern, mit denen Translator:innen umgehen müssen. Am Beispiel der Lokalisierungsbranche offenbaren sich – nicht zuletzt durch den Einsatz diverser Technologien – auch technikdeterministische Diskurse. In einem Blogeintrag von „Lionbridge", eines der führenden Unternehmen für Lokalisierung, werden Übersetzungsdienstleister dazu aufgefordert, ihre Praktiken und Geschäftsmodelle an die neuen Anforderungen einer globalisierten Welt anzupassen und ihr Leistungsangebot stets am aktuellen Stand der Technik zu orientieren (Donoghue, 2013). Bei Translator:innen entsteht dadurch zwangsläufig ein Druck zur Verwendung bestimmter Technologien. Ein ähnliches Beispiel für technikdeterministische Perspektiven im Umgang mit Translation stellt der Blogeintrag eines Unternehmens für Automatisierung von Übersetzungsleistungen – TAUS (Translation Automation User Society) – dar:

> Imagine a machine that can translate across a hundred languages and do that realtime. No human being would ever be able to do that. The quality and accuracy of these machine translations may not always be perfect, but it is so convenient that we learn to live with it, adjust ourselves and tweak the machine where we can. (van der Meer, 2016, o. S.)

In dieser kontroversen Aussage werden gleich zwei Problembereiche angesprochen, die technikdeterministisch ausgelegt werden können, zum einen der Ersatz von Humanübersetzer:innen durch Maschinen, zum anderen sinkende Übersetzungsstandards durch den Einsatz von MÜ-Systemen. Es wird davon ausgegangen, dass sich sowohl Nutzer:innen als auch Übersetzer:innen an neue technische Gegebenheiten zwangsläufig anpassen müssten. In diesem klassisch technikdeterministischen Diskurs besteht kaum Spielraum für proaktive Einflussnahme durch relevante Stakeholder.

Technikdeterministische Vorstellungen im Übersetzungsbereich sind weit verbreitet und finden immer wieder Eingang in translationswissenschaftliche Diskurse. Laut Olohan (2017) kann dies vor allem auf den hohen Wettbewerbsdruck in der Übersetzungsbranche zurückgeführt werden, der durch Translationstechnologien zusätzlich verstärkt wird. So werden Translation-Memories (TM) oder

MÜ-Systeme oft als Möglichkeit dargestellt, den menschlichen Handlungsspielraum zu erweitern, um die eigene Produktivität zu steigern und wettbewerbsfähiger zu werden. Gleichzeitig geben Translationstechnologien wie Tools für „computer-aided translation" (CAT) auch eine gewisse Arbeitsweise bis hin zu einem bestimmten Geschäftsmodell vor. So wird der Preis für eine Übersetzungsleistung auch vom Umfang der zur Verfügung gestellten Translation-Memory bestimmt (Anzahl der 100 %-Matches).

Auch wenn streng genommen Übersetzer:innen frei entscheiden können, ob und welche Translationstechnologien sie verwenden möchten, besteht durch die Gegebenheiten des Übersetzungsmarktes doch ein gewisser Druck zur Verwendung bestimmter Technologien. Aus der Verbreitung von Translationstechnologien und der Erwartungshaltung, diese zu verwenden, ergeben sich auch gewisse Abhängigkeiten für Übersetzer:innen. Chandler (2012) beschreibt eine Form der Technologieabhängigkeit, bei der soziale Handlungen derart an die Verwendung einer bestimmten Technologie gekoppelt sind, sodass es kaum mehr vorstellbar ist, diese ohne die jeweilige Technik auszuführen. Für Olohan (2017) fallen das Internet, Terminologiedatenbanken und TM-Systeme in diese Kategorie, denn „[…] in all such cases, the use of the technology is not obligatory, strictly speaking, but the cost of not using it is extremely high" (Olohan 2017, S. 369). Dies trifft schon seit längerem in besonderem Maße auf die Verwendung des Internets zu, das als besonders zentrale Quelle für Technikzwänge gesehen werden kann. Mit seinem Begriff des „internet-centrism" beschreibt Morozov (2013) die Tendenz, zwanghaft nach webbasierten Lösungen für Probleme zu suchen, die nicht unbedingt einer Lösung durch das Internet bedürfen. Das Internet als technologisches Großsystem nimmt eine vermeintlich zentrale Stellung bei der Bewältigung zahlreicher Herausforderungen unserer Gesellschaft ein.

Eine essenzielle Voraussetzung für diesen besonderen Status ist die Bidirektionalität des Web 2.0. Im Vergleich zu seiner Vorgängerversion bietet es schier endlose Möglichkeiten der Interaktion und erweitert somit den menschlichen Handlungsspielraum um ein Vielfaches. Der Übersetzungsbereich ist in besonderer Weise von der Innovationskraft des Web 2.0 betroffen, schafft es doch neue Wege, mit Translation umzugehen. Beispielsweise ermöglichen Webplattformen für *crowd translation* wie „Project Lingua", „Wiki Project Echo" oder „Worldwide Lexicon" (Amateur)-Übersetzer:innen auf der ganzen Welt, sich gemeinsam an Übersetzungsprojekten zu beteiligen (O'Hagan, 2011, S. 12 ff.). Translation wird somit durch das Internet zu einer kollaborativen Tätigkeit, die allen offensteht.

Das in hohem Ausmaß durch Nutzer:innen gestaltete Web 2.0 dient somit als Produktions- und Verbreitungsstätte von Übersetzungen. In „online translation communities" bieten professionelle aber auch Amateurübersetzer:innen ihre Dienste für teils ehrenamtliche, aber auch kommerzielle Zwecke an. Die Verlagerung des Managements von Übersetzungsaufträgen in das Internet trägt dazu bei, dass die Grenzen zwischen beruflicher Tätigkeit, Ehrenamt und Freizeitvergnügen zusehends verschwimmen (Rogl, 2016). Dieses Phänomen tritt vor allem in neuen Formen von Translation wie „fan translations" und „fan-subbing" zutage, in der das Publikum eigene Übersetzungen eines Buches oder Untertitel zu einer Serie erstellt. Solche Übersetzungen entstehen in der Regel durch außerberufliche und ehrenamtliche Arbeit, die zu einem großen Teil von Amateurübersetzer:innen geleistet wird. Im Gegensatz zu Personen, die eine professionelle Ausbildung im Bereich des Übersetzens genossen haben, fehlt es Amateurübersetzer:innen jedoch oft an einer reflektierten Herangehensweise. Sehr oft herrscht unter dieser Gruppe eine Vorstellung von Übersetzen als „word-based, formal, mechanical, countable transfer, [...] [they] tend to stick to the source and become verbatim, with no regard for such matters as the effects on reception and on reading" (Gambier, 2016, S. 894). Qualitätsansprüche, die professionelle Übersetzer:innen auch gemäß ihren Berufskodizes vertreten, drohen somit aufgeweicht zu werden und können auf Grund des steigenden Kostendrucks auch schwerer aufrechterhalten werden.

Das Web 2.0 ermöglichte auch den Zugang breiter Bevölkerungsschichten zu MÜ, die ebenfalls von einer technikdeterministischen Perspektive aus besprochen werden kann. So könnte MÜ, global betrachtet, zur Demokratisierung von Sprachpolitik beitragen. Vor dem Hintergrund, dass nur ca. 0,5 % des existierenden Textmaterials übersetzt wird (Vashee, 2010), und die Sprachen von Entwicklungsländern bei Übersetzungen kaum berücksichtigt werden, kann MÜ auch als Mittel zu „translation as a human right" verstanden werden (van der Meer, 2010). MÜ ermöglicht somit Zugang zu Translation für Gruppen, die ansonsten keine Gelegenheit hätten, an eine Übersetzung zu kommen. Von besonderer Relevanz in diesem Zusammenhang sind Systeme für maschinelle Translation, die speziell zur Unterstützung im Rahmen von Katastropheneinsätzen entwickelt werden. Solche Systeme wurden beispielsweise im Zuge humanitärer Hilfseinsätze, wie jenem nach dem schweren Erdbeben in Haiti im Jahr 2010, verwendet (Lewis et al., 2011; Rogl, 2017).

Bei näherer Betrachtung ergeben sich durch die immer größere Verbreitung und Anwendung von MÜ-Systemen jedoch auch problematische Aspekte. Diese beginnen bei der Darstellung von Translation als Produkt eines automatisierten Vorgangs, der kein menschliches Zutun mehr erfordere, über die möglicherweise

## 4.1 Technikdeterminismus und Translationstechnologie

mangelhafte Qualität des Outputs, der sich viele User:innen aufgrund fehlender Vergleichsmöglichkeiten häufig nicht bewusst sind (Fiola, 2014), bis hin zu Problemen von professionellen Übersetzer:innen, adäquate Preise für ihre Leistungen rechtfertigen zu können (Schmitt, 2014).

Im Zusammenhang mit dem ständigen Fortschritt im Bereich der MÜ wird immer wieder die Zukunftsfähigkeit des Übersetzer:innenberufs in Frage gestellt. In Bezug auf die mögliche Redundanz von Übersetzer:innen aufgrund der steigenden Verfügbarkeit von MÜ meint O'Brien (2012):

> In my experience, there are two general reactions to the question. One is to scoff at the idea that computers will be able to translate to a level of quality that would be acceptable to an end user; the other is to worry about one's future as a professional translator and to take a somewhat defensive position. Neither reaction is appropriate. (O'Brien, 2012, S. 119)

Nichtsdestotrotz wirkt sich die zunehmende Präsenz und Verwendung von MÜ unweigerlich auf den gesellschaftlichen Status von (Human-)Translation aus. Wenn Übersetzen durch die Digitalisierung zu einer Leistung wird, die vermeintlich schnell und gratis innerhalb von Sekunden über das Internet erbracht werden kann, verändert dies auch die Wahrnehmung von Translation durch die Öffentlichkeit. Dies könnte dazu führen, dass die Bereitschaft von Auftraggeber:innen sinkt, professionellen Übersetzer:innen adequate Honorare zu bezahlen. Tatsächlich führt der steigende Einsatz von MÜ zu erhöhtem finanziellem Druck unter professionellen Übersetzer:innen (do Carmo, 2020). Ein weiterer Einflussfaktor im Zusammenhang mit dem wahrgenommenen Wert von Humantranslation und MÜ ist die mediale Berichterstattung zu Translationstechnologie (Vieira, 2020a).

Die steigende Verfügbarkeit von Translationstechnologie führt auch zu ethischen Fragen. So kann MÜ vor dem Hintergrund eines gerechteren Zugangs zu Translation und somit zu Information diskutiert werden (Nurminen, & Koponen, 2020). Die Verwendung von MÜ kann auch mit ökologischen Problemen wie dem Klimawandel in Verbindung gebracht werden (Cronin, 2019). Dies ergibt sich aus dem Funktionsprinzip der Technologie, das auf excessivem Energieverbrauch von Daten- und Rechenzentren beruht.

Um diese und andere Fragen tiefgehend und nachhaltig zu diskutieren, schlägt O'Thomas (2017) die Entwicklung einer „posthuman translation theory" vor. Ein solcher Zugang würde es ermöglichen, die Auswirkungen des Einsatzes von Translationstechnologie wie MÜ im Zusammenhang mit gesamtgesellschaftlichen Entwicklungen zu untersuchen.

Eine konstruktive Betrachtungsweise dessen, wie sich die Digitalisierung auf die Tätigkeit von Translator:innen auswirkt, sollte hingegen vor allem die veränderten Arbeitsbedingungen und das veränderte Tätigkeitsprofil von Übersetzer:innen miteinschließen, die sich aus den neuen technischen Möglichkeiten ergeben. Die hier angeführten Perspektiven auf Translationstechnologien sind Paradebeispiele für das singuläre Prinzip von Technik als Sachzwang und ermöglichen somit nur eine eingeschränkte Betrachtungsweise. Nichtsdestotrotz ergeben sich durch eine technikdeterministische Sichtweise auf Translationstechnologien auch interessante Fragestellungen für die Translationswissenschaft. Einige davon formuliert Olohan (2017):

> Key questions for translation studies to address, therefore, are whether and how actors in the translation sector hold technologically deterministic views, and how those views relate to ideological, institutional and political perspectives. What are the potential causes and consequences of those deterministic views? […] Is the use of certain technologies perceived as obligatory by translators and by language service providers? […] Are technologies or technological changes perceived as forcing changes in the social practices of translation? (Olohan, 2017, S. 269)

Das Aufdecken sowie die kritische Reflexion von technikdeterministischen Sichtweisen in der Übersetzungsbranche kann dazu beitragen, dass sich Translator:innen ihrer Handlungsmöglichkeiten vermehrt bewusst werden und vermeintliche Technikzwänge zu hinterfragen beginnen. Dies ist insofern relevant, als dass das Tätigkeitsprofil von Übersetzer:innen bereits massiv durch diverse Technologien geprägt wurde.

### 4.1.3 Technikdeterministische Perspektiven auf Translation als Tätigkeit

Eine Technologie, die die Arbeit von Übersetzer:innen maßgeblich beeinflusste, war die Entwicklung digitaler Computer in den 1960er Jahren. Damit einhergehend entstanden in den 1970er Jahren die ersten Textverarbeitungsprogramme, welche schließlich in den 1980ern langsam Verbreitung fanden (Haigh, 2006). Ab diesem Zeitpunkt verwendeten auch immer mehr Übersetzer:innen Computer, um von den neuen technischen Möglichkeiten zu profitieren. Bereits in den 1990er Jahren kamen auch die ersten TM-Systeme auf den Markt. Diese fanden jedoch zunächst nur in der Softwarelokalisierung und im Bereich des technischen Übersetzens Anwendung, da sich in diesem Fall der Einsatz solcher Systeme aufgrund der größeren Menge sich wiederholender Textstellen bereits

## 4.1 Technikdeterminismus und Translationstechnologie

schneller lohnt (O'Brien, 2012). Mittlerweile ist fast jegliche übersetzerische Tätigkeit ohne den Einsatz von Technologien nur mehr sehr schwer vorstellbar. So existiert mittlerweile auch eine enorm große Palette an Tools für computergestützte Übersetzung. Diese reichen von den bereits erwähnten TM-Systemen über Programme für Terminologiemanagement, Projektmanagementprogramme für Übersetzungsagenturen bis hin zu MÜ-Tools für den speziellen Gebrauch durch Übersetzer:innen.[2]

Übersetzer:innen arbeiten aber nicht nur mit Technologien, die speziell auf den Translationsprozess abgestimmt sind, sondern häufig auch mit Grafik- und Textverarbeitungssoftware, Desktop-Publishing-Programmen bis hin zu Tools für Softwarelokalisierung. Dies verstärkt das Bild von Übersetzen als industriellem Prozess und weniger als künstlerisches Handwerk. Der starke Anstieg in der Verwendung von Translationstechnologien geht auch Hand in Hand mit der Internationalisierung und Globalisierung der Branche, in der Prozesse zunehmend gestrafft und vereinheitlicht werden (Candel-Mora, 2016). So spielt die Verbreitung von Translationstechnologien auch eine Rolle in der Globalisierung des Übersetzungsmarktes, in dem Übersetzer:innen mit Kolleg:innen auf der ganzen Welt konkurrieren.

Durch die immer stärkere Einbindung technischer Hilfsmittel in den Translationsprozess kann Übersetzen laut O'Brien (2012) als „human-computer interaction" (HCI) bezeichnet werden. Diese HCI bringt zahlreiche und umfassende Auswirkungen auf die Tätigkeit von Übersetzer:innen mit sich. Viele davon können als durchaus vorteilhaft für Übersetzer:innen bezeichnet werden. Laut einer Befragung von professionellen Übersetzer:innen, darunter 28 Freiberufler:innen und drei Angestellten, erhöht die Verwendung von Translationstechnologien die Effizienz beim Übersetzen, bei gleichzeitig höherer Qualität des Endprodukts durch gesteigerte terminologische Konsistenz (Candel-Mora, 2016). Auf der Kund:innenseite kann auch mit weniger Ausgaben gerechnet werden, da in der Regel keine Kosten für jene Textsegmente anfallen, die durch den Übersetzungsspeicher abgedeckt werden. Das Kostenargument stellt sich für Übersetzer:innen jedoch als zweischneidiges Schwert heraus. Zwar sind Produktivitätssteigerungen durch die Verwendung von TMs schwer zu leugnen, jedoch wird die Verwendung von Übersetzungsspeichern oft als Rechtfertigung herangezogen, um Honorare

---

[2] Für eine umfassendere Auflistung und Beschreibung von Translationstechnologien siehe Corpas und Duran-Muñoz (2018): *Trends in E-Tools and Resources for Translators and Interpreters*.

für Übersetzer:innen möglichst gering zu halten (O'Brien, 2012). Für 100 %-Matches[3] wird immer öfter kein Betrag mehr an Übersetzer:innen ausbezahlt (Proz, 2010). Die Tatsache, dass sich TM-Programme jedoch sehr stark verbreitet haben, deutet darauf hin, dass ihre Verwendung sowohl für Kund:innen als auch für Übersetzer:innen durchaus Vorteile bietet.

Zusätzlich zu diesen Kosten-Nutzen-Faktoren gibt es aber auch Vorteile hinsichtlich der Durchführung des Übersetzungsprozesses. So werden Übersetzer:innen durch die Verwendung von TM-Programmen von der Aufgabe befreit, sich wiederholende Formulierungen immer wieder neu zu übersetzen, bzw. manuell in alten Übersetzungen nach bereits bestehenden Lösungen zu suchen. Terminologiemanagement-Tools mit offiziellen Terminologielisten, die von den Kund:innen bereitgestellt werden, unterstützen Übersetzer:innen beim Identifizieren der korrekten und gewünschten Begriffe („corporate language") und tragen somit zu terminologischer Konsistenz bei.

MÜ ist ein weiterer technologischer Faktor, der translatorische Tätigkeiten zunehmend prägt. Bevor die offensichtlichen Herausforderungen für Übersetzer:innen dargestellt werden, die die Verbreitung von MÜ mit sich bringt, können aber auch einzelne Vorteile genannt werden, die sich aus der Verwendung von MÜ für Translator:innen ergeben. So kann die Integration von MÜ-Systemen in den Übersetzungsworkflow die Geschwindigkeit bei der Abwicklung von Übersetzungsprojekten erhöhen. Dies ist vor allem dann der Fall, wenn das MÜ-System auf die konkrete Textsorte und die jeweilige Terminologie trainiert wurde. Auch wenn die maschinell übersetzten Textstellen noch einem Post-Editing unterzogen werden müssen, kann der Einsatz von MÜ-Tools die Produktivität von Übersetzer:innen steigern (Läubli et al., 2019). Dies hängt stark von der Qualität des Outputs des MÜ-Systems ab. Wenn dieser eine gewisse Qualität unterschreitet, kann das Post-Editing durchaus dem Arbeitsaufwand für eine Neuübersetzung gleichen oder diesen gar überschreiten (Guerberof, 2009). Zumindest in der Theorie kann der erhöhte Kostendruck von Seiten der Kund:innen durch höhere Produktivitätsraten der Übersetzer:innen aufgrund der Verwendung von MÜ ausgeglichen werden. Letztendlich könnte es für Übersetzer:innen auch zu einem Nullsummenspiel kommen, wenn sich die niedrigeren Honorare und der höhere Durchsatz ausgleichen.

Obwohl Translationstechnologien Übersetzer:innen in vielen Bereichen unterstützen und deren Arbeit erleichtern, bringt ihre in vielen Bereichen obligatorisch

---

[3] Wörter bzw. Formulierungen im Ausgangstext, die zu 100 % einer vorangegangenen Übersetzung in der Translation Memory entsprechen und in der Regel somit nicht neu übersetzt werden müssen.

## 4.1 Technikdeterminismus und Translationstechnologie

gewordene Verwendung auch eine Reihe von Problemen mit sich. So untersuchte Bundgaard (2017) die Einstellungen von festangestellten Übersetzer:innen bei Dänemarks zweitgrößtem Sprachdienstleister hinsichtlich der Verwendung von TM-Systemen und MÜ. Während ein Großteil der Befragten TM-Systeme als wertvolle Unterstützung im Übersetzungsprozess wahrnahm, fiel die Einschätzung von MÜ als Support-Tool tendenziell negativ aus. Einerseits fanden die Übersetzer:innen die Vorschläge von MÜ-Systemen oft wenig hilfreich (bspw. zu nahe am Ausgangstext), andererseits eigne sich die Architektur von MÜ-Tools nur sehr bedingt zur Integration in die Arbeitsprozesse von Übersetzer:innen.

Zusätzlich kann die stärkere Verwendung von MÜ-Systemen im Humanübersetzen dazu führen, dass sich Übersetzer:innen in ihrem Status degradiert fühlen. Je mehr sie mit maschinell übersetztem Material arbeiten, desto weniger identifizieren sie sich als kreative Textgestalter:innen und eigentliche Übersetzer:innen. Damit einhergehend wird durch das neue Tätigkeitsprofil des Post-Editing die Arbeit von Übersetzer:innen auf die des „Aufräumens" reduziert. Zusätzlich zum gefühlten Statusverlust kommt auch die Tatsache, dass für die Nachbearbeitung von maschinell übersetzem Text geringere Honorare bezahlt werden als für konventionelles Übersetzen (Álvarez, Oliver, & Badia, 2020).

Laut O'Brien (2012) kann die Auslagerung von Translationsprozessen an Technologien zu einem Gefühl der Entmenschlichung bei Übersetzer:innen beitragen. Vor allem wenn die Interaktionsmöglichkeiten mit der Technologie sehr eingeschränkt sind, kann dies zu Misstrauen und letztendlich auch zu Ablehnung der Technologie führen. In vielen Fällen besteht für Übersetzer:innen jedoch ohnehin keine Wahlmöglichkeit, da die Verwendung von Translation-Memories häufig durch die Auftragsumstände vorgegeben werden. Die quasi obligatorisch gewordene Verwendung von TM-Systemen bringt Übersetzer:innen auch durch gesunkene Honorare und den Zwang zu höherer Produktivität unter Druck. So sind die Wortpreise für Übersetzungen durch die vermehrte Verwendung von TM-Systemen gefallen. Es ist davon auszugehen, dass dieser Trend durch die vermehrte Verwendung von MÜ noch weiter verstärkt wird (ibid.).

Die schrittweise Auslagerung von menschlichen Tätigkeiten an Maschinen unter dem Schlagwort der Automatisierung und die damit einhergehenden Konsequenzen wurde auch bereits in vielen anderen Kontexten besprochen und geht bis zur industriellen Revolution zurück. Im Prinzip stehen sich hier immer wieder zwei Seiten gegenüber. Einerseits wird der Verlust von menschlichen Arbeitsplätzen kritisiert und beklagt, andererseits wird argumentiert, dass die Automatisierung auch zu höherer wirtschaftlicher Leistungsfähigkeit führt, den Lebensstandard insgesamt anhebt und Menschen von unliebsamen Tätigkeiten entlastet werden (Christian, 2011). Das zweite Argument wird auch immer wieder von MÜ-Entwickler:innen ins Spiel gebracht, wonach Übersetzer:innen weniger monotone Texte wie technische Dokumentation übersetzen müssten und mehr Kapazitäten für Textsorten hätten, die Kreativität erfordern (Läubli, et al., 2019). Die Frage bleibt, ob trotz der Automatisierung im Übersetzungsbereich noch genug bezahlte Aufträge verbleiben, sodass Übersetzer:innen ein zufriedenstellendes Einkommen erzielen können. In diesem Zusammenhang weist Christian (2011) darauf hin, dass die Verdrängung von Menschen durch Maschinen nicht erst mit der Implementierung der entsprechenden Technologie beginnt, sondern bereits mit der Ausführung von routinehaften und monotonen Tätigkeiten durch Menschen einsetzt. Die Verwendung von Maschinen ist lediglich die Antwort auf das menschliche Streben, von solchen Tätigkeiten befreit zu werden, um sich geistreicheren und verantwortungsvolleren Aufgaben widmen zu können.

In diesem Kontext stellt O'Brien (2012) die Frage, ob Translationstechnologien daher in letzter Instanz sogar dazu beitragen können, die Arbeit von Übersetzer:innen kreativer zu gestalten:

> Can we allow the machine to take over the boring, repetitive tasks and free ourselves up for the harder, subtler, and more complex problems? And what are those problems that machines cannot solve, but human translators can? These are some of the large questions facing us. (O'Brien, 2012, S. 111)

Die Annahme, wonach der Einsatz von Translationstechnologien dazu führt, dass die Arbeit von Übersetzer:innen letztendlich sogar an Kreativität gewinnt, darf durchaus in Frage gestellt werden. Bei näherer Betrachtung der Arbeitsweise von Übersetzer:innen im Umgang mit TM-Systemen stellt sich heraus, dass die Technologie standardisierte Prozessschritte vorgibt, an die sich die Nutzer:innen anpassen müssen. So bestimmt beispielsweise das Interface eines TM-Tools zu einem hohen Grad die Art und Weise, wie ein/e Translator:in an eine Übersetzung herangeht (Olohan, 2011). Dies beginnt schon mit der Aufforderung, den AT und ZT unter bestimmten Bedingungen zu importieren, danach Anpassungen bei der Alignierung der einzelnen Übersetzungssegmente vorzunehmen, anschließend Segment für Segment durchzugehen und den Vorschlag der TM entweder anzunehmen, Anpassungen vorzunehmen oder eine eigene Übersetzung anzufertigen.

CAT-Tools drängen Übersetzer:innen somit gewissermaßen eine bestimmte Arbeitsweise auf und lassen kaum Abweichungen zu. So wurde auch bereits in Frage gestellt, ob das Arbeiten mit einzelnen Übersetzungssegmenten, die mehr oder weniger abgekoppelt vom restlichen Text dargestellt werden, dem Arbeiten am Gesamttext überhaupt entsprechen kann. Das Arbeiten mit isolierten

Segmenten kann zu Lasten von Textkohärenz und -kohäsion gehen (Colominas, 2008).

Eine weitere Nebenwirkung, die sich aus der Arbeit mit TMs ergibt, ist ein Trend zur Homogenisierung und Standardisierung von Übersetzungen. Durch das Recyceln bereits bestehender Übersetzungen, verfestigt sich die Verwendung bestimmter Formulierungen und Termini (Taivalkoski-Shilov, 2019).

In Bezug auf die Tätigkeit von Übersetzer:innen können auch auf der Makroebene Auswirkungen der immer stärkeren Implementierung von Translationstechnologien beobachtet werden. In einer Feldstudie von Risku (2004/2016) wurde das Arbeitsumfeld von Translator:innen in einem Übersetzungsbüro zwei Mal im Abstand von fünf Jahren beobachtet. Dabei wurden auch Veränderungen aufgrund eines höheren Digitalisierungsgrades sichtbar. So hatten sich die Arbeitswerkzeuge der Mitarbeiter:innen des Übersetzungsbüros innerhalb von fünf Jahren stark verändert. Während im Zuge der Digitalisierung die Relevanz von einigen physischen Artefakten zurückging (Wörterbücher, Briefe, Akten, Fax, etc.), wurde neue Software wie ein Terminologiemangement und ein Projektmanagementsystem angeschafft (ibid., S. 252). Da das Übersetzungsbüro seine Kernkompetenz hin zu einer Übersetzungsagentur und somit zu einer vermittelnden Tätigkeit verlagert hatte, kam dem Projektmanagement-Tool eine besondere Bedeutung zu, wobei es steuernd auf die Arbeitsprozesse einwirkte:

> Die Einführung des Programms hat umfassende Veränderungen mit sich gebracht, da sämtliche Aufträge in diesem System abgewickelt wurden und die Arbeitsschritte vom System vorgegeben werden. (Risku, 2016, S. 255)

Dieses Beispiel demonstriert die Anpassung von menschlichen Arbeitsweisen und -prozessen an technologische Gegebenheiten. Technologie wirkt demnach sehr stark als determinierende und normierende Kraft, deren Gravitation menschliche Akteur:innen sich nur schwer entziehen können. Translationstechnologien führen zu starken Transformationsprozessen im Übersetzungsbereich. Neben der Ebene der Workflows und Prozesse kommt es aber auch zu Auswirkungen auf die Übersetzungsbranche und den Markt. So wird es für professionelle Übersetzer:innen zu einer zunehmenden Herausforderung, adäquate Honorarsätze für ihre Leistungen auszuhandeln. Dies steht in engem Zusammenhang mit der steigenden Abwicklung von Übersetzungsaufträgen durch MÜ (Moorkens, 2017).

Der enorme Anstieg im Einsatz von MÜ-Systemen hinterlässt tiefe Spuren in der Arbeitswelt und der Arbeitsweise von Humanübersetzer:innen. Doch entgegen der weitverbreiteten Einschätzung, wonach Übersetzer:innen zukünftig nur mehr Post-Editing betreiben würden, geht O'Brien (2012) davon aus, dass das Profil von Übersetzer:innen in Zukunft noch breiter gefächert sein wird:

> This role can be expanded into assessing quality of MT output, assessing the quality of the corpora that are used to train MT engines, editing those corpora to ensure that they will result in the best quality MT generated output, managing terminology for the systems in use, refining workflows, pre-editing source text to make MT more successful, liaising with user-interface developers to ensure that tools are designed with translators in mind, and so on. (O'Brien 2012, S. 119)

Hier ergibt sich ein Bild von proaktiv agierenden Übersetzer:innen, die in ihrem eigenen Interesse Einfluss auf technologische Entwicklungen nehmen. Die aktive Gestaltung technologischer Artefakte durch gesellschaftliche Gruppen ist auch ein Kerninhalt sozialkonstruktivistischer Ansätze in der Techniksoziologie.

## 4.2 Sozialkonstruktivismus und Translationstechnologie

*Sozialkonstruktivistische* Zugänge stellen einen Gegenpol zum Technikdeterminismus früherer techniksoziologischer Strömungen dar. Aufbauend auf den technologiekritischen Ansätzen der 1970er Jahre, wandten sich Techniksoziolog:innen in den 1980er und 1990er Jahren vermehrt einer kontextualistischen Betrachtungsweise auf Technikentstehung zu, wonach Technologie nicht nur gesellschaftliche Veränderungen erzeugt, sondern selbst ein Erzeugnis sozialer Praktiken ist. Als Paradebeispiel dieser These gilt der Ansatz des britischen Soziologen Trevor Pinch und des niederländischen Technikforschers Wiebe Bijker unter dem Namen *Social Construction of Technology (SCOT)* (Pinch, & Bijker, 1984).

### 4.2.1 Social Construction of Technology

Die Grundidee für SCOT geht auf einen programmatischen Artikel von Pinch und Bijker (1984) mit dem Titel *The social construction of facts and artefacts* zurück. Darin beschrieben sie anhand der historischen Entwicklung des Fahrrades, inwiefern sozialkonstruktivistische Zugänge zu Technikforschung empirische Anwendung finden können. Wesentlich mehr Beachtung erhielt jedoch der 1987 erschienene Sammelband *The social construction of technological systems* (Bijker,

## 4.2 Sozialkonstruktivismus und Translationstechnologie

Hughes, & Pinch, 1987), der auch den Beginn der MIT-Press-Reihe „Inside Technology" darstellte und von dem 25 Jahre später auch eine Jubiläums-Ausgabe erschien (Bijker, Hughes, & Pinch, 2012).

Wie andere Forschungsansätze der *Science and Technology Studies* (STS) stellt auch SCOT den Zusammenhang zwischen Gesellschaft und Technologie in das Zentrum der Aufmerksamkeit. Dabei bedienten sich Bijker und Pinch Überlegungen aus der Wissenschaftsforschung und hier vor allem sozialkonstruktivistischen Sichtweisen zur Entstehung von wissenschaftlichem Wissen (Gieryn, 1983; Bourdieu, 1975). Die positive Rezeption wissenschaftlicher Erkenntnisse durch die Wissenschaftsgemeinschaft ist demnach nicht nur an deren objektiv wahrnehmbare Argumentationskraft und Belegbarkeit geknüpft, sondern liegt vor allem an soziologisch-kontextuellen Faktoren. Bijker und Pinch münzten diesen Zugang auf die Entstehung von Technik um und entwickelten einen nichtessenzialistischen und anti-deterministischen Forschungsansatz zur Untersuchung von Interaktionsprozessen zwischen sozialen Akteur:innen auf der einen und technischen Artefakten auf der anderen Seite:

> One should never take the meaning of a technical artefact or technological system as residing in the technology itself. Instead one must study how technologies are shaped and acquire their meaning in the heterogeneity of social interactions. (Bijker, 1997, S. 6)

In dieser Aussage Bijkers spiegelt sich der sozialkonstruktivistische Kern von SCOT wider. Ein technisches Artefakt besitzt demnach noch kein wie immer geartetes „Wesen". Der Zweck bzw. der Sinn einer Technologie ergibt sich erst aus dem Umgang mit ihr, wobei hier dem Entwicklungsprozess und dem Einfluss unterschiedlicher Akteur:innen eine besondere Rolle zukommt. Lachmund (2014, S. 146 f.) spricht sich gegen a priori-Unterscheidungen zwischen „dem Sozialen" und „dem Technischen" aus, da diese Entitäten vor allem während des Prozesses der Technologieentwicklung stark miteinander verschmelzen.

SCOT ist vor allem für seine Studien zur historischen Entwicklung technischer Artefakte bekannt. Als emblematisch in diesem Zusammenhang gilt der Beitrag über die Entwicklung des Fahrrades im 19. Jahrhundert. Obwohl das Grunddesign für das heutige Fahrrad bereits um 1500 entstand (entworfen wahrscheinlich von Leonardo da Vinci), war es zunächst das Hochrad, das bis in die 1890er als Prototyp des Fahrrades galt (Pinch, & Bijker, 1984). Obwohl das Hochrad durch das wesentlich größere Vorderrad im Vergleich zu anderen Bauweisen um einiges instabiler und weniger praktisch scheint, galt es lange Zeit als Prototyp des Fahrrads. Erst ab der Wende zum 20. Jahrhundert kam das heute übliche kettenbetriebene Fahrrad mit aufpumpbaren Gummireifen vermehrt in Gebrauch, wobei beide Designs zunächst noch parallel existierten (Sørensen, 2014) (siehe Abbildung 4.1).

Die Gründe für diese unterschiedlichen Designs und ihren Erfolg liegen laut Bijker (1997) jedoch nicht in den technischen Möglichkeiten selbst, sondern vor allem in der Deutung durch bestimmte soziale Gruppen. So wurde das Hochrad vor allem von jungen Männern genutzt, die nicht zuletzt ihre athletischen Fähigkeiten unter Beweis stellen wollten. Sich möglichst effizient und sicher fortzubewegen war kein primäres Motiv für die Verwendung eines Hochrades. Aus der Sicht anderer sozialer Gruppen stellte das Hochrad hingegen keine attraktive Konstruktion dar. So war es beispielsweise für Frauen der Bürgerschicht nur sehr schwer möglich, ein Hochrad zu benutzen, da dies kaum mit den Kleiderkonventionen des 19. Jahrhunderts in Einklang zu bringen war (Pinch, & Bijker, 1984).

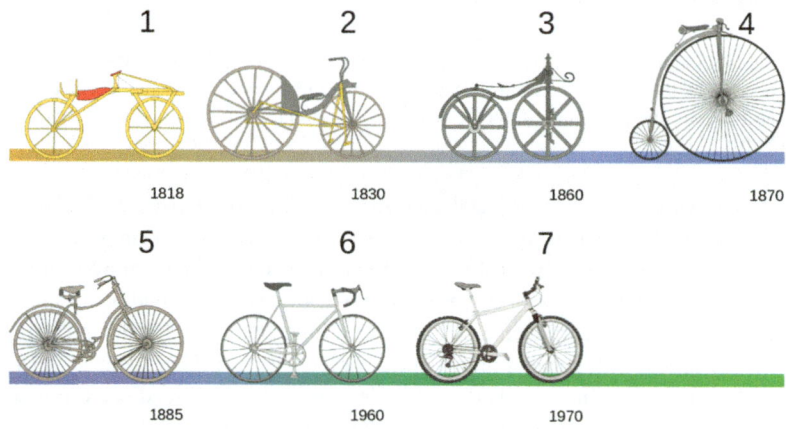

**Abbildung 4.1** Evolution des Fahrrades (Wikimedia Commons, 2008)

Diese und auch andere Bedenken hinsichtlich der allgemeinen Sicherheit des Hochrads führten schließlich zu alternativen Bauweisen, welche den Bedürfnissen unterschiedlicher sozialer Gruppen besser gerecht werden sollten. Die Verbreitung des modernen Fahrraddesigns hatte jedoch nicht direkt mit seiner technischen Überlegenheit zu tun, sondern vor allem mit einer Umdeutung des Verwendungszwecks. So wurden die Luftreifen anfangs von der breiten Öffentlichkeit noch als unästhetisch empfunden und stießen deswegen auf Ablehnung. Im Rennsport

## 4.2 Sozialkonstruktivismus und Translationstechnologie

bewährten sich aufpumpbare Reifen jedoch, da sie höhere Geschwindigkeiten erlauben. Auf diesem Weg konnte sich auch die Öffentlichkeit von den Vorteilen des modernen Fahrraddesigns überzeugen, woraufhin es sich immer mehr durchsetzte (Sørensen, 2014).

Kennzeichnend für SCOT ist die spezielle Terminologie zur Beschreibung des Entwicklungsverlaufs technischer Artefakte. Eine wesentliche Rolle spielt hier der Begriff der „relevanten sozialen Gruppen" (Bijker, Hughes, & Pinch 1987, S. 34). Sie verfügen über eine besondere Deutungshoheit hinsichtlich technischer Artefakte und prägen somit deren Entwicklungsverlauf. Relevante soziale Gruppen können in diesem Zusammenhang Organisationen und Institutionen sein, genauso wie einzelne Personen mit gemeinsamen Interessen, die ähnliche Meinungen zu einer bestimmten Technologie haben (Pinch, & Bijker, 1984). Die Bandbreite von potenziellen relevanten sozialen Gruppen reicht somit von Produzent:innen bis zu Verbraucher:innen, von Händler:innen über Journalist:innen bis hin zu Politiker:innen. Diese Akteursgruppen können allesamt Einfluss auf ein technisches Artefakt ausüben, da sie auf unterschiedliche Weise zur Konstruktion von Technologie beitragen. „Konstruktion" ist hier nicht unbedingt im unmittelbar technischen Sinne zu verstehen, sondern vor allem in Bezug auf die Deutung bzw. Interpretation eines technischen Artefakts. Vorstellungen zu einer Technologie können zwischen den verschiedenen Gruppen höchst unterschiedlich ausfallen. Diese verschiedenen Stakeholder vertreten jeweils spezifische Interessen und haben dementsprechend auch ungleiche Erwartungen an ein Artefakt, was zu einer großen Bandbreite an Deutungsmöglichkeiten führt (Sørensen, 2014).

Diese unterschiedlichen Deutungsmöglichkeiten bezeichnen Pinch und Bijker (1984) als *Interpretationsflexibilität*. Sie gehen davon aus, dass ein technisches Artefakt über keine intrinsische Bedeutung verfügt, sondern lediglich unterschiedliche Auslegungen davon existieren. Auch wenn es zahlreiche Beispiele für Technik gibt, über deren Funktion heute gesellschaftlicher Konsens herrscht, bestehen während des Entwicklungsprozesses einer Technologie meist unterschiedliche Interpretationen, die unter bestimmten Stakeholdern auch sehr umstritten sein können. Diese voneinander abweichenden Interpretationen münden in Aushandlungsprozesse zwischen den verschiedenen sozialen Gruppen (Lachmund, 2014).

Sørensen (2014) nennt in diesem Zusammenhang das Beispiel des Elektro-Autos aus dem Film „Who killed the Electric Car", in dem die diversen Interpretationen und Einstellungen zu Elektrofahrzeugen in Kalifornien thematisiert werden. Im Film sind die Besitzer:innen aufgrund des Fahrkomforts durchwegs zufrieden mit ihren Autos. Für die Regierung des Bundesstaats gelten E-Fahrzeuge als Beitrag zum Klima- und Umweltschutz. Autohersteller, die vor allem Fahrzeuge mit Verbrennungsmotoren produzieren, betrachten E-Autos hingegen als potenzielle Gefahr für ihr Geschäftsmodell. Ölkonzerne haben ebenfalls kein Interesse am Erfolg von Elektromobilität. In weiterer Folge kommt es zu unterschiedlichen Darstellungsweisen von E-Fahrzeugen. Während es sich hier für die einen um eine ökonomisch sinnvolle Investition in den Klimaschutz handelt, sind Elektroautos aufgrund der geringeren Reichweite und spärlich vorhandener Ladeinfrastruktur für andere Gruppen wiederum wenig praktikabel.

Anhand dieses Beispiels wird erkennbar, wie miteinander konkurrierende Gruppen um die Deutungshoheit eines technischen Artefakts rivalisieren. Diese reichen von der aktiven Förderung und Weiterentwicklung bis zu Widerstand und Verhinderung. Die unterschiedlichen Wahrnehmungen in Bezug auf ein technisches Artefakt, die durch die Interpretationsflexibilität ermöglicht werden, existieren jedoch nicht unabhängig voneinander. Vielmehr interagieren die unterschiedlichen sozialen Gruppen miteinander, wobei diese über den Entwicklungspfad der betreffenden Technologie verhandeln. Der Entstehungsprozess eines bestimmten Artefakts kann somit als historisch kontingent bezeichnet werden. Es existieren unterschiedliche Entwicklungspfade für ein technisches Artefakt. Ausschlaggebend für einen bestimmten Richtungsverlauf sind die Aushandlungsprozesse der unterschiedlichen Stakeholder sowie die Dominanz einer bestimmten sozialen Gruppe (Bijker, 2010).

Da die Interpretationsflexibilität ihre Grenzen hat, kommen die Verhandlungen in der Regel nach einer gewissen Zeit zu einem Ende. Aus der breiten Palette unterschiedlicher Interpretationen kristallisiert sich schließlich eine Deutung heraus, die von den unterschiedlichen sozialen Gruppen akzeptiert wird. Diesen Prozess bezeichnen Pinch und Bijker (1984) als *Stabilisierung*. Das Beispiel der Entwicklungsgeschichte des Fahrrades zeigt, dass zwar zunächst unterschiedliche Bauweisen parallel existierten, sich jedoch das kettenbetriebene Design mit gleich großen Rädern und aufpumpbaren Gummireifen durchsetzte. Am Ende des Aushandlungsprozesses herrschte somit Konsens darüber, dass das Fahrrad vor allem als praktisches und komfortables Fortbewegungsmittel für kurze und mittellange Strecken gedacht ist und auch gewisse Sicherheitsaspekte berücksichtigt werden sollten. Die Verhandlungen über den Zweck und die Funktion des Fahrrades waren somit beendet und das technische Artefakt als solches erreichte eine stabile Bedeutung innerhalb der relevanten sozialen Gruppen. Pinch und Bijker (1984) verwenden hierfür den Begriff der *Schließung*.

Üblicherweise kommt es dann zur Schließung, wenn innerhalb der relevanten sozialen Gruppen Konsens darüber besteht, welches Problem mit dem technischen Artefakt gelöst werden kann. Dieser Prozess hat wenig mit einer objektiven

## 4.2 Sozialkonstruktivismus und Translationstechnologie

Feststellung zu tun. Vielmehr gelangen die relevanten sozialen Gruppen zur Einsicht, dass vormals bestehende Probleme durch die Technik gelöst wurden. Dazu können auch Marketing- und Werbestrategien beitragen, um die Vorteile eines technischen Artefakts anzupreisen und somit die Meinung zu konsolidieren, beim Artefakt handle es sich um die effektivste Lösung für eine konkrete Aufgabe (Bijker, Hughes, & Pinch, 2012).

Die Konzepte, die hinter den Begriffen relevante soziale Gruppe, Interpretationsflexibilität, Stabilisierung und Schließung stehen, gleichen einer methodischen Heuristik bzw. einem Analyseleitfaden für die Erforschung von Technikentwicklung. Sørensen (2014) leitet von diesen Begriffen drei Analyseschritte ab, anhand derer der Prozess der sozialen Konstruktion eines technischen Artefakts beschrieben werden kann:

- in einem ersten Schritt relevante soziale Gruppen identifizieren, die in Beziehung zu der jeweiligen Technik stehen,
- zweitens untersuchen, welche verschiedenen Interpretationen – d. h., welche unterschiedlichen Interessen, Problemdefinitionen und Lösungen in den relevanten sozialen Gruppen in Bezug auf diese Technik existieren, und
- drittens beschreiben, wie die vielen Arten von Interpretationen, die im Verlauf der Entwicklungsgeschichte einer Technik ausgemacht werden können, zur Konstruktion der Technik beigetragen haben. (Sørensen, 2014, S. 136)

Zusätzlich zu seinem starken sozialkonstruktivistischen Charakter weist SCOT auch sozialanthropologische Züge auf. Diese zeigen sich vor allem am Begriff des *technologischen Rahmens*. Anhand dieses Begriffs verdeutlichen Bijker et al. (2012), dass Technikentwicklung stets innerhalb eines kulturellen Kontextes stattfindet und an die jeweiligen Einstellungen, Denkweisen und das diskursive Repertoire der sozialen Gruppen gebunden ist, die eine Technik prägen. Der technologische Rahmen besteht laut Bijker (1997, S. 124 ff.) im Wesentlichen aus drei Elementen: (1) aus den *sozialen Praktiken,* die eine relevante soziale Gruppe routinemäßig durchführt, (2) der kognitiven Wahrnehmung eines technischen Artefakts; (3) sowie dem technischen Artefakt selbst.

Der Begriff des technologischen Rahmens veranschaulicht, dass die soziale Konstruktion von Technik sehr wohl gewissen Einschränkungen unterliegt. Innerhalb des technologischen Rahmens subsumieren sich alle relevanten Begleitumstände, die Einfluss auf den Verlauf der Technikentwicklung haben können, angefangen bei den Problemen und Zielen der relevanten Akteur:innen, über die Designanforderungen bis hin zu den Produktionsmöglichkeiten.

Insgesamt stellt SCOT somit nicht nur ein theoretisches Erklärungsmodell für Technikentwicklung dar, sondern hat auch starke Züge einer methodischen Heuristik zur Analyse der sozialkonstruktivistischen und -anthropologischen Genese von technischen Artefakten. In der Techniksoziologie wurde jedoch teilweise in Frage gestellt, inwiefern moralische Fragestellungen vor einem SCOT-Hintergrund diskutiert werden können. So kritisierte der Technikphilosoph Langdon Winner (1993) einerseits, dass der Kategorie *Macht* innerhalb von SCOT kaum Bedeutung gegeben werde, und dass es als Analyseinstrumentarium zu schematisch sei. Somit gehe SCOT nicht ausreichend auf die Mikroebenen von Technikgenese ein und erlaube daher lediglich eine oberflächliche Betrachtung davon.

Der Technikhistoriker Wolfgang König (2009) kritisierte grundsätzlich die Anwendung sozialkonstruktivistischer Herangehensweisen aus der Wissenschaftsforschung für historische Fallbeispiele in der Technikforschung. So ergeben sich dadurch lediglich Studien zu isolierten Einzelfällen, wohingegen artefaktübergreifende Untersuchungen anhand der SCOT-Heuristik nur schwer möglich sind. Der größte Kritikpunkt bezieht sich jedoch auf die im Raum stehende Reduktion von Technikentwicklung auf ausschließlich soziale Faktoren und dem Ausblenden technischer Gegebenheiten (Verbeek, 2005). Dies führt innerhalb der *Science and Technology Studies* vor allem zu einer Konfrontation mit der „Akteur-Netzwerk-Theorie" (siehe Abschnitt 4.3.1), die eine Symmetrie zwischen menschlichen und technischen Akteur:innen postuliert. Trotz dieser Kritik leistet SCOT einen essenziellen Beitrag zur konzeptuellen Erweiterung der Techniksoziologie über technikdeterministische Ansätze hinaus.

### 4.2.2 Sozialkonstruktivistische Perspektiven auf Translationstechnologie

Im Gegensatz zu den sehr weit verbreiteten technikdeterministischen Sichtweisen auf (Translations-)Technologien ermöglichen sozialkonstruktivistische Perspektiven wie SCOT (Pinch, & Bijker, 1984; Bijker, 1997; Bijker, Hughes, & Pinch, 2012) den Blick auf die sozialen Rahmenbedingungen, unter denen technische Artefakte entwickelt werden. Dadurch treten vor allem die Institutionen und Akteur:innen, welche hinter den technischen Artefakten stehen, in den Vordergrund. Technologieentwicklung ist somit nicht mehr von Menschen entkoppelt, sondern eng an soziale Akteur:innen und deren Einstellungen gebunden, was auch im Kontext der Erforschung von Translationstechnologien neue Möglichkeiten eröffnet.

## 4.2 Sozialkonstruktivismus und Translationstechnologie

SCOT ermöglicht die Untersuchung der Wechselwirkungen zwischen Translator:innen und Translationstechnologie (O'Brien, 2012). Von Interesse ist hier, inwiefern Übersetzer:innen Einfluss auf die Entwicklung von Translationstechnologien und insbesondere CAT-Tools nehmen bzw., ob sie als Benutzer:innen auf den Entwicklungsprozess einwirken und ihre Interessen geltend machen. Zahlreiche SCOT-Fallstudien zeigen, dass der Erfolg eines technologischen Artefakts nicht direkt von dessen einzelnen technischen Eigenschaften abhängt, sondern vielmehr von der Akzeptanz gewisser Gruppen. In diesem Kontext nennt Olohan (2017) exemplarische Fragen, denen im Rahmen von Untersuchungen zu Translationstechnologien nachgegangen werden könnte:

> Thus, in relation to a particular translation technology we might ask who takes it up and promotes it? What is the size and strength of that group? What claims does a dominant social group make for a technology that enables it to outdo the competing claims made by other groups? (Olohan, 2017, S. 273)

Diese Fragestellungen richten die Aufmerksamkeit verstärkt auf die verschiedenen sozialen Einflusssphären, innerhalb derer Translationstechnologien entstehen. Hier spielen einerseits Translationstechnologiefirmen selbst eine starke Rolle, aber auch Unternehmen, die Sprachdienstleistungen anbieten, Übersetzungsbüros, Berufsverbände sowie translationswissenschaftliche Forschungs- und Ausbildungseinrichtungen. Diese Gruppen können jeweils divergierende Vorstellungen über den Zweck und das Design von CAT-Tools haben. Beispielsweise könnten unterschiedliche Bedürfnisse hinsichtlich der Benutzeroberfläche oder einzelner Funktionen bestehen. Aber auch generelle Vorstellungen über das Leistungsspektrum eines CAT-Tools können unter den verschiedenen relevanten Akteursgruppen stark voneinander abweichen.

Bisher wurden die Ziele und Vorstellungen dieser Gruppen sowie ihr Einfluss auf Translationstechnologien kaum empirisch untersucht. Beispielsweise stellt sich in diesem Zusammenhang die Frage, inwiefern Übersetzer:innen auf CAT-Tools und deren Design einwirken. So ist davon auszugehen, dass Translation-Memory- oder Terminologiemanagement-Systeme auch von der übersetzerischen Praxis geprägt sind – ist es doch die Intention hinter diesen Tools, Übersetzer:innen in ihrem Arbeitsprozess zu unterstützen. Bis heute liegen jedoch nur wenige Arbeiten vor, die sich der sozialen Konstruktion von Translationstechnologie widmen bzw. mit SCOT als theoretischem Rahmen oder als Heuristik arbeiten.

Ein erster Versuch stammt von Braun et al. (2018), die SCOT für die Untersuchung von sozialen Akteur:innen im Kontext des Videodolmetschens heranzogen. Hier dient SCOT zunächst zur Sichtung jener sozial relevanten Gruppen, die eine Rolle in gedolmetschten und durch Videotelefonie unterstützten Gerichtsverhandlungen spielen (bspw. zur Beiziehung von im Ausland ansässigen Zeug:innen). Die Interaktion mit Technologie ist hier insofern von Interesse, als dass Dolmetscher:innen entweder selbst per Videotelefonie zur Verhandlung zugeschaltet werden, oder für Personen dolmetschen, die über die Technologie am Prozess teilnehmen. Im Rahmen der Studie wurden Interviews mit Personengruppen durchgeführt, die Erfahrung mit diesem konkreten Setting haben, wie z. B. Richter:innen, Anwält:innen, Justizbeamte, technisches Personal sowie vor allem Gerichtsdolmetscher:innen. Den Einschätzungen der letzten Gruppe wurde dabei besonderes Gewicht gegeben. Gerichtsdolmetscher:innen erkennen demnach erhebliche Defizite in der Weise, wie Videokonferenztechnologie für gedolmetschte Gerichtsverhandlungen eingesetzt wird. Häufig entsteht unter dieser Personengruppe der Eindruck, dass ihre Bedenken und Bedürfnisse (z. B. das konkrete Setup, Qualitätsprobleme bei Video und/oder Audio, etc.) hinsichtlich der Anwendung der Technologie weitgehend ignoriert werden.

Ein weiteres Beispiel für den Einsatz von SCOT in der TW bietet Ruffo (2018). Sie verwendet SCOT sowohl als Theorie als auch als methodische Vorgehensweise, um die Einstellungen von literarischen Übersetzer:innen in Bezug auf Technologie im allgemeinen und Translationstechnologie im speziellen zu erforschen. Inspiriert von klassischen SCOT-Begrifflichkeiten wie *relevant social groups, interpretative flexibilty, stabilisation* etc. (siehe Abschnitt 4.2.1), konzipiert sie eine empirische Studie zur Untersuchung der Technologisierung des literarischen Übersetzens. Das Vorstoßen von Translationstechnologie in diesen Bereich ist nicht zuletzt deswegen relevant, da literarisches Übersetzen lange Zeit als „the last bastion of human translation" (Toral, & Way, 2014, S. 174) galt. Im Fokus der Untersuchung stehen literarische Übersetzer:innen als soziale Akteur:innen und die Tätigkeit des literarischen Übersetzens als Human-Computer-Interaction (siehe auch Abschnitt 3.1.3 zu Translation als HCI). Dabei wird nicht die Entwicklung eines einzelnen technischen Artefakts rückwirkend betrachtet, wofür SCOT ursprünglich von Pinch und Biker (1984) verwendet wurde. Vielmehr wird das Zusammenspiel zwischen (Translations-)Technologie als technisches Artefakt und literarischen Übersetzer:innen als sozialen Akteur:innen betrachtet sowie deren Einstellungen zu CAT-Tools oder MÜ-Systemen anhand von Fragebögen und Interviews untersucht (Ruffo, 2021).

Sakamoto und Yamada (2020) verwenden SCOT ebenfalls um eine konkrete übersetzerische Tätigkeit im Zusammenhang mit Technologieverwendung zu erforschen. Im Zentrum steht der Umgang mit „machine translation postediting" (MTPE) durch verschiedene soziale Gruppen. In der Studie werden

## 4.2 Sozialkonstruktivismus und Translationstechnologie

insbesondere die Einstellungen von Projektmanager:innen in Bezug auf MTPE im japanischen Kontext untersucht. Aber auch berufssoziologische und wirtschaftliche Aspekte wie Arbeitsbedingungen, Produktionskosten und Honorare für MTPE-Aufträge werden vor einem SCOT-Hintergrund beleuchtet. Laut den Autor:innen herrschen teilweise stark divergierende Einstellungen hinsichtlich der Kosten-Nutzen-Verhältnisses und somit der Sinnhaftigkeit von MTPE. Während Auftraggeber:innen die Erwartung haben, durch MTPE Zeit und Geld zu sparen, gibt es aufseiten der Übersetzer:innen und Post-Editor:innen oft Widerstände gegen MTPE-Aufträge, die oft mit dem Arbeitsaufwand, Status und der Bezahlung dieser Tätigkeit begründet werden. Sakamoto und Yamada (2020) argumentieren daher, dass MTPE (besonders für die Sprachkombination Englisch-Japanisch) als Praxis noch keine Stabilisierung im Sinne von SCOT erfahren hat, da die Vorstellungen der einzelnen Stakeholder:innen in Bezug auf die Sinnhaftigkeit von MTPE weit auseinanderklaffen.

Wie diese Beispiele zeigen, kann SCOT sowohl als theoretischer als auch methodischer Rahmen für translationswissenschaftliche Forschung zu Übersetzungstechnologien verwendet werden. Trotzdem besteht noch reichlich ungenutztes Potenzial für die Anwendung der SCOT-Heuristik in der Untersuchung von Translationstechnologien. Neben den bisher beschriebenen Einsatzbereichen kommt vor allem MÜ für eine Gesamtbetrachtung vor einem SCOT-Hintergrund in Frage. Bis dato sind allerdings keine Studien bekannt, die MÜ in Bezug auf ihre soziale Konstruiertheit behandeln.

Die Beschäftigung mit Faktoren der sozialen Konstruktion von MÜ könnte eine ähnliche Form annehmen wie die SCOT-Fallstudien von Bijker (1997). Diese bedienten sich vor allem der historischen Dimension und konzentrierten sich auf die Entwicklungsgeschichte technischer Artefakte unter besonderer Berücksichtigung der relevanten sozialen Gruppen und ihres Einflusses auf die jeweilige Technik. Hutchins (2015) beschreibt die Entwicklungsgeschichte der MÜ, beginnend mit den ersten Experimenten zu Anfang des Kalten Krieges bis zur Entwicklung von statistikbasierten MÜ-Systemen. Dieser Beitrag erlaubt die Identifizierung sozial relevanter Gruppen, die im Folgenden beispielhaft erfolgt.

So kommt die Beschreibung der frühen Phase der Forschung zu MÜ kaum ohne Warren Weaver und dessen Memorandum (1949/1955) aus (siehe Abschnitt 2.1). Mit seinem Postulat, kryptanalytische Methoden für MÜ nutzbar zu machen, prägte er das allgemeine Bild von MÜ auf lange Zeit hin. Die frühe MÜ-Forschung sollte sich jahrelang an Weavers Überlegungen orientieren. Dessen kryptographisches Verständnis von MÜ ist auch noch in den ersten regelbasierten MÜ-Systemen zu erkennen. Diese verfolgten einen direkten Transferansatz, ausgehend von einfachen Grammatikmodellen sowie

Wörterbucheinträgen, und erinnern im Kern an das Ver- und Entschlüsseln von Geheimbotschaften. Weaver, als einer der prägendsten MÜ-Pionier:innen, kann somit exemplarisch als eine der sozial relevanten Personen in der frühen MÜ-Entwicklung identifiziert werden und dient somit als Paradebeispiel dafür, wie menschliche Akteur:innen Einfluss auf die Interpretation und Ausgestaltung von Technik nehmen können.

Aber auch Institutionen können die Entwicklung von Technik in eine bestimmte Richtung lenken, vorantreiben oder auch behindern, wie das Beispiel des Berichts des „Automatic Language Processing Advisory Committee" (ALPAC) zeigt. 1964 beauftrage die „National Academy of Sciences of the United States" ALPAC mit einer Einschätzung über das künftige Entwicklungspotenzial der MÜ (Hutchins, 2015). Das Komitee bestand aus sieben Forschern, die vorwiegend aus der Linguistik, aber auch aus der Psychologie sowie aus der Forschung zu künstlicher Intelligenz stammten. Die ALPAC-Mitglieder äußerten sich in ihrem Abschlussbericht skeptisch in Bezug auf das Potenzial von MÜ. Diese Einschätzung hatte zur Folge, dass die öffentlichen Fördergelder für MÜ-Grundlagenforschung in den USA massiv gedrosselt wurden und daher in den Folgejahren auch keine nennenswerten Forschungsbeiträge zu MÜ in den Vereinigten Staaten geleistet wurden (Sin-Wai, 2015). Der ALPAC-Bericht war somit ein massiver Dämpfer für die gesamte MÜ-Forschung in den USA. Das ALPAC-Komitee als sozialer Akteur hatte somit unmittelbaren Einfluss auf die wissenschaftliche Leistung eines Forschungsfeldes.

Auch im Bereich des maschinellen Dolmetschens beeinflussten staatliche Behörden und private Unternehmen die Technologie in besonderer Weise. Beispielhaft kann hier das US-Militär genannt werden, das in Zusammenarbeit mit IBM und der Standford University die Systeme MASTOR („multilingual automatic speech-to-speech translator") und „IraqCom" entwickeln ließ, um Militäreinheiten im Irakkrieg zu unterstützen (Lee, 2015). Im Gegensatz zu Institutionen, die Grundlagenforschung zu MÜ betreiben, ist die US-Army jedoch an konkreten Anwendungsfällen interessiert, die vor allem in Zusammenhang mit militärischen Auseinandersetzungen stehen. Spätestens hier zeigt sich, dass Technologieentwicklung kaum auf neutralem Boden stattfindet, sondern stets von unterschiedlichen Interessen geprägt ist.

Als weiteres Beispiel in diesem Zusammenhang kann das von 1978 bis 1992 laufende „EUROTRA"-Projekt der Europäischen Kommission genannt werden. Ziel war die Entwicklung eines MÜ-Systems für die damals sieben und später neun offiziellen Amtssprachen der Europäischen Gemeinschaft (EG). Durch das Projekt sollte vor allem der Ressourceneinsatz bei der Erstellung von Übersetzungen gesenkt werden. Darüber hinaus sollte es allen Bürger:innen der EG

## 4.2 Sozialkonstruktivismus und Translationstechnologie

ermöglicht werden, auf offizielle Dokumente in ihren jeweiligen Erstsprachen zugreifen zu können. Der Erfolg des Projekts blieb jedoch überschaubar, da es die experimentelle Phase nie verließ und die Ergebnisse für einen tatsächlichen Einsatz im Übersetzungsdienst der EG nicht ausreichend brauchbar waren (Schuurman, 1994). Unbeachtet der Leistung von EUROTRA steht das Projekt für die Idee einer demokratischen Sprachpolitik, in deren Rahmen Bürger:innen unabhängig ihres sprachlichen Hintergrunds der gleiche Informationszugang gewährleistet wird, was sich beispielsweise stark von einer militärischen Nutzung von maschineller Translation unterscheidet.

Anhand dieser historischen Fallbeispiele können durchaus einige relevante soziale Gruppen und Akteur:innen im Verlauf der MÜ-Entwicklung identifiziert werden. Ähnlich wie in den Untersuchungen von Bijker (1997), weist die Existenz und die Einflussnahme unterschiedlicher sozialer Gruppen während der Entwicklungsphase auf unterschiedliche Ziele hin, die mit der Technologie verfolgt werden. Die bloße Identifikation und Beschreibung sozial relevanter Gruppen lassen jedoch keine konkreten Interpretationen hinsichtlich des Zwecks oder der Bedeutung eines Artefakts zu. Doch ist es gerade die interpretative Flexibilität dieser Technologie, die auch für die Translationswissenschaft von besonderem Interesse sein kann, da sich anhand dieses Deutungsspektrums die diversen Sichtweisen und Interessen in Bezug auf MÜ manifestieren.

Die oben angeführten historischen Ausschnitte aus der Entwicklungsgeschichte der maschinellen Translation offenbaren ein reichhaltiges Potenzial für von SCOT inspirierte Studien zur sozialen Konstruktion von MÜ. Auch Olohan (2017) beschreibt MÜ als prädestiniert für SCOT-Fallstudien:

> Given that statistical machine translation (SMT) and neural machine translation engines are relatively new products in the commercial market, a study of the interpretive flexibility of machine translation technologies and the ongoing process towards stabilisation of meanings would be of particular interest. The widespread public use of MT technologies and the hegemonic position occupied by Google also makes MT a relevant case for study in a sociotechnical, SCOT framework. (Olohan, 2017, S. 273)

Die soziale Konstruiertheit und die interpretative Flexibilität von MÜ stellt sich somit als relevanter Untersuchungsgegenstand für die Translationswissenschaft heraus. Allerdings besteht hier Spielraum hinsichtlich der konkreten inhaltlichen Ausrichtung. So verbergen sich hinter den Schlagworten soziale Konstruktion und interpretative Flexibilität eine große Bandbreite relevanter Aspekte. Diese reichen von den unterschiedlichen Problemdefinitionen, Interessen und Zielen der einzelnen sozialen Gruppen über deren sozialen Praktiken, die unterschiedlichen

Wahrnehmungen zum betreffenden Artefakt bis hin zum sozialen und kulturellen Kontext, in dem das Artefakt eingebettet ist (Sørensen, 2014).

Vor einem translationswissenschaftlichen Hintergrund erscheinen besonders jene Aspekte der SCOT-Heuristik untersuchenswert, die mit dem Übersetzungsverständis zusammenhängen, auf dem die Technologie aufbaut. So kann das Translationskonzept in MÜ-Systemen als wesentlicher Teil der sozialen Konstruiertheit der Technologie identifiziert werden. Das Übersetzungsverständnis steht in engem Zusammenhang mit den sozial relevanten Gruppen der Technologie und deren Vorstellung von Übersetzen als Tätigkeit, Prozess und dem daraus entstehenden Produkt. Hier spielen vorrangig jene Akteursgruppen eine Rolle, die Einfluss auf die allgemeine Konzeption der Technologie sowie ihre technische Ausgestaltung nehmen. Dies sind beispielsweise Personen, welche die Technologie von Grund auf vorantreiben und prägen sowie jene, die konkrete MÜ-Systeme entwickeln. Zwei essenzielle Gruppen in diesem Zusammenhang sind Personen, die Grundlagenforschung auf dem Gebiet der MÜ betreiben und jene, die sich mit der konkreten technischen Ausgestaltung von MÜ-Systemen beschäftigen. MÜ-Forscher:innen und Entwickler:innen sind somit zentrale Mitglieder jener sozialer Gruppen, welche die Deutung der Technologie vorrangig vornehmen und somit jenes Übersetzungsverständnis prägen, auf dem die Entwicklung von MÜ-Systemen aufbaut.

In Bezug auf die heuristische Vorgehensweise muss jedoch eine Erweiterung vorgenommen werden, die Bezug auf die Kritik an SCOT nimmt. Denn wie in Abschnitt 3.2.1 erwähnt wurde, stellt die Reduktion von Technikentwicklung auf soziale Faktoren beispielsweise für Vertreter:innen der Akteur-Netzwerk-Theorie eine nicht unproblematische Verkürzung dar, weil technische Gegebenheiten keine Berücksichtigung finden (Verbeek, 2005). Es gilt daher, MÜ als technisches Artefakt stärker innerhalb der Heuristik zu verankern, denn das Translationskonzept in MÜ-Systemen hängt auch von technischen Rahmenbedingungen ab. Die „Akteur-Netzwerk-Theorie" bietet hierfür eine geeignete konzeptuelle Grundlage, da sie materielle Gegebenheiten und soziale Netzwerke gleichermaßen berücksichtigt.

## 4.3 *Agency* und Translationstechnologie

Als Teil der *Science and Technology Studies* widmet sich die „Akteur-Netzwerk-Theorie" (ANT) (Callon, 1986; Law, 1986; Latour, 1987) dem Zusammenspiel von Gesellschaft, Wissenschaft und Technik. Kennzeichnend für die ANT ist das Postulat, dass nicht nur menschliche Akteur:innen (wie bei SCOT), sondern auch technische Artefakte Handlungsträgerschaft besitzen. Demgemäß spielen nicht nur Personen, sondern auch Objekte eine wesentliche Rolle in der Entstehung von (wissenschaftlichem) Wissen und darauf aufbauend in der Entwicklung von Technologie. Im Folgenden wird diskutiert, inwiefern dieser theoretische Ansatz auch für eine Untersuchung der Entwicklung von MÜ-Systemen relevant sein kann.

### 4.3.1 Die Akteur-Netzwerk-Theorie

Als Ausgangspunkt der ANT gelten Überlegungen zur Entstehung wissenschaftlichen Wissens. Als in den 1970er Jahren die *Science and Technology Studies* noch als *Sociology of Scientific Knowledge* firmierten, gewannen sozialkonstruktivistische Perspektiven auf Wissensbildung vermehrt an Bedeutung. Demnach sind wissenschaftliche Aussagen nicht direkt von einem Wesen der Gegenstände ableitbar, sondern werden von sozialen Akteur:innen über wissenschaftliche Diskurse geprägt. Wissenschaftliches Wissen gilt in diesem Sinne als solches, wenn es im Rahmen institutionalisierter Verfahren von bestimmten Gruppen dementsprechend anerkannt wird. Dies ist i. d. R. dann der Fall, wenn die in der jeweiligen Disziplin geltenden Grundsätze für wissenschaftliches Arbeiten aus Sicht der Fachvertreter:innen eingehalten wurden. Laut van Loon (2014) verfügt wissenschaftliches Wissen im Vergleich zu Alltagswissen vor allem deswegen über mehr Macht in unserer Gesellschaft, weil es durch Prozesse entsteht, die unserem Denken von Empirismus und Positivismus entsprechen.

Eben diesen institutionalisierten Vorgehensweisen zur Schaffung von wissenschaftlichem Wissen widmeten sich Bruno Latour und Steve Woolgar (1979) in ihrer Studie „Laboratory Life". Im Mittelpunkt der Untersuchung stand der Alltag der naturwissenschaftlichen Praxis, wobei die Autoren davon ausgingen, dass die Produktion von wissenschaftlichen Erkenntnissen eng an konkrete Handlungen gebunden ist, wie sie beispielsweise in einem Labor stattfinden. In einer ethnographischen Studie untersuchten sie Laboralltagspraxen am kalifornischen Salk Institute for Biological Studies, an dem zum Neurohormon TRH (thyreotropin-releasing-hormon) geforscht wurde. Dabei beobachteten sie unterschiedliche Forschungsprozesse, die am Ende zu wissenschaftlichen Erkenntnissen führten. Diese beinhalten beispielsweise Reflexionen über den Untersuchungsgegenstand, Diskussionen unter den Forschenden über die weitere Vorgehensweise, bis hin zum Einsatz bestimmter Geräte. Latour und Woolgar identifizierten verschiedene Prozesse der „Verschiebung", an deren Ende eine als wissenschaftliches Wissen anerkannte Erkenntnis steht. So wurde im Fall des

Neurohormons TRH die Hirnanhangdrüse durch bildgebende Verfahren zunächst sichtbar gemacht, Messresultate in Tabellen eingetragen, Graphiken angefertigt und die Ergebnisse aus der Untersuchung schließlich in einem Journal veröffentlicht. Diese Verschiebungen bezeichnete Michel Callon (1986) später auch als „Translationen".

Wissenschaftliche Erkenntnisse entstehen laut ANT erst dadurch, dass eine Verbindung zwischen den einzelnen Elementen wie Forschenden, Geräten oder dem Neurohormon TRH hergestellt wird. So verhandelten die Wissenschaftler:innen mit den Ausschüttungsmechanismen von TRH, indem sie sich auf ganz spezifische Weise mit der Hirnanhangdrüse beschäftigten. Erst durch diese Allianz der Forschenden mit der Hirnanhangdrüse konnte TRH sichtbar gemacht werden. Letztendlich wurde der Forschungsgegenstand TRH beschrieben, wodurch die Existenz des Hormons zu einer wissenschaftlich akzeptierten Tatsache wurde. Diese einzelnen Translationsprozesse sind am Ende allerdings nicht mehr sichtbar. Sie verschwinden in einer „Blackbox" (Latour, 1999, S. 210), während die wissenschaftliche Erkenntnis in Form einer anerkannten Definition zu TRH bestehen bleibt. „Translation" bezeichnet hier, „den Prozess der Verschiebung von ontologisch unterschiedlichen Elementen [Hormonbildung, Zahlen, Menschen] in ein einigermaßen stabiles Netzwerk" (Mathar, 2014, S. 179).

Durch die Offenlegung solcher „Translationen" werden Verknüpfungen zwischen einzelnen Entitäten sichtbar gemacht. Die Verbindungen zwischen einzelnen Entitäten ist laut Callon (1986/2006) die Voraussetzung dafür, dass Machtbeziehungen unter den individuellen Elementen entstehen können:

> Übersetzung ist der Mechanismus, durch den die soziale und die natürliche Welt fortschreitend Form annehmen. Das Resultat ist eine Situation, in der bestimmte Entitäten andere kontrollieren. Will man verstehen, was die Soziologen Machtbeziehungen nennen, muss man den Weg beschreiten, durch den die Akteure definiert, assoziiert und gleichzeitig verpflichtet werden ihren Allianzen treu zu bleiben. (Callon, 1986/2006, S. 170)

Callon (1986/2006) untersuchte in einer Fallstudie das Netzwerk rund um den Fang von Jakobsmuscheln in der nordfranzösischen Saint-Brieuc-Bucht. Anhand des dort auftretenden Netzwerks zwischen Muschelfänger:innen, Meeresbiolog:innen, Muscheln, etc. entwickelte er eine eigene Terminologie zur Beschreibung wissenschaftlicher Praxen, die sich aber auch auf Wirtschaft und Politik ummünzen lassen (van Loon, 2014).

Callon identifizierte und benannte im Rahmen seiner Fallstudie vier Subprozesse der Translation, beginnend mit der *Problematisierung*. Hier ging es um die

## 4.3 Agency und Translationstechnologie

Arterhaltung der Jakobsmuschel, die in der Saint-Brieuc-Bucht bereits vom Aussterben bedroht war. Das Muschelsterben ist jedoch nicht nur für das Lebewesen selbst ein Problem, sondern auch für die Fischer:innen im besagten Gebiet, da sie ihre wirtschaftliche Grundlage zu verlieren drohen. Darauf aufbauend gehen die Meeresbiolog:innen der Fragestellung nach, wie die Erhaltung der Jakobsmuschel sichergestellt werden kann. Die Forscher:innen nehmen im Rahmen der Bearbeitung des Problems eine zentrale Position ein, die auch von den anderen Akteur:innen, die sich im Netzwerk befinden, zugelassen werden muss. Den Forscher:innen wird so eine besondere Machtposition zugesprochen die Callon einen *obligatorischen Passagepunkt* (OPP) nennt (Callon, 2006/1986, S. 149) (siehe Abbildung 4.2). Dieser wird dadurch geschaffen, dass die Forscher:innen in Aussicht stellen, die Probleme der Akteur:innen zu lösen, diese jedoch im Gegenzug die Position der Forscher:innen akzeptieren müssen. Im Fall der Jakobsmuscheln kann jedoch naturgemäß von keinem bewussten Handeln die Rede sein, sondern vielmehr von biologischen Rahmenbedingungen, die ein Eingreifen der Meeresbiolog:innen zulassen. Der Prozess der Problematisierung bezieht sich jedoch nicht nur auf die wissenschaftliche Fragestellung, sondern auch auf die Identifizierung aller sozialen und natürlichen Elemente, die im Zusammenhang mit dem zu erforschenden Phänomen stehen (ibid.).

Im Anschluss an die Problematisierung folgt der Prozess des *Interessement*, was als „interessiert machen" verstanden werden kann. Die Interessen der einzelnen Akteursgruppen werden auf einen gemeinsamen Nenner gebracht, um sie zu Verbündeten in der Erreichung eines Ziels zu machen (ibid., S. 151 ff.). Das geschieht vor allem dadurch, dass alle relevanten Akteur:innen eine stabile Position im Netzwerk einnehmen. Im konkreten Fall müssen die Fischer:innen beispielsweise daran erinnert werden, nicht aus einem kurzfristigem Profitgedanken heraus Überfischung in der Bucht zu betreiben. Wenn sie sich daran halten, werden die Fischer:innen zu Verbündeten der Jakobsmuscheln.

Die darauffolgende Phase ist die des *Enrolment* (ibid., S. 189). Diese Stufe wird dann erreicht, wenn die einzelnen Akteur:innen im Netzwerk eine stabile Position im Sinne der gemeinsamen Zielerreichung einnehmen. Jener Akteursgruppe, die am obligatorischen Passagepunkt steht, kommt hier eine koordinative Rolle zu. Denn damit alle anderen Entitäten sich im Sinne des Netzwerks verhalten, müssen ständig Verhandlungen mit allen Beteiligten geführt werden. Zusätzlich zu den zentralen Akteur:innen kommen hier aber auch noch andere Elemente ins Spiel: Damit sich die Muscheln reproduzieren, reicht es beispielsweise nicht, die Larven in Kollektoren zu geben und zu warten, bis sich aus ihnen Muscheln entwickeln. So muss darüber hinaus sichergestellt werden, dass keine Fressfeinde in die Kollektoren eindringen. Die Kollektoren müssen wiederum

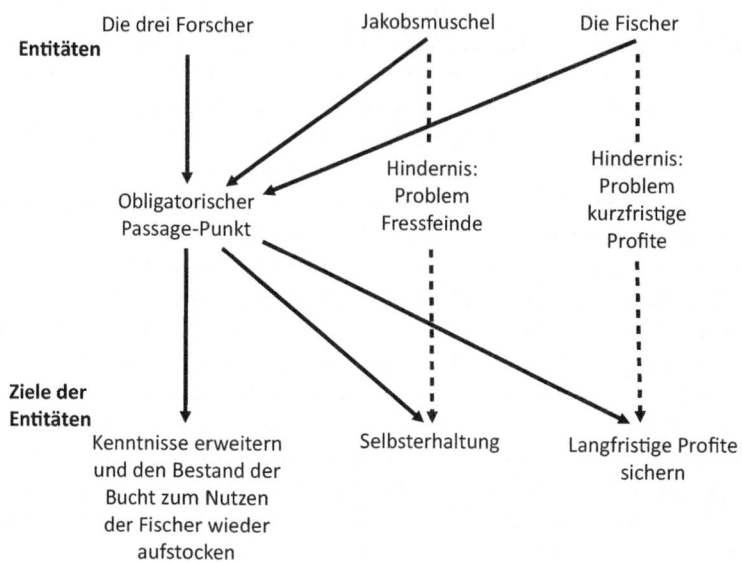

**Abbildung 4.2** Akteur-Netzwerk „Die Bucht von St. Brieuc" (Callon, 1986, Anpassungen vorgenommen)

aus einem bestimmten Material sein, damit sich die Larven daran verankern können. Schließlich ist auch auf die Meeresströmung zu achten, da auch sie Einfluss auf die Entwicklung der Larven nimmt. Bei erfolgreicher „Verhandlung" mit all diesen Elementen nehmen die einzelnen Akteur:innen eine stabile Position im Netzwerk ein und werden zu Gehilf:innen der jeweils anderen.

Im abschließenden Schritt der *Mobilisierung* werden die einzelnen Entitäten des Netzwerks in eine abstraktere und für die Öffentlichkeit leichter wahrnehmbare Ebene verschoben. Im vorliegenden Fall werden die Meeresbiolog:innen zu Sprecher:innen für das gesamte Netzwerk und repräsentieren dieses auf der Basis ihrer zentralen Rolle nach außen hin. Dazu „mobilisieren" sie die anderen Akteur:innen und machen diese sichtbar:

> Die Jakobsmuscheln werden in Larven, die Larven in Zahlen, die Zahlen in Tabellen und Kurven transformiert, die leicht zu transportierende, reproduzierbare und zu verbreitende Papierblätter darstellen. Anstatt ihren Kollegen bei Brest die Larven und die Abschleppseile zu demonstrieren, zeigen die Forscher graphische Repräsentationen und mathematische Analysen. Die [Jakobsmuscheln] wurden verschoben; durch

## 4.3 *Agency* und Translationstechnologie

eine Reihe von Transformationen sind sie ins Konferenzzimmer transportiert worden. (Callon, 2006, S. 163 f.)

Durch die Praxis der Meeresbiolog:innen wurde die Arterhaltung von Jakobsmuscheln, die sich zunächst nur im Überleben der Larven manifestierte, in eine veröffentlichte Arbeit verschoben. Somit wurde diese spezifische Problemstellung für die wissenschaftliche Community und die Gesellschaft wahrnehmbar. Durch die Analyse dieser Mobilisierungsprozesse können die auftretenden Machtbeziehungen innerhalb des Netzwerks untersucht werden. In Callons (2006/1986) Fallstudie sind es die Forscher:innen, die mit einer besonderes machtvollen Position ausgestattet werden. Diese zeigt sich darin, dass sie eine steuernde Funktion in Bezug auf andere Akteur:innen einnehmen und das gesamte Netzwerk durch ihre wissenschaftliche Praxis nach außen hin repräsentieren.

Callon (1986) betrachtet in seiner Studie nicht nur den sozialen Kontext, in dem die verschiedenen Handlungen stattfinden. Ein wesentlicher Teil von Akteur-Netzwerken ist die materielle Welt in der Form von Objekten, die in Callons Untersuchung von Gegenständen (Kollektoren zur Muschelzucht, Aufzeichnungen in Form von Tabellen, etc.) bis hin zu nicht menschlichen Lebewesen (Jakobsmuscheln) reichen können. Aber auch natürliche Gegebenheiten wie die Unterwasserströmung können Teil des Netzwerks sein, genauso wie die Messinstrumente der Meeresbiolog:innen. Callon untersuchte somit sowohl den sozialen Kontext als auch materielle Gegebenheiten – vor allem aber die Verflechtungen zwischen diesen beiden Bereichen, die schließlich ein Akteur-Netzwerk bilden (Mathar, 2014).

Eine der emblematischsten Eigenschaften der ANT besteht darin, dass nicht nur Personen Handlungsträgerschaft besitzen, sondern sämtliche Objekte, die mit dem Netzwerk verbunden sind. Sowohl menschliche als auch nicht menschliche Akteur:innen werden jedoch erst durch ihre Verbindung mit den anderen Elementen handlungsfähig. Dies veranschaulicht Latour in seinem Werk „The Pasteurization of France" (1984/1988) anhand einer alternativen Perspektive auf Louis Pasteurs (1926) Beitrag zur Entwicklung eines Impfstoffes gegen Milzbrand. Latour führt Pasteurs wissenschaftliche Leistungen nicht alleine auf den Forscher als Individuum zurück, sondern beschreibt ihn als Teil eines Akteur-Netzwerks, in dem „das Phänomen Pasteur" eine zentrale Position einnimmt, ähnlich wie die Meeresbiolog:innen in Callons Studie. Dabei identifiziert Latour auch einen Bauernhof, auf dem Milzbrandbakterien auftreten, ein Labor sowie die wissenschaftliche Öffentlichkeit als zentrale Teile des Netzwerks, ohne die Pasteurs Leistungen nicht möglich gewesen wären. In Anlehnung an Callons „Translationen" spricht Latour von „Transformationen", die zwischen diesen

Ebenen stattfinden (Latour, 1984/1988, S. 110). So wird Pasteur zunächst im Forschungsfeld in der Form eines Bauernhofes tätig, um Milzbrandbakterien zu sammeln und zu untersuchen. Später werden diese im Labor weiter kultiviert und anschließend auf einem „experimentellen Bauernhof" ausgesetzt und studiert. Danach wird das Experiment in einem tatsächlichen Labor unter kontrollierten Bedingungen wiederholt, um den wissenschaftlichen Normen zu entsprechen und Beiträge verfassen zu können, die von Fachleuten rezipiert werden (van Loon, 2014, S. 104 f.).

Latours Analyse dieser einzelnen Schritte deckt auf, dass Pasteur in seiner wissenschaftlichen Praxis Elemente von einer Ebene in eine andere verschob. Pasteurs Leistungen wurden dadurch ermöglicht, dass sich die unterschiedlichen menschlichen und nichtmenschlichen Akteur:innen innerhalb eines Netzwerks zusammenschlossen. Erst durch die Vernetzung werden die einzelnen Elemente handlungsfähig und können produktiv tätig werden – in den Worten Latours: „[a]n actant can gain strength only by associating it with others" (Latour, 1988, S. 160).

Diese Vernetzung einzelner Akteur:innen untereinander ermöglicht die Entstehung von wissenschaftlichem Wissen. Laut van Loon ist „dieser Ansatz […] zwar konstruktivistisch, aber nicht mehr *sozial*konstruktivistisch" (van Loon, 2014, S. 106, Hervorh. i. Orig.). Realisierungen aller Art, wie auch die Generierung wissenschaftlichen Wissens, werden demnach nicht nur von sozialen Kräften geprägt, sondern sind ebenfalls abhängig von materiellen Gegebenheiten. Auch Personen sind erst dann handlungsfähig, wenn sie ein Netzwerk mit anderen (menschlichen oder nichtmenschlichen) Elementen eingehen. Dies veranschaulicht Latour (1999) an folgendem Beispiel: Angenommen eine Person möchte an einer anderen Rache nehmen, kann diese Intention aber nur dann realisieren, wenn er/sie an eine Waffe kommt. Durch das Einbeziehen der Waffe wird das Vorhaben in eine andere Ebene hin übersetzt. Für die Waffe gilt das gleiche. Lag sie zunächst noch ungebraucht in der Schublade, wird sie durch die Verbindung mit einer Person buchstäblich zu einer Tatwaffe. Sie übersetzt die bloße Intention nach Rache in eine tatsächliche Handlung. Die Handlung geht dabei jedoch nicht von einem einzelnen Akteur aus, sondern ist auf das Netzwerk verteilt (ibid., S. 176 f.).

Das Zugestehen von Handlungsträgerschaft an Objekte im Rahmen eines Akteur-Netzwerks hat der ANT auch Kritik eingebracht. Zunächst werden dadurch die bis dahin populären Prämissen des Sozialkonstruktivismus entkräftet und zentrale Ideen der Wissenssoziologie in Frage gestellt, wonach wissenschaftliches Wissen vor allem von sozialen Zusammenhängen geprägt wird (Collins, & Yearley, 1992).

## 4.3 Agency und Translationstechnologie

Ein weiteres Hindernis für eine positive Rezeption der ANT ist die Vermengung zwischen menschlicher und materieller *agency*, sowie die damit einhergehende Aufhebung von Begriffen wie *Subjekt* und *Objekt*:

> [Die] Sozial- und Kulturwissenschaften sind so stark von kantschem Denken geprägt, dass sie nicht nur den Menschen als unumstrittenes Zentrum des Universums ansehen, sondern auch sinnliche Erfahrungen und kognitive Vernunft als unterschiedliche und getrennte Wissensbereiche verstehen. Darüber hinaus wird immer schon vorausgesetzt, dass die Welt bereits in Subjekte und Objekte aufgeteilt ist. (van Loon, 2014, S. 108)

Die ANT geht jedoch von keiner solchen Einteilung aus und unterscheidet nicht a priori zwischen unterschiedlichen Arten von Akteur:innen, da dies im Sinne der ANT keinen Mehrwert im Rahmen empirischer Vorgehensweisen bietet. Dieses Rütteln an den Grundfesten des „Kantschen Denkens", und insbesondere das Postulat, wonach auch nichtmenschliche Entitäten über *agency* verfügen können, wirken sowohl provokativ als auch innovativ. Im Rahmen einer Auseinandersetzung mit Translationstechnologien regt die ANT dazu an, technische Artefakte nicht nur als sozial konstruiert anzusehen, sondern sie als zentrale Elemente in einem Netzwerk zu betrachten, in welchem sie Entwicklungen begünstigen oder hemmen können.

### 4.3.2 Translationstechnologie aus Perspektive der Akteur-Netzwerk-Theorie

In der Translationswissenschaft bezieht Risku (2013; 2017; Risku, & Rogl, 2020) die Ebene der Umwelt und somit auch der technischen Artefakte über den Ansatz der *embedded* sowie der *extended cognition* in den Translationsprozess mit ein. Kognitive Prozesse sind demnach stark von unserer materiellen und sozialen Umwelt abhängig und in diese eingebettet. Kognitive Prozesse werden aber auch in und durch die Umwelt realisiert (Walter, 2014). Wie auch andere kognitive Prozesse sind demnach auch Translationsprozesse stark umweltabhängig und finden nicht nur im Kopf der Übersetzer:innen statt, sondern gehen weit darüber hinaus (Risku, 2010). Hier ergibt sich eine Verbindung zur ANT und zum Grundgedanken, dass *agency* auf verschiedene menschliche und nichtmenschliche Akteur:innen verteilt ist. Ähnlich einzuordnen ist das von Risku, Windhager und Apfelthaler (2013) vorgeschlagene Modell der „extended translatorial cognition and action". Translationsprozesse sind demnach in ein Netzwerk eingebettet, das aus zahlreichen Elementen besteht, beginnend beim Kunden bzw.

der Kundin, über die Translator:innen und deren soziales Umfeld, den AT- und ZT-Systemen, bis hin zu weiteren Akteur:innen, die im Laufe des Translationsprozesses auftreten. Das Modell verortet somit die relevantesten Faktoren, die den Translationsprozess beeinflussen, innerhalb eines Netzwerks aus Umwelteinflüssen, in dem auch kognitive Prozesse realisiert werden. Eine zentrale Stellung in diesem Netzwerkmodell für „extended translatorial cognition and action" nehmen u. a. Artefakte ein, da durch sie kognitive Prozesse externalisiert werden:

> Relevant artifacts include the countless material and immaterial objects used as translation and communication tools: mental and physical checklists, memorized guidelines, different versions of source, target, parallel and reference texts, books, word processors, desktop publishing and document management systems, databases, scanners, OCR, internet communication and research equipment, accounting and bookkeeping systems, translation specific technologies like translation memories, translation and terminology management systems, translation project management systems, online and offline dictionaries, translation portals and formal and informal online networks. (Risku, et al., 2013, S. 163)

Technische Artefakte spielen somit eine wesentliche Rolle in der Realisierung des Translationsprozesses, da die Translator:innen in gewisser Weise eine Allianz mit ihnen eingehen. Um es mit der Terminologie der „Akteur-Netzwerk-Theorie" zu sagen, verbinden sich menschliche und nichtmenschliche Akteur:innen miteinander, um Handlungsträgerschaft zu erlangen bzw. diese zu erweitern. Agency ist somit auch im Translationsprozess auf unterschiedliche Ebenen und Entitäten verteilt.

Ähnlich verhält es sich auch bei der Entwicklung von MÜ-Systemen. Auch hier spielen unterschiedliche menschliche und materielle Faktoren eine Rolle, die gemeinsam ein Netzwerk bilden. Eine wesentliche Rolle übernehmen hierbei die Forscher:innen und Entwickler:innen, da sie die Technologie durch ihre Kenntnisse, Vorstellungen und Ziele konzeptuell sowie materiell prägen (siehe auch Abschnitt 4.2.2). Als materielles Gegenstück nimmt auch die Technologie an sich eine zentrale Position im Netzwerk ein. Hierbei geht es vor allem um naturwissenschaftliche und technische Gegebenheiten. Forscher:innen und Entwickler:innen müssen sich zwangsläufig an den technischen Rahmenbedingungen orientieren. Die innovativste Vorstellung auf menschlicher Seite kann nur umgesetzt werden, wenn es die Technologie grundsätzlich zulässt. Forscher:innen und Entwickler:innen müssen sich also von vorne herein auf die materielle Ebene einlassen und diese berücksichtigen. Menschliche Vorstellungen von MÜ können nur mit der Technik umgesetzt werden und nie gegen sie. Das Translationskonzept, mit dem MÜ-Forscher:innen und -Entwickler:innen operieren, muss demnach in Einklang mit der Technik und der materiellen Ebene stehen. Im Folgenden wird daher näher darauf eingegangen, inwiefern *agency* als auf Menschen und Technik verteilt anzusehen ist und inwiefern diese Annahme im Rahmen translationswissenschaftlicher Forschung nutzbar gemacht werden kann.

### 4.3.3 Menschliche und materielle agency in Translationsprozessen

Wie in Abschnitt 3.3.2 beschrieben, wirkt die ANT (Callon, 1986; Law, 1986; Latour, 1987) in der vorliegenden Arbeit als konzeptuelle Ergänzung zu SCOT (Biker, Hughes, & Pinch 2012/1987). Anstatt technische Artefakte als rein sozial konstruierte Objekte zu betrachten, lohnt sich eine erweiterte Perspektive, in der Technologie als essenzielles Element in einem Netzwerk aus menschlichen und nichtmenschlichen Akteur:innen betrachtet wird.

Translationswissenschaftliche Forschung war bis jetzt vor allem an der *agency* von Übersetzer:innen und Dolmetscher:innen interessiert, was zum Aufkommen und zur Stärkung translationssoziologischer Ansätze führte (siehe z. B. Wolf, & Fukari, 2007 und Kinnunen, & Koskinen, 2010). Im Fokus steht hier vor allem die Handlungsträgerschaft von Personen, die an Translationsprozessen beteiligt sind. Die Ebene des Materiellen und dessen Einfluss auf Translation wurde hingegen im Rahmen translationssoziologischer Ansätze tendenziell vernachlässigt.

Ein Versuch, die Ebene des Technischen im Übersetzungsprozess stärker zu berücksichtigen, stammt von Olohan (2011). Dabei untersucht sie, inwiefern TM-Systeme als technische Artefakte auch über *agency* verfügen können, und ob ihnen somit eine gewisse Handlungsträgerschaft zugesprochen werden kann. Dabei bedient sie sich der Begriffe „mangle of practice" sowie „dance of agency" des Techniksoziologen Andrew Pickering. In seinen Arbeiten (z. B. Pickering, 1992; 1995; 2008) bezeichnet er „material agency" als wesentlichen Teil technologischer Innovationen, wobei er Wissenschaft und Technik mit Wäsche vergleicht, die durch eine Wäschemangel gedreht wird. Der Begriff „mangle of practice" beschreibt dabei das Wechselspiel zwischen Widerstand und Anpassung, das bei der Einführung von technischen Innovationen zum Tragen kommt. Dies lässt sich am Beispiel eines naturwissenschaftlichen Experiments veranschaulichen, wo die technische Ebene aufgrund von Funktionsproblemen der Gerätschaften möglicherweise Widerstand gegen den reibungslosen Ablauf leistet. Die menschlichen Versuchsleiter:innen sind gefordert, sich mit diesen Widerständen zu arrangieren, sie zu umgehen bzw. sich an sie anzupassen. Sowohl materielle wie auch menschliche Entitäten beeinflussen sich gegenseitig durch wechselseitige Einflussnahme, was Pickering „the dance of agency" nennt.

Dieser „dance of agency" ist nach Pickering (2008) vergleichbar mit dem Bauen von Dämmen und Wehranlagen an einem Fluss. Während die Menschen den Fluss in bestimmte Bahnen lenken wollen, kämpft sich der Fluss bei Hochwasser wieder in seinen ursprünglichen Verlauf zurück, woraufhin die Menschen wiederum versuchen den Fluss zurückzudrängen.

Die Konturen zwischen menschlicher und nichtmenschlicher agency verschwimmen in diesem Wechselspiel und sind nicht immer klar voneinander abzugrenzen. So wie man bei einer Wäschemangel nicht von vorneherein wissen kann, welche Form die durchgepresste Wäsche annehmen wird, ist auch im Wechselspiel zwischen Mensch und materieller Welt nicht vorherzusagen, wo die menschliche und nichtmenschliche agency stärker hervortreten wird. Somit verfügt weder der Mensch noch die materielle Welt von vorneherein über mehr oder stärkere agency, vielmehr sind beide miteinander verwoben und entwickeln eine gemeinsame schöpferische Kraft. Ähnlich wie in der ANT ist Handlungsträgerschaft somit nicht direkt an bewusstes (menschliches) Handeln gebunden.

Die Begriffe „mangle of practice" und „dance of agency" wurden vor allem im Rahmen von Untersuchungen zu Informations- und Kommunikationstechnologien verwendet (siehe z. B. Rose, & Jones, 2005 und Chae, & Poole, 2005). Erforscht wurden bspw. Anpassungsprozesse an IT-Systeme in diversen Organisationseinheiten im Zuge der Implementierung neuer Softwareprogramme. Pickerings (1992; 1995; 2008) Begriffe schaffen dabei ein besseres Verständnis für jene Probleme, die einer erfolgreichen Implementierung neuer IT-Systeme im Wege stehen. So mangelt es üblicherweise an Bewusstsein dafür, dass technischer Wandel stark von soziotechnischen Elementen geprägt ist. Beispielsweise werden technische Hilfsmittel häufig von Personen entwickelt, die sich nur begrenzt in die tatsächlichen Nutzer:innen und deren Bedürfnisse hineinversetzen können. Weiterhin kommt es zu den angesprochenen Widerständen und Anpassungen in der Technikverwendung, die Teil des „dance of agency" sind (Doherty, & King, 2005). Pickerings (1992; 1995) „mangel of practice" stellt somit einen Mittelweg zwischen purem Technikdeterminismus und Sozialkonstruktivismus dar.

Erstmals in der Translationswissenschaft wurden Pickerings Konzepte von Olohan (2011) nutzbar gemacht. Dabei verwendet sie den Begriff „dance of agency", um das Zusammenspiel zwischen Übersetzer:innen und TM-Systemen zu untersuchen. Im Mittelpunkt des Forschungsinteresses steht „[...] the dialectic of resistance and accommodation which emerges in TM use as the technological and the social interactively stabilize one another" (ibid., S. 346).

## 4.3 *Agency* und Translationstechnologie

Als primäre Datenquelle werden online-Support-Foren von „SDL Trados Studio 2009" herangezogen. Dabei dienen Technik-Support-Foren als Dokumentation über die Verwendung der Software. Im weitesten Sinne spiegelt sich in den Foren somit das Zusammenspiel zwischen Nutzer:innen und der TM-Software wieder. Vorrangig dokumentiert sind hier Probleme im Umgang mit der Software, die man als Widerstände verstehen kann, auf welche User:innen stoßen. Widerstände in der Softwareverwendung reichen von Problemen beim Speichern von Projekten, Fehlern in Funktionen wie „Autosuggest" bis hin zu Kompatibilitätsproblemen bei der eingebauten „Terminologiedatenbank Multiterm". Diese Probleme zwingen die Übersetzer:innen dazu, sich anzupassen und über Umwege zu einer alternativen Lösung zu kommen. Einer der Übersetzer aus der Studie charakterisiert die Software sogar als „unkooperativ" und vermenschlicht sie somit (ibid., S. 348). Über die Interpretation weiterer Forumsbeiträge dieses Übersetzers beschreibt Olohan (2011) das Wechselspiel zwischen *resistance* und *acommodation*:

> T1's experience with the software, as glimpsed here, can be read as the dialectic of resistance and accommodation which is the mangle of practice. He, as the human user, emerges as knowledgeable, well-intentioned and cooperative, obligingly doing everything he is supposed to, while the software and its interface and component parts emerge as recalcitrant, uncooperative, unreliable and prone to error. (Olohan, 2011, S. 349)

Olohan beschreibt hier eine Wechselwirkung zwischen der materiellen agency des TM-Tools und menschlicher agency in der Form des Übersetzers T1. Dieser stößt im Umgang mit der Technik auf Widerstände, da die Software nur bestimmte Arbeitsweisen und Prozessschritte zulässt. Umgekehrt versucht T1 bei seiner bewährten Arbeitsweise zu bleiben, welche die Software jedoch nicht immer zulässt. Wenn T1 von vorne herein eine Herangehensweise in Abstimmung an das Tool wählen würde, wäre er auch mit weniger Widerständen vonseiten der Technik konfrontiert. Menschliche und materielle Handlungsträgerschaft ist somit an bestimmte Arbeits- und Funktionsweisen geknüpft. Sie beeinflussen sich gegenseitig und produzieren gemeinsam das Pickeringsche „mangle of practice".

Aus diesen Erörterungen können einige relevante Aspekte hinsichtlich einer translationswissenschaftlichen Untersuchung von MÜ-Systemen abgeleitet werden. Translationskonzepte, die in der MÜ-Entwicklung zum Tragen kommen, können als Schnittmenge zwischen menschlichen Vorstellungen und materiellen Voraussetzungen verstanden werden. So ist entgegen den Theorien des Sozialkonstruktivismus davon auszugehen, dass die agency im Rahmen der Entwicklung von MÜ-Systemen nicht nur bei menschlichen Akteur:innen angesiedelt ist, sondern zwischen Mensch und Technologie hin und her wechselt. Auf der einen Seite möchten Entwickler:innen ein bestimmtes Übersetzungsverständnis in MÜ-Systemen verwirklicht sehen. Auf der anderen Seite gibt die Technologie über die technischen Voraussetzungen einen bestimmten Rahmen vor, innerhalb dessen menschliche Akteur:innen operieren müssen. So können Entwickler:innen ihre Vorstellungen nicht entgegen den technischen Voraussetzungen durchsetzen. Sie treffen im Sinne Pickerings auf Widerstände, an die sie sich anpassen bzw. für die sie Lösungen finden müssen.

Im Laufe des Entwicklungsprozesses von MÜ-Systemen ergibt sich demgemäß eine Vermengung zwischen sozialen Einflüssen und technischen Gegebenheiten, die gemeinsam zu Translationskonzepten verschmelzen. Diese Translationskonzepte können zum Vorschein gebracht werden, indem soziale und materielle Faktoren, die in der MÜ-Entwicklung zum Tragen kommen, offengelegt werden. Translationskonzepte wurden nicht nur in der Translationswissenschaft, sondern in anderen wissenschaftlichen Fachgebieten diskutiert. Dementsprechend besteht ein breites Spektrum an Vorstellungen dazu, was Übersetzung als Prozess und Produkt ausmacht.

# Translationskonzepte inner- und außerhalb der Translationswissenschaft

5

Parallel zur Etablierung der TW als eigenständige wissenschaftliche Disziplin in den 1980er Jahren, entstand ein immer breiteres Spektrum an Übersetzungskonzepten (Munday, 2016). Auslegungen zu Translation als begrifflichem Konzept existieren jedoch nicht nur innerhalb der TW, sondern beispielsweise auch in den Kulturwissenschaften, wo Translation vor allem als Metapher für Veränderung, Austausch und kulturelle Hybridität verwendet wird. Als schwierig gestaltet sich hingegen die Suche nach Translationskonzepten in der MÜ-Forschung und -Entwicklung, da in der Computerlinguistik (CL) kein explizit ausformuliertes Verständnis von Translation vorzuliegen scheint. Um eine möglichst große Bandbreite an Interpretationen des Begriffs Translation aufzuzeigen, werden im folgenden Kapitel Translationskonzepte aus verschiedenen zeitlichen Epochen und aus unterschiedlichen Fachbereichen dargestellt und diskutiert.

## 5.1 Übersetzungswissenschaftliche Translationskonzepte

Obwohl Übersetzen als Kulturtechnik bereits seit dem Altertum existiert, begann die wissenschaftliche Auseinandersetzung mit dem Begriff verhältnismäßig spät. Früh dokumentierte Übersetzungskonzepte können zwar bis in die Antike zurückverfolgt werden, jedoch intensivierte sich der wissenschaftliche Diskurs zu verschiedenen Übersetzungsbegriffen erst mit der Entstehung der Translationswissenschaft.

## 5.1.1 Frühe Translationskonzepte und die Frage der Übersetzbarkeit

Noch lange bevor die TW als eigenständige Disziplin existierte, stellten Denker:innen, Dichter:innen und Philosoph:innen Überlegungen dazu an, was Übersetzen als Tätigkeit bedeutet, welche Vorgehensweisen beim Übersetzen möglich sind und was eine gute Übersetzung ausmacht. Historische Beschreibungen zum Übersetzen weisen einen mehrheitlich normativen Charakter auf.

Eines der ältesten Übersetzungskonzepte stammt von Cicero, der nicht nur als Politiker, sondern auch als Philosoph, Schriftsteller und nicht zuletzt als Übersetzer Bekanntheit erlangte. In seiner Schrift „De optimo genere oratorium" (Cicero, 46 v. Chr./1960) beschrieb er seine bevorzugte Übersetzungsstrategie mit „non ut interpres sed ut orator" und meinte damit, nicht wie ein Übersetzer vorzugehen, sondern wie ein Redner (Munday, 2016, S. 31). Cicero propagierte eine Übersetzungsstrategie, die sich an der eigenen Zielkultur und Zielleser:innenschaft orientiert, was mit einer Distanzierung von der Textvorlage sowie der ausgangssprachlichen Rhetorik und Stilistik einhergeht (Pym, 2010).

Auch Hieronymus (395/1997) berief sich auf Cicero, um seine eigene Vorgehensweise für seine Übersetzung der Bibel zu legitimieren. Papst Damascus hatte im Jahr 382 bei Hieronymus eine Neuübersetzung der Heiligen Schrift in Auftrag gegeben, um eine einheitliche lateinische Version zu etablieren (später bekannt unter der Bezeichnung *Vulgata*). Hieronymus beschrieb seine Übersetzungsstrategie folgendermaßen: „[…] non verbum e verbo sed sensum exprimere de sensu" („nicht Wort-für-Wort, sondern Sinn-für-Sinn", Hieronymus, 395/1997, S. 25). Die Orientierung an Sinn- und nicht an Worteinheiten war für die Übersetzung der Bibel eine durchaus unkonventionelle Vorgehensweise. Hieronymus' Aussage wurde in der historischen Auseinandersetzung mit Übersetzungsstrategien vielfach für die klassische Unterteilung in wörtliche und freie Übersetzung herangezogen.

Dieses Gegensatzpaar sollte im wissenschaftlichen und nichtwissenschaftlichen Diskurs zu Übersetzungsstrategien immer wieder neu aufgegriffen und anders bezeichnet werden. So lieferte Martin Luther in seinem „Sendbrief vom Dolmetschen" (Luther, 1530/1963) ein Plädoyer für das „Eindeutschen" der Sprache der Heiligen Schrift und argumentierte gegen eine Orientierung an der Wortoberfläche des Originals:

> Denn man muss nicht die Buchstaben in der lateinischen Sprache fragen, wie man soll Deutsch reden, wie diese Esel tun, sondern man muss die Mutter im Hause, die Kinder auf den Gassen, den gemeinen Mann auf dem Markt drum fragen und denselbigen auf das Maul sehen, wie sie reden, und darnach dolmetschen; da verstehen sie es denn und merken, daß man deutsch mit ihnen redet. (Luther, 1530/1963, S. 21)

Luther verfolgte mit seiner Übersetzung der Bibel ins Deutsche auch das Ziel einer Kirchenreform. Essenzieller Bestandteil seiner Agenda war es, der breiten Bevölkerung Zugang zu den Botschaften des Evangeliums zu ermöglichen. Hierbei ging es ihm jedoch nicht nur um die bloße Übertragung aus dem Lateinischen ins Deutsche, sondern auch darum, eine Sprache zu verwenden, die dem einfachen Volk bekannt war, um somit das Verständnis der biblischen Botschaften zu erleichtern (Munday, 2016). Luthers Übersetzungsstrategie kann in gewisser Weise als Solidarisierung mit dem Zielpublikum verstanden werden.

Auch Friedrich Schleiermacher kommt in seinen Überlegungen nicht ohne die Dichotomie von Ausgangstext- und Zieltextorientierung aus, wenn er sagt: „Entweder der Uebersetzer läßt den Schriftsteller möglichst in Ruhe, und bewegt den Leser ihm entgegen; oder er läßt den Leser möglichst in Ruhe und bewegt den Schriftsteller ihm entgegen" (Schleiermacher, 1813/1963, S. 47). Schleiermacher (1813/1963) ergänzt diese klassischen Herangehensweisen jedoch um sprachphilosophische Überlegungen, indem er die Frage der generellen Übersetzbarkeit im Zusammenhang mit Sprache und Denken bespricht. Im Zentrum steht die Ansicht Schleiermachers, dass Bewusstseinsinhalte direkt durch die von uns verwendete Sprache geprägt werden:

> Jeder Mensch ist [...] in der Gewalt der Sprache, die er redet; er und sein ganzes Denken ist ein Erzeugnis derselben. Er kann nichts mit völliger Bestimmtheit denken, was außerhalb der Grenzen derselben läge; die Gestalt seiner Begriffe, die Art und die Grenzen ihrer Verknüpfbarkeit ist ihm vorgezeichnet durch die Sprache, in der er geboren und erzogen ist, Verstand und Fantasie sind durch sie gebunden. (Schleiermacher, 1813/1963, S. 43)

Nach Schleiermacher bilden Sprache und Denken eine Einheit und stehen in Wechselwirkung zueinander. Folgt man dieser Annahme, ist Sprache im Umkehrschluss kein willkürlicher Code, der entkoppelt von Bewusstseinsinhalten existiert, sondern vielmehr Ausdruck unserer wahrnehmbaren Realität. Schleiermacher geht nicht von der Existenz universeller Bedeutungsinhalte aus, denen beliebige sprachliche Zeichen zugeordnet werden können.

Auch Humboldt stieß in eine ähnliche Kerbe, als er schrieb:

> Alles Übersetzen scheint mir schlechterdings ein Versuch zur Auflösung einer unmöglichen Aufgabe. Denn jeder Übersetzer muss immer an einer der beiden Klippen scheitern, sich entweder auf Kosten des Geschmacks und der Sprache seiner Nation zu genau an sein Original, oder auf Kosten seines Originals zu sehr an die Eigentümlichkeiten seiner Nation zu halten. Das Mittel hierzwischen ist nicht bloß schwer, sondern geradezu unmöglich. (Humboldt, 1796, in Siever, 2015, S. 29)

Auf den ersten Blick lässt Humboldts Aussage vermuten, er sei ein Anhänger der Unübersetzbarkeitsthese. An anderer Stelle relativiert er diese Sichtweise jedoch, indem er schreibt, dass „auch in den Mundarten sehr roher Völker [...], sich Alles, das Höchste und Tiefste, Stärkste und Zarteste ausdrücken lässt" (Humboldt, 1816/1963, S. 82). Insgesamt sind sowohl Schleiermacher als auch Humboldt der Meinung, dass das Übersetzen literarischer Texte in andere Sprach- und Kulturräume das Potenzial habe, den Horizont einer Gesellschaft zu erweitern, weshalb literarisches Übersetzen als essenzielle Kulturtechnik moderner Zivilisationen anzusehen sei. Trotzdem werden sie immer wieder gerne als Vertreter der Unübersetzbarkeitsthese angeführt (Siever, 2015).

Als solcher gilt der Sprachphilosoph Benjamin Lee Whorf. Er führte Edward Sapirs (1921) Arbeiten zum Sprachrelativismus weiter und entwickelte daraus das „Linguistische Relativitätsprinzip" (Whorf, 1956). Inwiefern die Verwendung einer bestimmten Sprache unser Weltbild beeinflusst, erklärt Whorf (1997) folgendermaßen:

> Aus der Tatsache der Strukturverschiedenheit der Sprachen folgt [...]: Menschen, die Sprachen mit sehr verschiedenen Grammatiken benützen, werden durch diese Grammatiken zu typisch verschiedenen Beobachtungen und verschiedenen Bewertungen äußerlich ähnlicher Beobachtungen geführt. Sie sind daher als Beobachter einander nicht äquivalent, sondern gelangen zu irgendwie verschiedenen Ansichten von der Welt. (Whorf, 1997, S. 20)

Vor dem Hintergrund von Whorfs linguistischem Relativitätsprinzip kann das Verhältnis zwischen Sprache und Umwelt als „Henne-Ei-Problem" betrachtet werden: Hier stellt sich die Frage, ob die Umwelt die menschliche Sprachverwendung prägt oder die Sprachverwendung Einfluss auf die menschliche Wahrnehmung hat. Auf dieser Überlegung aufbauend kann entweder für oder gegen die „prinzipielle Übersetzbarkeit" argumentiert werden. Diese These basiert auf dem Standpunkt, dass alle Menschen unabhängig ihrer kulturellen und sprachlichen Prägung dazu fähig sind, die Welt auf ähnliche Weise wahrzunehmen.

## 5.1 Übersetzungswissenschaftliche Translationskonzepte

Physische und abstrakte Phänomene können demnach von Menschen prinzipiell erkannt werden. Nur die Zuweisung von sprachlichen Zeichen erfolgt auf unterschiedliche Weise. Die Frage der Übersetzbarkeit kann auch vor dem Hintergrund diskutiert werden, ob Übersetzen als Informationsübertragung mit dem Ziel der Bedeutungskonstanz gesehen wird, oder vielmehr als Tätigkeit, die Verständigung ermöglicht. Die Verwendung eines offenen Translationsbegriffs, unter dem Übersetzen bspw. als Kommunikationshandlung verstanden wird, erlaubt ein breites Spektrum an Translationskonzepten.

Übersetzbarkeit wird häufig auch im Zusammenhang mit der Übertragung literarischer Texte in eine andere Kultur diskutiert. Die Kulturgebundenheit von Sprache wird bei literarischen Texten besonders stark wahrgenommen. Das Problem der potenziellen Unübersetzbarkeit manifestiert sich beispielsweise im Versuch der Übertragung kulturspezifischer Aspekte aus einer Sprache in eine andere (Schäffner, 2004). Ausgehend von einem Translationskonzept, in dem Übersetzen mit der Umkodierung von nicht zu verändernden Informationen gleichzusetzen ist, schlossen Kade (1968) literarisches Übersetzen aus dem Objektbereichs der TW aus.

Skepsis an der prinzipiellen Übersetzbarkeit von Sprache wurde unter anderem in ethnographischen und anthropologischen Arbeiten geäußert. So schloss man von Unterschieden in sprachlichen Strukturen und kommunikativen Praktiken auf Unterschiede in der Wahrnehmung der Welt (Schäffner, 2004). Diese Auffassung vertrat auch der Sozialanthropologe Malinowski in seiner „ethnographic theory of language" (1935/2002). Darin ging er davon aus, dass Sprache stets eng an kulturelle Rahmenbedingungen und an den jeweiligen gesellschaftlichen Kontext gebunden ist. Laut Keesing (1994) werden diese Unterschiede in den Denkstrukturen jedoch überschätzt: „[T]he degree of cultural diversity in modes of thought and experience has been seriously and irresponsibly overstated in modern anthropology" (Keesing, 1994, S. 3). Diese Aussage beruht auf der Annahme, wonach sprachliche Strukturen zwar unterschiedliche Formen annehmen können, diese jedoch nur die Oberfläche des menschlichen Bewusstseins und Wissens darstellen. Dieses wiederum werde von der Menschheit zu einem Großteil universell geteilt: „[...] human thought and experience, although culturally constructed in myriad local ways, reflects underlying commonalities" (ibid., S. 9).

Zudem gingen Argumente gegen die prinzipielle Übersetzbarkeit oft von einem Translationskonzept aus, das an die Idee der Bedeutungsäquivalenz geknüpft ist. Entfernt man sich jedoch vom Äquivalenzparadigma und nähert sich funktionalen Zugängen an, so entsteht ein davon abweichendes Übersetzungskonzept. Die sprachlichen Strukturen des Ausgangstextes treten gemeinsam mit der Forderung nach Bedeutungsinvarianz in den Hintergrund, wobei stattdessen der Zweck der Übersetzung in der Zielkultur in den Fokus rückt (Schäffner, 2004). Grbić et al. (2020a), schlagen vor, die Dichotomie zwischen Übersetzbarkeit und Unübersetzbarkeit zu überwinden und stattdessen die Graubereiche zwischen diesen beiden Extrempolen zu beleuchten. Translation sei ein Phänomen „vielschichtiger Denkzusammenhänge", die nicht anhand binärer Kategorien wie „übersetzbar" und „unübersetzbar" charakterisiert werden könne (Grbić et al., 2020a, S. 11).

Die Frage der Übersetzbarkeit ist auch für die MÜ von Relevanz. Die Vorstellung, Übersetzen maschinell zu bewerkstelligen, legt ein positivistisches Weltbild nahe, in dem Phänomene eindeutig erkennbar und beschreibbar sind. Allein die Benennung dieser universellen Bedeutungskonzepte in der Form der Zuweisung von sprachlichen Zeichen ist der Beliebigkeit unterworfen. Folgt man diesem Gedanken, kann MÜ als Aufschlüsselung der Beziehung zwischen Zeichen und Inhalt verstanden werden. Die Funktionsweise von MÜ entspricht dem Gedanken der absoluten Übersetzbarkeit von Sprache. Auch der steigende Einsatz und die Popularität von MÜ spricht dafür, dass Nutzer:innen den Output dieser Technologie als Übersetzung wahrnehmen und als solche verwenden.

### 5.1.2 Translationswissenschaftliche Übersetzungskonzepte

Mit der Etablierung der TW als eigene wissenschaftliche Disziplin im Lauf der zweiten Hälfte des 20. Jahrhunderts gewann der Diskurs über diverse Übersetzungskonzepte stark an Dynamik. Dies zeigt sich auch an den diversen Anforderungen an Übersetzung, die noch unter einer stark normativ geprägten TW erhoben wurden. Newmark (1981) erstellte folgende Liste an teilweise weit auseinanderklaffenden und sich auch widersprechenden Forderungen an Translate, die inner- und außerhalb der Fachwelt kursierten:

1) A translation must give the words of the original.
2) A translation must give the ideas of the original.
3) A translation should read like an original.
4) A translation should read like a translation.
5) A translation should reflect the style of the original.
6) A translation should possess the style of a translation.
7) A translation should read as a contemporary of the original.
8) A translation should read as a contemporary of the translation.
9) A translation may add to or omit from the original.

## 5.1 Übersetzungswissenschaftliche Translationskonzepte

10) A translation may never add to or omit from the original.
11) A translation of verse should be in prose.
12) A translation of verse should be in verse. (Newmark, 1981, S. 38)

An diesen Forderungen lassen sich höchst unterschiedliche Auffassungen darüber ablesen, was ein Translat leisten soll. Der Auflistung ist somit eine große Bandbreite an Translationskonzepten zu entnehmen. Translationswissenschaftliche Beschreibungen des Übersetzungsbegriffs sind eng an die jeweilige Entwicklungsphase der Disziplin gebunden. Charakterisierungen des Übersetzens, die sprachwissenschaftlich geprägt sind, unterscheiden sich stark von solchen, die bspw. näher an den Kulturwissenschaften angesiedelt sind. Jedoch ist keine kontinuierliche Entwicklung im Sinne einer Evolution von Übersetzungskonzepten zu erkennen. Vielmehr verändert sich die Beschreibung des Übersetzungsbegriffs auch im Zusammenhang mit dem Import von Theorien und Methoden aus anderen Fachgebieten (Schäffner, 2004).

Übersetzungskonzepte werden somit stark vom jeweiligen translationswissenschaftlichen Ansatz (systemlinguistische, funktionale, kulturhistorische Ansätze, usw.) bestimmt. Eine Möglichkeit der Strukturierung kann aus der Chronologie von Übersetzungsdefinitionen abgeleitet werden. Da übersetzungswissenschaftliche Forschung lange Zeit als angewandte Sprachwissenschaft kategorisiert wurde, beginnt die folgende Besprechung mit systemlinguistischen Übersetzungsdefinitionen.

Im Zentrum linguistisch orientierter Übersetzungstheorien stehen vor allem sprach- und textbezogene Aspekte des Übersetzens. Als Beispiel hierfür dient Oettingers (1960) Definition des Translationsbegriffs:

> Translating may be defined as the process of transforming signs or representations into other signs and representations. If the originals have some significance, we generally require that their images also have the same significance, or more realistically, as nearly the same significance as we can get. Keeping significance invariant is the central problem in translating between natural languages. (Oettinger, 1960, S. 104)

Im Rahmen der Definition Oettingers kann davon ausgegangen werden, dass mit „same significance" das Konzept der Bedeutungsgleichheit gemeint ist. Oettinger (ibid., S. 110) ergänzt: „Interlingual translation can be defined as the replacement of elements of one language, the domain of translation, by equivalent elements of another language." Oettingers Übersetzungsdefinition ist ein Paradebeispiel für ein Translationskonzept, das auf der Idee des Umcodierens beruht. Übersetzen wird gleichgesetzt mit der Umwandlung und Ersetzung von Zeichen in einer

Sprache durch Zeichen in einer anderen. Nicht umsonst erscheint diese Definition in seinem Buch *Automatic Language Translation* (Oettinger 1960) und steht für den Optimismus der 1950er und 1960er Jahre, schon in absehbarer Zeit den Durchbruch in der MÜ zu erzielen. Die Vorstellung von Übersetzen als Umcodierung zeugt von einem engen konzeptionellen Zugang. So fehlt die Bezugnahme auf kommunikative und pragmatische Faktoren, die erst später an Bedeutung gewinnen sollten.

Die frühe translationswissenschaftliche Forschung gab sich jedoch einstweilen mit einer Erweiterung der Übersetzungseinheit zufrieden. So sprach beispielsweise Catford (1965, S. 1) von Übersetzen als Prozess, der den ganzen Text betrifft: „Translation is an operation performed on languages: a process of substituting a text in one language for a text in another." Er fügt hinzu: „Translation may be defined as follows: the replacement of textual material in one language (SL) by equivalent textual material in another language (TL)" (ibid., S. 20).

Auf den ersten Blick unterscheidet sich Catfords Übersetzungsverständnis nicht fundamental von Oettingers, da auch hier das Äquivalenzprinzip zur Anwendung kommt. Der Fokus auf den Text, der in seiner Gesamtheit übersetzt wird, stellt im Vergleich zu Oettinger jedoch sehr wohl eine Erweiterung des Übersetzungsbegriffs dar. Wenn nicht nur einzelne Zeichen gegen möglichst sinngleiche Pendants ausgetauscht werden sollen, sondern der Text in seiner Gesamtheit übersetzt wird, bringt dies auch eine Komplexitätssteigerung in Bezug auf den Vorgang des Übersetzens mit sich, da wesentlich mehr Faktoren berücksichtigt werden müssen. Die einzelnen Elemente des Textes werden nicht als isoliert voneinander wahrgenommen, sondern stehen in Verbindung zueinander. Koller (2011) kommentiert Catfords (1965) Definition folgendermaßen: „Es werden nicht Wörter übersetzt, sondern Texte, und Übersetzbarkeit ist nicht auf der Ebene der Wörter, sondern des Textes herstellbar" (Koller, 2011, S. 87). Die Erweiterung der Übersetzungseinheit auf den Text bringt somit doch eine wesentliche Veränderung für die Tätigkeit des Übersetzens mit sich. Folgt man Catfords (1965) Beschreibung, findet Übersetzen anstatt auf der Ebene des Sprachsystems (*langue*) auf der Ebene des konkreten Text- und Kommunikationszusammenhangs (*parole*) statt. Allerdings thematisiert Catford die kommunikative Dimension des Übersetzens nicht weiter.

Im zeitlichen Verlauf erweiterten Translationswissenschaftler:innen den Translationsbegriff schrittweise. So auch Nida und Taber (1969) in ihrer häufig angeführten Übersetzungsdefinition: „Translating consists in reproducing in the receptor language the closest natural equivalent of the source-language message, first in terms of meaning and secondly in terms of style" (Nida, & Taber, 1969,

S. 12). Eine Übersetzung weist laut dieser Aussage eine zweifache Gerichtetheit auf. Einerseits gilt es, sich am Ausgangstext zu orientieren, um in erster Linie den Inhalt und in zweiter den Stil zu erhalten. Andererseits muss auch die Sprache des Zielpublikums berücksichtigt werden und zwar durch die Wahl „natürlicher" Ausdrücke in der Zielsprache. Nida und Taber mengen den Anforderungen an eine Übersetzung einen gewissen Grad an Pragmatismus bei. So findet sich darin nicht mehr der Wunsch nach absoluter Bedeutungsäquivalenz und Sinnkonstanz. Inhalt und Stil des Originals sollen weitestgehend erhalten bleiben („closest natural equivalent"). Im Vergleich zu klassischen sprachwissenschaftlichen Definitionen, wie jener Oettingers, haben Übersetzer:innen hier zumindest geringfügig mehr Spielraum.

Knapp ein Jahrzehnt später lieferte Wilss (1977) eine Definition, die den damals gängigen Übersetzungskonzepten weitere Aspekte hinzufügte und somit Übersetzen im Vergleich zu rein äquivalenzorientierten Ansätzen auch als kommunikative Tätigkeit darstellte:

> Übersetzen ist demnach ein in sich gegliederter Vorgang, der zwei Hauptphasen umfasst, eine Verstehensphase, in der der Übersetzer den ausgangssprachlichen Text auf seine Sinn- und Stilintention hin analysiert, und eine sprachliche Rekonstruktionsphase, in der der Übersetzer den inhaltlich und stilistisch analysierten ausgangssprachlichen Text unter optimaler Berücksichtigung kommunikativer Äquivalenzgesichtspunkte reproduziert. (Wilss, 1977, S. 72).

Wilss benennt und beschreibt zwei Phasen des Übersetzens. Es wird zugestanden, dass Übersetzen auch ein hermeneutischer Vorgang ist, da es zunächst das Verstehen und Analysieren des Ausgangstextes erfordert. In der anschließenden Rekonstruktionsphase sollen nicht nur Inhalt und Stil erhalten bleiben, sondern auch „kommunikative Äquivalenzgesichtspunkte" berücksichtigt werden. Wilss gibt das Äquivalenzprinzip somit nicht ganz auf und betont gleichzeitig den kommunikativen Aspekt des Übersetzens.

Wilss' (1977) Definition zeugt von einem Wandel im translationswissenschaftlichen Übersetzungsverständnis, der in den 1970er Jahren einzusetzen begann. Wenn Übersetzen ein Prozess des Verstehens und Reverbalisierens ist und kein Austauschen von sinngleichen Zeichen, entsteht ein wesentlich komplexeres Bild dieser Tätigkeit.

Dass sich systemlinguistische Übersetzungstheorien gut mit der Idee einer maschinellen Bewerkstelligung von Übersetzen in Einklang bringen lassen, wurde bereits in Abschnitt 3.1.2 besprochen. An dieser Stelle ist jedoch bereits zu erkennen, dass mit steigender Komplexität der Translationskonzepte die Vereinbarkeit mit dem Grundgedanken von MÜ abnimmt. Dies wird unter anderem ersichtlich, je stärker Kommunikation als übersetzungsrelevanter Faktor zum Tragen kommt, da dieser Aspekt in der Literatur zu MÜ kaum Beachtung findet. Der kommunikative Aspekt des Übersetzens wurde ab den 1970er Jahren auch in translationswissenschaftlichen Definitionen immer stärker betont. So auch bei Jäger (1975), wenn er schreibt: „Das Wesen der Translation besteht darin, die Kommunikation zu sichern [...]. Das Wesen der Translation – wie der Kommunikation überhaupt – liegt somit im Extralinguistischen" (Jäger, 1975, S. 36). Hier ist nicht nur der Fokus auf das Schlagwort Kommunikation von Interesse, sondern auch der Umstand, dass Jäger – als Vertreter der Leipziger Schule – häufig mit dem Konzept der Umkodierung assoziiert wird, was einem mechanistischen Translationsverständnis entspricht. Nichtsdestotrotz verortet Jäger Übersetzen als Tätigkeit (zumindest auch) im außersprachlichen Bereich, der von Maschinen schwerer erschlossen werden kann als von Menschen.

An Jägers (1975) Aussagen zum Wesen des Übersetzens ist somit eine Verschiebung hin zu dessen kommunikativen Charakter zu erkennen. Hönig und Kußmaul knüpften an dieser Auslegung des Übersetzungsbegriffs an und beschrieben Translator:innen als aktive Mitgestalter:innen des transkulturellen Kommunikationsprozesses, die „handeln und verwandeln" (Hönig, & Kußmaul, 1984, S. 40). Ihre Aufgabe sei es, den soziokulturellen Hintergrund der Zielleser:innenschaft zu berücksichtigen. Hierfür entwickelten sie ein Richtmaß – genannt „Grad der notwendigen Differenzierung" (ibid., S. 53). Dieser Grad stellt eine Entscheidungsgrundlage für die Anpassung des Zieltextes an den Wissens- und Erfahrungshintergrund des Zielpublikums dar. Der definitive Bruch mit äquivalenzorientierten und sprachkontrastiven Definitionen erfolgte schließlich in den 1980er Jahren. So bezeichnete Snell-Hornby (1986, S. 13) Äquivalenz überhaupt als „Illusion". Gleichzeitig versucht sie einen alternativen Zugang zu finden und beschreibt Übersetzen mit Hilfe der „scenes-and-frames semantics". Dabei dienen Texte (wie der Ausgangstext und dessen Übersetzung) mit ihren sprachlichen Komponenten als Rahmen („frame"), die bei den Leser:innen „scenes" (bestimmte Vorstellungen) entstehen lassen (Vannerem, & Snell-Hornby, 1986, S. 189). Es liegt an den Übersetzer:innen, jene zielsprachlichen „frames" zu verwenden, die bei der Leser:innenschaft des Zieltextes die gewünschten „scenes" hervorrufen: „[...] zu diesem Zweck hat er [der Übersetzer] laufend Entscheidungen zu treffen, wobei er auf seine Beherrschung der ZS angewiesen ist" (ibid., S. 191).

Ähnlich wie bei Wilss (1977) beschreiben Vannerem und Snell-Hornby (1986) das Vorgehen beim Übersetzen als zweiphasigen Prozess. Zunächst wird das sprachliche Ausgangsmaterial („frames") analysiert, um zu bestimmen, welche scenes dieses bei den AT-Leser:innen hervorruft. In der Produktionsphase müssen jene zielsprachlichen „frames" gefunden werden, welche die adäquaten „scenes" entstehen lassen. Im Vergleich zu sprachkontrastiven und äquivalenzorientierten Ansätzen wird Übersetzen unter Miteinbeziehung der „scenes-and-frames semantics" somit als hermeneutischer Akt beschrieben, denn die Antizipation der „scenes" aus dem Ausgangstext erfordert Interpretations- und Vorstellungsvermögen sowie Kenntnis der Ausgangskultur aufseiten der Übersetzer:innen. Um die gewünschten „scenes" auch beim Zielpublikum hervorzurufen, braucht es neben dem erforderlichen linguistischen Repertoire in der Zielsprache auch ein ausreichendes Ausmaß an sprachlicher Kreativität. Hingegen wird nicht näher erläutert, inwiefern die AT- und ZT-„scenes" miteinander korrespondieren bzw. was mit adäquaten „scenes" für das ZT-Publikum gemeint ist. Ohne dass Vannerem und Snell-Hornby (1986) es erwähnen, kann wohl davon ausgegangen werden, dass es um die Entstehung ähnlicher mentaler Bilder bei den Zielleser:innen geht. Um dem Äquivalenzprinzip jedoch keine Hintertür offen zu lassen, wird die Erwähnung einer direkten Korrespondenz zwischen AT- und ZT-„scenes" vermieden. Die Entscheidung darüber, welche „scenes" letztendlich bei den Leser:innen entstehen sollen, wird ganz den Übersetzer:innen zugestanden, was eine Stärkung ihrer Position darstellt.

Unter den funktionalen Ansätzen wurde Übersetzen als kreative sowie zielgerichtete Tätigkeit beschrieben. Ab den 1980er Jahren entstanden unter diesem neuen Paradigma auch neue Übersetzungskonzepte. Als eine der bekanntesten Vertreter:innen funktionaler Translationstheorien gilt Justa Holz-Mänttäri, die den Begriff des *Translatorischen Handelns* (1984a) prägte:

> „Translatorisches Handeln" heißt also weder Wörter noch Sätze, noch einfach Texte übersetzen, es heißt in jedem Fall: zwecks Steuerung intendierter Kooperation über Kulturbarrieren hinweg funktionsgerechte Kommunikation ermöglichen. (Holz-Mänttäri, 1984a, S. 7 f.)

Das Konzept des Translatorischen Handelns beschreibt ein breit angelegtes Übersetzungsverständnis. So erfordert Translatorisches Handeln kein „Objekt" im Sinne eines Ausgangstextes, der übersetzt wird. Vielmehr beschreibt dieser Begriff einen Prozess, der sich vor allem im außersprachlichen Bereich manifestiert und Kooperation über „funktionsgerechte Kommunikation" zwischen den Beteiligten zum Ziel hat. Holz-Mänttäri beschreibt Translatorisches Handeln als zielgerichtete zwischenmenschliche Interaktion, die vor allem am gewünschten Endergebnis der Kooperation ausgerichtet ist. Sie präzisiert ihren Translationsbegriff weiter:

Translation sei ein mit Expertenfunktion auf Produktion gerichtetes Handlungsgefüge in einem komplexen und hierarchisch organisierten Gefüge verschiedenartiger Handlungen; konstituierende Merkmale seien analytisches, synthetisches, evaluatives und kreatives Handeln unter den Aspekten verschiedener Kulturen und gerichtet auf die Überwindung von Distanzen [...]. (Holz-Mänttäri, 1984a, S. 87)

Holz-Mänttäri beschreibt Translation als komplexe Expert:innentätigkeit. Die Sprachebene an sich kommt in ihrer Definition gar nicht vor. Stattdessen wird Übersetzen als kulturelle Praxis dargestellt, die in ein Gefüge sozialer Handlungen eingebettet ist. Zwar kann ein Zieltext als Produkt des translatorischen Handelns hervorgehen – die erbrachte Leistung kann jedoch auch eine ganz andere Form annehmen. Letztendlich ist das Handeln eines Translators bzw. einer Translatorin auf die Überwindung von Distanzen ausgerichtet, was zwar eine sehr abstrakte Beschreibung darstellt, jedoch gleichzeitig eine breite Auslegung der Rolle von Übersetzer:innen zulässt. Viel essenzieller als der Umgang mit der Ausgangs- und Zielsprache ist nach Holz-Mänttäri somit das Verhalten der Translator:innen innerhalb des Handlungsgefüges, um am Ende Kommunikation und Kooperation über Kulturbarrieren hinweg zu ermöglichen. Holz-Mänttäris Translationskonzept erweist sich somit als offen und flexibel, wodurch eine große Bandbreite an übersetzerischen Tätigkeitsbereichen erfasst wird.

Parallel zu Holz-Mänttäri erarbeiteten Katharina Reiß und Hans Vermeer (1984) deren eigenes funktionales Übersetzungskonzept, das ebenfalls die Zielgerichtetheit von Translation ins Zentrum stellte. In ihrem gemeinsamen Werk „Grundlegung einer allgemeinen Translationstheorie" (Reiß, & Vermeer, 1984) gehen sie zunächst davon aus, dass jedes Handeln – und somit auch translatorisches Handeln – einem Zweck folgt. Dieser sei der bestimmende Faktor beim Übersetzen: „Die Dominante aller Translation ist deren Zweck" (ibid., S. 96). Als klingende Bezeichnung für die Zielvorgabe eines Translationsvorganges wählten Reiß und Vermeer den griechischen Terminus *Skopos*, dem alle weiteren translatorischen Handlungen untergeordnet werden: „Für Translation gilt: Der Zweck heiligt die Mittel" (ibid., S. 101).

Nicht der Ausgangstext und dessen Äquivalenzbeziehung zum Zieltext stehen im Fokus des Interesses, sondern die Erfüllung eines bestimmten Ziels über das Vehikel des Zieltextes. Diese Aufmerksamkeitsverschiebung weg vom Ausgangstext hin zum Zieltext hat auch Folgen für das Übersetzungsverständnis. Korrespondenzen zwischen AT- und ZT-Segmenten rücken in den Hintergrund, während Handlungen der Translator:innen zur Erfüllung einer Zielvorgabe zum bestimmenden Element werden. Reiß und Vermeers „Skopostheorie" ist für Prunč (2002) daher „die konsequenteste Ausformung der Finalitätskonzeption

## 5.1 Übersetzungswissenschaftliche Translationskonzepte

von Translation" (Prunč, 2002, S. 162). Das Finalitätsprinzip steht an der Spitze weiterer Anforderungen an den Translationsprozess, die Reiß und Vermeer in der zweiten Ausgabe ihres Werks (1991) folgendermaßen zusammenfassen:

1) Ein Translat ist skoposbedingt.
2) Ein Translat ist ein Informationsangebot in einer Zielkultur und -sprache über ein Informationsangebot in einer Ausgangskultur und -sprache.
3) Ein Translat bildet ein Informationsangebot nichtumkehrbar eindeutig ab.
4) Ein Translat muss in sich kohärent sein.
5) Ein Translat muss mit dem Ausgangstext kohärent sein.
6) Die angeführten Regeln sind untereinander in der angegebenen Reihenfolge hierarchisch geordnet (verkettet). (Reiß, & Vermeer, 1991, S. 119)

Sowohl Ausgangstext als auch Translat sind somit lediglich „Informationsangebote" in der jeweiligen Sprache und Kultur. Wie auch bei Holz-Mänttäris (1984a) Begriff des Translatorischen Handelns bringt auch die Skopostheorie einen Statusverlust für den AT mit sich. Vermeer (1986, S. 42) bezeichnet ihn als „entthront". Auf die direkte Verbindung zwischen Ausgangs- und Zieltext wird in der oben dargestellten Auflistung erst an fünfter Stelle eingegangen. Was mit der Kohärenz zwischen AT und ZT konkret gemeint ist, wird jedoch offengelassen, womit diese Aussage sehr dehnbar erscheint. Wenn es der Auftrag verlangt, könnte auch sprachliche Äquivalenz auf der Langue-Ebene eine mögliche Forderung an den Zieltext darstellen (bspw. im Fall einer linguistischen Untersuchung). Inwiefern wie auch immer ausgelegte Formen von Äquivalenz eine Rolle bei der Erstellung des ZT spielen, hängt jedoch in jedem Fall vom Zweck des Translats ab. Eine höhere Priorität als die Kohärenz zwischen AT und ZT hat jedoch die interne Kohärenz des ZT. Die Beschaffenheit des Zieltextes und vor allem dessen interne Logik hat somit höhere Priorität als die Relation zwischen Ausgangs- und Zieltext.

Sowohl Holz-Mänttäris Theorie vom Translatorischen Handeln als auch Reiß' und Vermeers Skopostheorie sind Translationskonzepte, die nur sehr schwer mit dem Grundprinzip vollautomatisierter MÜ vereinbar scheint. Anders verhielt es sich unter dem Paradigma der Äquivalenz- und Linguistikorientierten Ansätze. Eine rein maschinelle Bewerkstelligung des Übersetzungsprozesses ist jedoch schwieriger mit der Vorstellung von Übersetzen als Expert:innenhandlung in Einklang zu bringen, die von unterschiedlichen Entscheidungen und Aushandlungen innerhalb eines sozialen Gefüges geprägt ist. Wird davon ausgegangen, dass im Rahmen eines Übersetzungsauftrags unterschiedlichste Erwartungen, Normen und

Konventionen in Bezug auf die unterschiedlichen Stakeholder:innen[1] berücksichtigt werden müssen, wird deutlich, dass es hierfür intentional handelnde Akteur:innen im Zentrum des Geschehens braucht.

Funktionale Ansätze wie die Theorie des Translatorischen Handelns und die Skopostheorie stellen die handelnden Personen, allen voran die Translator:innen, in den Mittelpunkt und machen den Erfolg eines Translats von deren Kompetenzen, Kreativität sowie von deren kritischer und selbstbewusster Haltung abhängig. Rückbezüglich lesen sich die beiden Theorien somit wie ein Plädoyer für die gesellschaftliche Relevanz von Humantranslator:innen.

Zeitgleich zu funktionalen Übersetzungstheorien entwickelten sich mit den „Descriptive Translation Studies" (DTS) Ansätze, die den Fokus auf das bis dahin vernachlässigte Übersetzen literarischer Texte legten. Aus diesem Ansatz sollte sich später die „Manipulation School" entwickeln. Als einer ihrer Hauptvertreter gilt Theo Hermans – Herausgeber des Sammelbands „The Manipulation of Literature" (1985). In der Einleitung zum Werk heißt es: „From the view of the target literature, all translation implies a certain degree of manipulation of the source text for a certain purpose" (Hermans, 1985, S. 11). Die Assoziation zwischen (literarischem) Übersetzen und Manipulation offenbart eine literatur- und kulturwissenschaftliche Perspektive auf Translation. Anstatt Übersetzen als sprachwissenschaftliches Phänomen zu begreifen, wird es zur transdisziplinären Querschnittsmaterie. Als weiterer zentraler Vertreter der DTS spricht Toury (1995) davon, dass es nicht die Aufgabe der TW sei, Übersetzungskonzepte zu entwerfen, sondern zu untersuchen, was unter Translation in verschiedenen Kulturen und zu unterschiedlichen Zeitpunkten verstanden wird (die DTS wird ausführlicher in Abschnitt 3.2.2 besprochen). Dementsprechend kann auch das Vorhaben, Translationskonzepte in der CL zu untersuchen, als Beispiel für eine Studie im Sinne der DTS bezeichnet werden.

Weitere Beispiele für philosophische oder kulturwissenschaftliche Sichtweisen auf Translation sind Übersetzen als „Einverleibung" (Campos, 1981), als „Rewriting" (Lefevere, 1982) oder als „Dekonstruktion" (Arrojo, 1995). Diese Translationskonzepte legen den Fokus auf Übersetzen als literaturpolitisches Phänomen und sind Zeugen der inhaltlichen Verbreiterung der TW, die im zeitlichen Verlauf auch immer mehr Theorien anderer Fachrichtungen in den

---

[1] Holz-Mänttäri (1984, S. 105 ff.) beschreibt beispielsweise die folgenden Rollen: Bedarfsträger:in, Besteller:in, AT-Texter:in, Translator:in, Zieltext-Applikator:in, Zieltext-Rezipient:in.

disziplininternen Diskurs integrierte. Vor allem kulturwissenschaftliche Übersetzungskonzepte bieten jedoch wenig inhaltliche Schnittmengen mit MÜ (siehe auch Abschnitt 3.2.3).

Die hier besprochenen Vorstellungen von Translation stellen lediglich eine kleine Auswahl eines insgesamt großen Spektrums an Übersetzungskonzepten innerhalb der TW dar. Nicht eingegangen wurde unter anderem auf feministische, postkoloniale, kognitionswissenschaftliche oder soziologische Sichtweisen auf Übersetzen. Stattdessen wurden zunächst Übersetzungskonzepte vorgestellt, die noch eine gewisse Nähe zur Vorstellung von MÜ aufweisen. Anschließend wurde anhand von Beispielen aus den funktionalen und deskriptiven Ansätzen nachgezeichnet, wie sich die Übersetzungskonzepte der TW scheinbar sukzessive vom Bild eines mechanischen Vorgangs entfernten. Jedoch gibt es nicht nur konkret ausformulierte Beschreibungen, was unter *Übersetzen* bzw. *Translation* verstanden werden kann. Translation wird vor allem außerhalb der TW häufig als Metapher verwendet.

## 5.2 Translation als Metapher

Translation wird nicht ausschließlich im Sinne von *translation proper* (Jakobson, 1959) bzw. interlingualer Übersetzung verstanden. Translation kann auch generell als Kommunikationshandlung zwischen unterschiedlichen kulturellen Gruppen oder noch allgemeiner als jegliche Übertragung begrifflicher oder gedanklicher Konzepte verstanden werden. Als Beispiel hierfür dient der Begriff der *kulturellen Übersetzung*.

Die prominenteste Beschreibung von kultureller Übersetzung stammt vom indischen Kulturtheoretiker Homi K. Bhabha (1994/2004). Im Zentrum seiner Auslegung des Begriffs stehen Probleme postkolonialer Migration und beispielsweise die Entscheidung, zwischen dem Beibehalten der eigenen kulturellen Identität und der Annahme von Werten der Aufnahmegesellschaft. Bhabha beschreibt auch die Möglichkeit kultureller Hybridität, welche den Mittelweg zwischen diesen Positionen darstellt.

Pym (2010) erkennt in diesem Konzept die bekannte translationswissenschaftliche Dichotomie zwischen der Beibehaltung der Form und des Inhalts des Ausgangstextes und der Anpassung an (literarische) Normen und Vorstellungen aus der Zielkultur. Bbabha (1994/2004) versucht, die Vorstellung von kultureller Übersetzung im weiteren Verlauf mit dem Begriff „Hybridität" zu erklären: „[…] the process of cultural translation, showing up the hybridity of any genealogical or systematic filiation" (ibid., S. 83). Kulturelle Hybridität entsteht laut Bhabha dann, wenn Menschen Sprach- und Kulturgrenzen überschreiten und anschließend ihr eigenes Verhalten sowie ihre Vorstellungen in die neue Kultur übersetzen bzw. versuchen, die fremde Kultur für sich selbst verstehbar und begreifbar zu machen. Sturge (2009) interpretiert Bhabha (1994/2004) folgendermaßen:

> In this case, "translation" is not meant as interlingual transfer but metaphorically, as the alteration of colonizing discourses by the discourses of the colonized and vice versa. For Bhabha, the resulting "hybridity" in language and cultural identity means culture is both "transnational" and "translational" [...]. In this view, translation is not an interchange between discrete wholes but a process of mixing and mutual contamination, and not a movement from "source" to "target" but located in a "third space" beyond both. (Sturge, 2009, S. 69)

Diese Sichtweise ermöglicht es, Translation nicht nur als Austausch eines Textes durch einen anderen zu verstehen, sondern als Prozess, bei dem eine dritte Sphäre entsteht, die zwischen zwei bereits bestehenden Entitäten verortet ist. Translation kann in diesem Sinne auch als Vorgang der kulturellen Anreicherung beschrieben werden, in deren Rahmen ein „dritter Raum" entsteht, der Werte und Perspektiven beherbergt, die vor dem Translationsvorgang noch nicht existierten. Eine Ausweitung des Translationsbegriffs, wie sie auch bei Bhabha zu finden ist, bringt jedoch auch Schwierigkeiten mit sich. Dizdar (2009) warnt davor, dass eine metaphorische Verwendung des Begriffs zu einer Aushöhlung ursprünglicher Übersetzungskonzepte führen könnte:

> If everything becomes translation, it will become increasingly difficult to justify a non-arbitrary use of the word for processes and instances of understanding and interpretation; for cultural, textual, psychological, bodily and artistic transformation; for ways of relating to the Other; for migration and travel; for communication and language in general. (Dizdar, 2009, S. 90)

Wenn Phänomene als Translation bezeichnet werden, die kaum Überschneidung mit translation proper aufweisen, läuft der Translationsbegriff laut Zwischenberger (2017) im Extremfall Gefahr, auszufransen und an terminologischer Schärfe einzubüßen. Pym (2010) hingegen spricht sich für eine metaphorische Ausweitung des Begriffs aus, die unter anderem im Konzept der kulturellen Übersetzung vorliegt:

> It would be dangerous, though, to defend any original or true sense of the word "translation". Is there anything wrong with metaphors? Is there anything new in their workings? After all, metaphors always map one area of experience on to another, and when you think about it the words for the activities of translators ("translation",

## 5.2 Translation als Metapher

> "Übersetzen", etc.) are no less metaphorical, since they propose images of movement across space [...]. Perhaps the problem is that they have become dead metaphors, images that we somehow accept as self-evident truths. The more conscious metaphors of "cultural translation" may thus help us think more critically about all kinds of translation. (Pym, 2010, S. 154)

Eine metaphorische Verwendung des Übersetzungsbegriffs muss somit per se noch kein Problem darstellen. Umgekehrt kann aber ebenso eine Ausweitung des Translationsbegriffs auf Bedeutungen außerhalb der klassischen interlingualen Übersetzung hinterfragt werden. Laut Schmid (2017) besteht der Mehrwert einer Ausdehnung u. a. darin, Phänomene translationswissenschaftlich erfassen zu können, die traditionell außerhalb oder am Rande des Objektbereichs der Disziplin anzusiedeln wären. Dies trifft beispielsweise auf den Fall von Übersetzungen in *Leichte Sprache* zu.

Die Ausdehnung des Übersetzungsbegriffs führt jedoch nicht unbedingt zu einem gesteigerten Interesse an translationswissenschaftlichen Theorien. Ebenfalls bleibt unklar, ob die Einführung des Begriffs kulturelle Übersetzung eine neue eigenständige Begriffskategorie darstellt, und somit von translation proper abzugrenzen ist, oder der Begriff vielmehr alte Differenzierungen aufweicht. Laut Schreiber (2017) kann kulturelle Übersetzung als Konzept unterschiedliche Formen annehmen. Er unterscheidet vier Stufen:

1. Kulturelle Übersetzung als punktuelles Übersetzungsverfahren,
2. Kulturelle Übersetzung als globale Übersetzungsmethode,
3. Formen der Inter-/Transkulturalität als kulturelle Übersetzung,
4. Kultur(en) als Übersetzung (Schreiber, 2017, S. 53)

Die ersten beiden Kategorien beziehen sich auf translation proper. Bei Stufe 1 geht es lediglich um Anpassungen einzelner Elemente der Übersetzung an die Zielkultur. Stufe 2 impliziert eine Metastrategie, welche die Übersetzung des Textes in seiner Gesamtheit betrifft und auch größere Anpassungen an kulturelle Unterschiede miteinschließt. Kategorien 3 und 4 sind als metaphorische Verwendung des Übersetzungsbegriffs einzuordnen. Stufe 3 kann beispielsweise einen Vorgang beschreiben, in dem Elemente einer fremden Kultur dem eigenen Publikum erklärt werden. Hierbei geht es um keine sprachliche Übertragung. Als Beispiel nennt Schreiber (2017) Alexander von Humboldts (1859/2015) Schriften über seine Expeditionen nach Lateinamerika. Stufe 4 stellt die weitreichendste Interpretation des Begriffs kulturelle Übersetzung dar. Hier werden Kulturen selbst aufgrund ihrer Hybridität als Übersetzungen verstanden. Dies wird besonders im Fall von postkolonialen Kulturen ersichtlich. Wolf (2002) erklärt dieses Konzept folgendermaßen:

> The concept of culture as translation thus projects culture as the site of interaction of the components of translational processes and as the space where translation is conceived as the reciprocal interpretation of Self and Other. When this perspective is adopted it becomes clear that postcolonial communities such as the 'mixed cultures' and syncretic societies of Latin America are dependent on translation not only in terms of texts but also in terms of intracultural traditions, cultural practices and conventions. (Wolf, 2002, S. 186)

Für Schreiber (2017) stellt sich zwar die Frage, wie Kategorien 3 und 4 mit translationswissenschaftlichen Konzepten in Vereinbarung gebracht werden können, jedoch würden sie sich unter bestimmten Umständen sehr wohl als produktiv erweisen. In jedem Fall dienen metaphorische Verwendungen des Begriffs kulturelle Übersetzung als Anknüpfungspunkt zwischen TW und explorativen Vorgehensweisen in den Kulturwissenschaften.

Die Entstehung des Begriffs kulturelle Übersetzung nahm ihren Ausgang in einem gesteigerten Interesse der Kultur- und Sozialwissenschaften am Begriff Translation. Auch die unter Abschnitt 4.3.1 beschriebene „Akteur-Netzwerk-Theorie" ist ein Beispiel für dessen Popularität. So firmierte die ANT auch unter der Bezeichnung „Sociology of Translation" bzw. „Translation Sociology" (Crawford, 2005). Translation bezieht sich in diesem Fall auf Verschiebungen von wissenschaftlichen Erkenntnissen durch mehrere Ebenen hinweg; von Untersuchungen im Forschungsfeld bis hin zur Publikation in einer Fachzeitschrift.

Die metaphorische Verwendung des Translationsbegriffs hat mittlerweile in zahlreiche Fachbereiche Eingang gefunden. Für Guldin (2016) steht Translation als Metapher für

> [...] all kinds of processes of transformation, rewriting, encoding and decoding as well as for cross-disciplinary exchanges within humanities and between the humanities and the natural sciences. (Guldin, 2016, S. 69)

Als Beispiel nennt Guldin (ibid., S. 78) u. a. das Gebiet der Psychoanalyse, wo die Deutung von Symptomen oder Träumen u. a. als Translation bezeichnet wird. Psychoanalytiker wie Freud (1900/2011) meinten damit den Prozess der Interpretation des Gegenübers, der weder statisch sei noch auf stabilen Bedeutungen basiere. Vielmehr beinhalte Translation in der Psychoanalyse die Auslegung psychischer Zustände im speziellen Kontext des jeweiligen Patienten oder der Patientin.

Die Verwendung von Translation in der Psychoanalyse illustriert den Status des Begriffs als „travelling concept". Der Begriff erfreut sich auch außerhalb der TW steigender Beliebtheit und dient immer öfter der Strukturierung von Diskursen (Zwischenberger, 2017). Die Funktion von „travelling concepts" zeigt sich auch am Import von Begriffen in die Translationswissenschaft. So integrierte die Disziplin zahlreiche Begriffe und Methoden aus anderen Fachbereichen, wodurch sie nicht nur in ihrer Terminologie, sondern vor allem auch konzeptuell angereichert wurde. „Travelling concepts" können Disziplinen in eine bestimmte Richtung lenken und selbst Paradigmenwechsel einläuten. Sie verfügen über das Potenzial, den Diskurs innerhalb eines Forschungsbereichs mitzuprägen (ibid., S. 390).

Der Export und Import von Konzepten aus anderen Disziplinen kann jedoch auch Probleme in sich bergen. Verlässt ein Konzept die Heimatdisziplin und wird Teil einer anderen, läuft es Gefahr, dass dessen Bedeutung aufgeweicht wird:

> The most obvious risks include the danger of oversimplification and loss of terminological precision, theoretical consistency, analytical insight, and epistemological and heuristic power. When concepts travel they may also become mere commonplaces or metaphors, which can result in the dissolution of a concept as a whole. (Nünning, 2014, S. 41)

Genau dieses Problem scheint bei Translation als „travelling concept" zu bestehen. So wird Translation außerhalb der TW häufig als Metapher für Veränderung, Übergang oder Hybridität verstanden. Das Interesse am Translationsbegriff und an den damit verbundenen Metaphern gipfelte schließlich in der Ausrufung des „translational turn" durch prominente Vertreter:innen in den Kulturwissenschaften, wie beispielsweise Bachmann-Medick (2007; 2008). Sie definiert den „translational turn" folgendermaßen:

> [The translational turn] is born specifically out of the translation category's migration from translation studies into other disciplinary discursive fields in the humanities. This is the basis of the view from outside translation studies that attempts to develop the translation category into a more general translational category of investigation and to apply it concretely in more comprehensive cultural analyses. (Bachmann-Medick, 2009, S. 3)

Bachmann-Medick geht nicht weiter auf die Diskussion verschiedener Auslegungen des Translationsbegriffs innerhalb der TW ein. Losgelöst vom translationswissenschaftlichen Diskurs beschreibt sie Translation als das Übersetzen von Theorien und Perspektiven zwischen unterschiedlichen Disziplinen. Translation wird als Austausch von Konzepten zur gegenseitigen Bereicherung verstanden (Bachmann-Medick, 2007). Ein Translationsbegriff in diesem Sinne ist entkoppelt vom zentralen Forschungsgegenstand der TW. Der von Bachmann-Medick (2007) beschriebene „translational turn" stützt sich somit auf das Konzept kultureller Übersetzung, in der Translation vor allem als Metapher für den Transfer u. a. von Ideen und Werten dient.

Hier manifestiert sich die vorhin angeführte Kritik Nünnings (2014, S. 41), wonach „travelling concepts" im Laufe ihrer Reise in unterschiedliche Disziplinen an terminologischer Präzision verlieren und sich am Ende von ihrer ursprünglichen Bedeutung entfernen. Das begriffliche Konzept wird den jeweiligen Bedürfnissen angepasst und kann am Ende eine Bedeutung annehmen, die sich in wesentlichen Aspekten von der ursprünglichen unterscheidet. Dies muss per se noch kein Problem darstellen, trägt das Ausleihen und auch die Anpassung theoretischer Konzepte zur Weiterentwicklung von wissenschaftlichen Diskursen bei.

Ein Problem entsteht jedoch, wenn die konzeptuelle Einbettung des Begriffs innerhalb der Heimatdisziplin weitestgehend außer Acht gelassen oder falsch interpretiert wird. So hatten Kulturwissenschaftler:innen wie Boris Buden (2008) auch deswegen wenig Scheu davor, eine alternative, metaphorische Interpretation des Translationsbegriffs zu entwickeln, weil sie von einer überholten Definition in der TW ausgingen. So schrieb Buden (2008) zum Übersetzungsbegriff in der TW:

> Die traditionelle Theorie der Übersetzung versteht sie als ein binäres Phänomen: Es gibt immer zwei Elemente eines Übersetzungsprozesses, einen originalen Text in einer Sprache und seine sekundäre Produktion in einer anderen Sprache. Es ist daher ihre Beziehung zum Original, die jede Übersetzung entscheidend bestimmt. (Buden, 2008, 16 f.)

Die Beschreibung von Übersetzen als binäres Phänomen, das vor allem durch die Beziehung zwischen dem Original und dem Translat bestimmt wird, stand auch bereits 2008 in der TW für keine zeitgemäße Deutung des Übersetzungsbegriffs. Ähnlich wie bei Bachmann-Medick (2007) lässt auch Budens (2008) Aussage ein mangelndes Bewusstsein darüber vermuten, wie sich die zentralen Diskurse innerhalb der TW entwickelt haben.

An dieser Stelle muss zugestanden werden, dass die TW über kein Monopol auf Translation als begriffliches Konzept verfügt. Zwischenberger (2017) weist jedoch darauf hin, dass die Disziplin über eine reichhaltige Expertise darüber verfügt, welche Formen Translation als Kulturtechnik, Expert:innentätigkeit und Prozess annehmen kann. Vertreter:innen der Kulturwissenschaften sollten sich laut Zwischenberger (ibid.) daher stärker auf aktuelle translationswissenschaftliche Beiträge stützen, wenn sie Translation als begriffliches Konzept verwenden:

> It should thus stand to reason that translation studies is best suited as a reference discipline for the conceptual refinement that must precede the conceptual leap envisaged in those disciplines that use translation studies' master concept in pursuit of a translational turn. (Zwischenberger, 2017, S. 401)

Vor diesem Hintergrund gilt es Initiativen zu setzen, die den interdisziplinären Diskurs zu Translationskonzepten in Gang setzen. Ein Beispiel hierfür ist ein von Grbić et al. (2020b) herausgegebener Sammelband mit Beiträgen von Autor:innen aus unterschiedlichen Fachbereichen, die sich mit dem Translationsbegriff aus diversen sozial- und geisteswissenschaftlichen Perspektiven auseinandersetzen.

Letztendlich ist es besonders für Vertreter:innen der TW von Relevanz, sich mit Translationskonzepten außerhalb ihrer Disziplin zu beschäftigen. Auch das Übersetzungsverständnis in der MÜ-Forschung ist hier von Interesse. Konkrete Vorstellungen oder Konzepte, was Übersetzen als Phänomen bedeutet, sind jedoch in computerlinguistischen Arbeiten nur schwer zu finden.

## 5.3 Translationskonzepte in der Computerlinguistik – eine Spurensuche

Grundlagenforschung zu MÜ findet zu einem sehr großen Teil innerhalb der CL statt. Laut der „Association for Computational Linguistics" ist eines der Hauptziele der Disziplin „[…] sprachliche Phänomene so zu modellieren, dass sie durch Computer verarbeitet werden können" (ACL, 2020, o. S.). Die Computerlinguistik versteht sich des Weiteren als Disziplin an der Schnittstelle zwischen Kognitiver Psychologie, Mathematik, Sprachwissenschaft und Informatik (Universität Tübingen, 2022). Eine Verbindung zur Translationswissenschaft sucht man in diesen allgemeinen Beschreibungen jedoch vergeblich. Für die MÜ-Forschung ist dies umso überraschender, böte sich die TW doch als Referenzdisziplin sehr wohl an.

Auch in konkreter computerlinguistischer Literatur zu MÜ finden sich kaum Bezüge zu translationswissenschaftlicher Forschung. In seinem Einführungswerk „Statistical Machine Translation" führt Philip Koehn (2010) beispielsweise lediglich zu Beginn eine kurze Aussage zum Thema Übersetzen und Digitalisierung an:

> Over the last few centuries, machines have taken on many human tasks, and lately, with the advent of digital computers, even tasks that were thought to require thinking and intelligence. Translating between languages is one of these tasks, a task for which even humans require special training. (Koehn, 2010, S. xi)

Koehn kommt von dieser generellen Überlegung sehr schnell zu technischen Themenkomplexen wie „Probability Theory", „Decoding", „Evaluation", etc., spart jedoch aus, was Übersetzen als Tätigkeit oder Prozess bedeutet.

Auch in neueren computerlinguistischen Titeln zu MÜ, die sehr wohl einen Bezug zu translationswissenschaftlichen Diskursen vermuten lassen würden, finden sich keine grundlegenden Diskussionen zu Translation. Ein Beispiel hierfür ist der Sammelband „The Human Factor in Machine Translation", herausgegeben von Sin-Wai (2018). In den Beiträgen werden weder Übersetzungskonzepte aus der TW oder anderen Disziplinen angerissen noch erläutert, von welchem prinzipiellen Übersetzungsverständnis ausgegangen wird. Aber auch die Ankündigung, das menschliche Element in der MÜ zu besprechen, wird laut Castilho nicht umgesetzt:

> [T]he human factor in MT was not always very clear in many of the chapters, and so the book fails to give the reader an idea of the state of the art of human factors in MT as promised in the title. (Castilho, 2019, S. 267)

2019 erschien in der Fachzeitschrift *Machine Translation* eine Sonderausgabe mit dem sehr ähnlichen Titel „Human Factors in Neural Machine Translation" (Castilho et al., 2019). Themen, die hier angesprochen werden, sind Post-Editing, Fehleranalyse, Einbindung von Menschen in Evaluierungsverfahren etc. Auch wenn hier sehr wohl ein Bezug zum Faktor Mensch in der MÜ zu erkennen ist, werden in diesem Sonderheft ebenfalls keine konzeptuellen Vorstellungen im Sinne ausführlicher Begriffsanalysen zu Übersetzen als Prozess, Produkt oder kulturelles Phänomen dargelegt.

Das Fehlen einer Beschreibung dessen, was in der CL unter Translation verstanden wird, steht in Verbindung mit der inhaltlichen Ausrichtung dieser Disziplin. So ergibt sich der Eindruck, dass computerlinguistische Forschung vor

## 5.3 Translationskonzepte in der Computerlinguistik – eine Spurensuche

allem an der Steigerung der Outputqualität von MÜ-Systemen orientiert ist.[2] Dies führt dazu, dass die Weiterentwicklung von MÜ stark darauf ausgerichtet wird, bessere Test-Scores im Rahmen automatischer Evaluierungsverfahren zu erzielen (Läubli, & Tieber, 2020). Vor diesem Hintergrund lässt sich erklären, warum in computerlinguistischer Literatur kaum auf translationswissenschaftliche Diskurse und auf Translation als Begriff Bezug genommen wird.

Dies muss jedoch nicht automatisch bedeuten, dass computerlinguistische Translationskonzepte nicht existieren. Wie in Abschnitt 4.2 beschrieben wurde, ist eine der zentralen Annahmen sozialkonstruktivistischer Ansätze innerhalb der Techniksoziologie, dass die Entwicklung technologischer Artefakte eine zumindest vage Vorstellung darüber voraussetzt, welches Ziel mit einer Technologie erreicht werden soll und wie eine mögliche technische Ausgestaltung aussehen könnte (siehe bspw. Pinch und Bijker, 1984). Im Fall von MÜ-Systemen kann somit davon ausgegangen werden, dass Entwickler:innen eine wie auch immer geartete Vorstellung von Translation haben. Plausibel scheint auch, dass sich das Übersetzungsverständnis von MÜ-Entwickler:innen, im Sinne technikdeterministischer Theorien (siehe Abschnitt 4.1), aus der Technologie selbst speist. In diesem Fall wären die Übersetzungskonzepte von Computerlinguist:innen durch bereits vorhandene technische Lösungen für MÜ geprägt.

Auch wenn es sich als schwierig herausstellt, explizit ausformulierte Translationskonzepte aus der Computerlinguistik zu finden, gibt es sehr wohl Aussagen von MÜ-Forscher:innen, aus denen ein Übersetzungsverständnis abgeleitet werden kann. Ein Beispiel hierfür ist das Zitat des MÜ-Pioniers Weaver: „This is really written in English, but it has been coded in some strange symbols. I will now proceed to decode" (Weaver 1949/1955, S. 18). Die Idee von Sprache als Code und Übersetzen als Umkodieren ist eine Vorstellung, die in sehr ähnlicher Weise von Kade (1968) und der Leipziger Schule vertreten wurde. Auch scheint es auf den ersten Blick naheliegend, zumindest regelbasierte MÜ-Systeme mit Umkodieren zu assoziieren.

Ein weiteres Translationskonzept findet sich auch in der Aussage des MÜ-Forschers Makoto Nagao (1984), auch besprochen in Abschnitt 2.2.2:

> Man does not translate a simple sentence by deep linguistic analysis, rather, man does translation, first, by properly decomposing an input sentence into certain fragmental phrases, […] then by translating these phrases into other language phrases, and finally by properly composing these fragmental translations into one long sentence.

---

[2] Als Standard-Parameter zur Angabe von Übersetzungsqualität wird in der Computerlinguistik i. d. R. die Metrik *Bilingual Evaluation Understudy* (BLEU) herangezogen (siehe Abschnitt 2.1.1).

> The translation of each fragmental phrase will be done by the analogy translation principle with proper examples as its reference. (Nagao, 1984, S. 178 f.)

Nagao basiert sein Verständnis von MÜ auf seiner Vorstellung von Humanübersetzung. Er schlägt vor, dass MÜ-Systeme auf der Grundlage von bereits bestehenden Übersetzungen arbeiten sollten, was an die Idee einer TM erinnert. Nagaos Vorstellung eines Übersetzungsrecycling legte die Basis für korpusbasierte MÜ-Systeme und kann somit als richtungsgebendes Translationskonzept für die Technologie in ihrer Gesamtheit bezeichnet werden.

Mit dem Durchbruch von NMT stiegen auch die Erwartungen an die Qualität des Outputs von MÜ-Systemen. Erwähnenswert in diesem Kontext ist die folgende Aussage des Engineering Director bei Facebook, Alan Packer, welche ebenfalls ein emblematisches Übersetzungskonzept darstellt: „Neural network-based MT can, rather than do a literal translation, find the cultural equivalent in another language" (in Marking, 2016, o. S.). Diese Aussage lässt ein Bewusstsein dafür erkennen, dass Übersetzen nicht nur auf sprachlicher, sondern auch auf kultureller Ebene stattfindet. Packers Translationskonzept weist Ähnlichkeiten mit Aspekten aus Vinays und Darbelnets (1958/1995) „Stylistique comparée" auf, in der propagiert wird, von der Idee äquivalenter Zeichen in den einzelnen Sprachen abzurücken und stattdessen äquivalente Situationen in den Kulturen zu identifizieren. Die Idee, wonach MÜ-Systeme „cultural equivalents" produzieren könnten, weckt auch Assoziationen zu Nidas und Tabers (1969) Konzept der „dynamic equivalence". Diese steht für die Aufrechterhaltung der Wirkung des Ausgangstexts im Zieltext, vorgeschlagen als Methode für das Bibelübersetzen.

Diese Beispiele zeigen, dass in der MÜ-Forschung und -Entwicklung sehr wohl Beschreibungen von Übersetzungskonzepten kursieren. Darüber hinaus wurde demonstriert, dass computerlinguistische Translationskonzepte teilweise Ähnlichkeiten mit translationswissenschaftlichen Ansätzen aufweisen. Übersetzungskonzepte aus der Computerlinguistik repräsentieren das Innenleben von MÜ-Systemen und stehen im Zusammenhang mit den technischen Paradigmenwechseln der letzten Jahrzehnte. Nach der Festlegung auf Translationskonzepte in der Computerlinguistik als Untersuchungsobjekt gilt es, eine methodische Vorgehensweise für deren Erforschung zu entwerfen.

# Forschungsmethodik 6

MÜ wurde in dieser Arbeit vor einem technischen, translationswissenschaftlichen sowie techniksoziologischen Hintergrund besprochen. Ausgehend von diesen Überlegungen wird im folgenden Kapitel jenes Analyseinstrumentarium dargestellt, das für die vorliegende Untersuchung von Translationskonzepten in der CL gewählt wurde.

## 6.1 Untersuchungsgegenstand und forschungsleitende Fragen

Im Zuge der Diskussion von translationswissenschaftlichen und techniksoziologischen Perspektiven auf MÜ können Übersetzungskonzepte in der Computerlinguistik als relevantes Themenfeld für eine empirische Studie festgelegt werden. Übersetzungskonzepte von MÜ-Forscher:innen und -Entwickler:innen prägen die Entwicklung von MÜ-Systemen. Gleichzeitig gibt aber auch der technische Rahmen vor, wie Übersetzung maschinell bewerkstelligt werden kann. Translationskonzepte in der MÜ-Forschung und -Entwicklung ergeben sich aus einem Wechselspiel aus sozialen und technischen Faktoren, die jeweils über eine eigene Form von Handlungsträgerschaft verfügen (siehe dazu Abschnitt 4.3 und „dance of agency" bei Pickering, 1995).

In bestehender computerlinguistischer Literatur zu MÜ wird nicht näher auf Translationskonzepte eingegangen. Die aktive Beschäftigung mit dem Übersetzungsbegriff wird in der MÜ-Forschung und -Entwicklung ausgespart (siehe Abschnitt 5.3). Computerlinguistische Übersetzungskonzepte sind aus Sicht der TW jedoch sehr wohl als relevanter Forschungsgegenstand einzuschätzen.

Das Forschungsobjekt für die vorliegende Studie ergibt sich somit aus dem Querschnitt unterschiedlicher wissenschaftlicher Felder. Aus Sicht der TS stellt

MÜ aus den bereits angesprochen Gründen ein disziplinrelevantes Phänomen dar. Unter der Einbeziehung von Theorien und Heuristiken aus der Techniksoziologie wird der Untersuchungsfokus auf jene Translationskonzepte gelegt, die in der Entwicklung von MÜ-Systemen zum Tragen kommen (siehe Abbildung 6.1). Dieser Untersuchungsgegenstand kann anhand unterschiedlicher Gesichtspunkte untersucht und auf einzelne forschungsleitende Fragen heruntergebrochen werden.

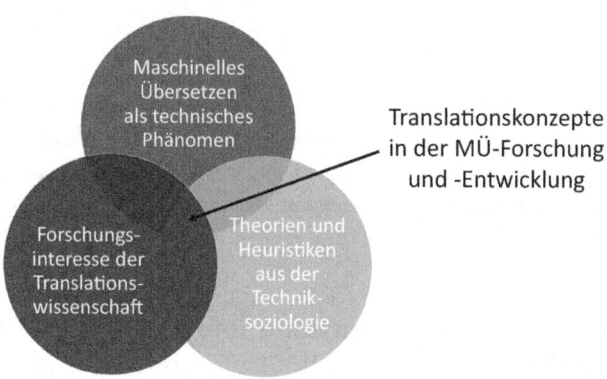

**Abbildung 6.1** Herleitung des Untersuchungsgegenstandes

In Einklang mit den theoretischen Vorüberlegungen zur sozialen Konstruiertheit von Technologie (Bijker et al., 2012; siehe Abschnitt 4.2) wird davon ausgegangen, dass MÜ als technologisches Artefakt entscheidend durch die Vorstellungen und Ziele von MÜ-Forscher:innen und -Entwickler:innen geprägt wird. Von besonderem Interesse ist in diesem Zusammenhang deren Verständnis von Translation. Die erste forschungsleitende Frage lautet dementsprechend: *Welche Translationskonzepte kursieren unter MÜ-Forscher:innen und -Entwickler:innen?*

Die Ebene der sozialen Konstruktion ist jedoch nicht die einzige zu berücksichtigende Dimension im Rahmen der Entstehung von Translationskonzepten in der Computerlinguistik. Folgt man der „Akteur-Netzwerk-Theorie" (Callon, 1986; Law, 1986; Latour, 1987), verfügen auch materielle Entitäten über Handlungsträgerschaft, wenn diese mit menschlichen Akteur:innen im Verbund stehen. Davon ausgehend ist anzunehmen, dass auch die materielle Ebene, in der Form von technischen Gegebenheiten, auf die Entwicklung von MÜ-Systemen einwirkt. Insofern lautet die zweite forschungsleitende Frage: *Auf welchem technischen Translationskonzept basieren MÜ-Systeme aus der Sicht von Computerlinguist:innen?*

Die Ebenen der sozialen Konstruktion sowie der technischen Gegebenheiten existieren jedoch nicht isoliert voneinander. Das Modell „the dance of agency" (Pickering, 1995) beschreibt eine Wechselbeziehung zwischen menschlicher und materieller Handlungsträgerschaft, die auch in der Entwicklung von MÜ-Systemen wirkt. Basierend auf diesem Gedanken entstehen Translationskonzepte in der CL im Rahmen eines Wechselspiels zwischen physikalisch-technischen Gegebenheiten und gesellschaftlich-sozialen Vorstellungen. Hier stellt sich die Frage, welche Form dieses Wechselspiel annimmt und ob eine der beiden Ebenen eine stärkere Position vertritt als die andere. Dementsprechend wird die dritte forschungsleitende Frage wie folgt formuliert: *Inwiefern beeinflussen einander Translationskonzepte aus der physikalisch-technischen und der gesellschaftlich-sozialen Ebene im Kontext der MÜ-Forschung und -Entwicklung in den Augen von Computerlinguist:innen?*

Um diese Fragestellungen bearbeiten zu können, wird auf Methoden der empirischen Sozialforschung zurückgegriffen, die im Folgenden beschrieben werden.

## 6.2 Erhebungs- und Analyseinstrumentarium

Um den vorhin definierten Forschungsgegenstand empirisch zu untersuchen, gilt es Methoden festzulegen, welche jene Personen ins Zentrum stellen, die Auskünfte zu den interessierenden Sachverhalten geben können. Als Datenerhebungsmethode werden daher leitfadengestützte Expert:inneninterviews verwendet. Die Interviewtranskriptionen wurden thematisch codiert und inhaltlich ausgewertet.

### 6.2.1 Leitfadengestützte Expert:inneninterviews

Der Untersuchungsgegenstand ist im vorliegenden Fall eng an Vorstellungen konkreter Akteur:innen geknüpft. Die Hauptfaktoren bei der Ausgestaltung der Interviews sind daher die Form der Befragung sowie die Auswahl der Befragten. Personen, die besondere Auskunft über den Untersuchungsgegenstand geben können, werden als „Expert:innen" bezeichnet, da sie über Expert:innenwissen in Bezug auf ein konkretes Phänomen verfügen. In diese Kategorie fallen jedoch nicht nur Expert:innen aus einer fachlichen Elite wie Wissenschaftler:innen,

Politiker:innen oder Techniker:innen, sondern alle Personen, die über besondere Kenntnisse zu einem speziellen Thema verfügen (Gläser, & Laudel, 2010, S. 11). Im Rahmen von Expert:inneninterviews werden die Befragten somit basierend auf ihrer besonderen Beziehung zum interessierenden Sachverhalt interviewt. Dieser Gegenstand kann laut Przyborski und Wohlrab-Sahr (2008) beispielsweise informationsbezogen sein; dann gilt das Interesse des Interviews vor allem faktenlastigen Aussagen. Er kann sich aber auch aus der Rekonstruktion von Expert:innenwissen ergeben, das in Zusammenhang mit einem spezifischen sozialen Phänomen steht. Expert:innenwissen wird oft im Sinne von speziellem „Rollenwissen" verstanden, das sich aus der sozialen oder professionellen Funktion der jeweiligen Person ergibt (Brinkmann, 2018, S. 1002).

Für die Befragungen der durzuführenden Studie wurden Personen ausgewählt, die in engem Zusammenhang mit der Prägung von Translationskonzepten in der Computerlinguistik stehen. Das Wissen, über das MÜ-Forscher:innen und -Entwickler:innen in diesem Kontext verfügen, kann zum Teil als kanonisch, zum Teil als implizit beschrieben werden. So ist davon auszugehen, dass sich das Translationsverständnis von Computerlinguist:innen einerseits aus ihrer fachlichen Ausbildung und ihrem professionellen Hintergrund ergibt und somit auf faktischen Befunden beruht. Andererseits sind aber auch Translationskonzepte der Deutung durch die handelnden Akteur:innen unterworfen und an subjektive Wahrnehmungen gekoppelt. Das Sonderwissen der Befragten basiert daher auf einer Vermengung zwischen Fachwissen und der Rekonstruktion von individuellen Interpretationen im Rahmen der Beschäftigung mit einem technischen Gegenstand. Darüber hinaus sind MÜ-Forscher:innen und -Entwickler:innen auch Teil der breiteren Gesellschaft, womit davon auszugehen ist, dass sie deren triviale Translationskonzepte zumindest teilweise internalisiert haben.

Damit die Befragungen jene Informationen zutage fördern, die relevant für die Untersuchung sind, schlägt Helfferich (2014) für das Expert:inneninterview eine Strukturierung anhand von Sachfragen und Erzählaufforderungen vor. Expert:inneninterviews zielen in der Regel auf die Erhebung von informations- und erfahrungsbezogenem Wissen ab. Dies kann durch die „Abfolge von konkret und prägnant beantwortbaren Fragen" ermöglicht werden (ibid., S. 572), die in einem Leitfaden abgebildet sind.

Die Ausgestaltung des Leitfadeninterviews geschieht im vorliegenden Fall im Spannungsfeld zwischen Offenheit und Strukturiertheit. Gläser und Laudel (2010) sprechen sich für die Verwendung von Erzählaufforderungen zu jedem Themenblock des Interviews aus. Den Befragten soll dabei zunächst die Möglichkeit gegeben werden, inhaltlich relevante Aspekte möglichst frei und unbeeinflusst anzusprechen. Erst im Anschluss an die offene Erzählung werden konkrete

## 6.2 Erhebungs- und Analyseinstrumentarium

Aspekte nachgefragt, die für das Forschungsvorhaben relevant sind, jedoch noch nicht angesprochen wurden. Durch die Kombination aus Erzählaufforderung und Nachfragen zu spezifischen Aspekten wird sichergestellt, dass die Äußerungsmöglichkeiten der Befragten nicht eingeschränkt werden und gleichzeitig gezielte diskursive Interventionen gesetzt werden können, wenn dies notwendig scheint.

### 6.2.2 Thematische Codierung und strukturierende Inhaltsanalyse

Qualitative Methoden zur Datensammlung produzieren im weiten Sinne Texte. Diese Texte können die Form von Interviewaufzeichnungen, Beobachtungsprotokollen oder anderer Arten schriftlicher oder visueller Dokumentation annehmen und erfordern systematische Interpretation und Analyse (Przyborski, & Wohlrab-Sahr, 2014). Die Auswertung der Interviewdaten der vorliegenden Studie erfolgte anhand der strukturierenden Inhaltsanalyse.

Inhaltlich strukturierende Verfahren werden in der einschlägigen Literatur häufig als bewährte Auswertungsmethode für die qualitative Analyse von Texten bezeichnet (siehe bspw. Kuckartz, 2016). Im deutschsprachigen Raum verbindet man mit diesem Verfahren vor allem Philipp Mayring, der in den 1980er Jahren eine Reihe von Prozessen für die inhaltliche Analyse von Texten entwickelte (Mayring, 1988/2010). Diese Verfahren wurden im weiteren Verlauf von zahlreichen Autor:innen aufgegriffen und weiterentwickelt, sodass mittlerweile ein breites Spektrum an unterschiedlichen Zugängen zur Inhaltsanalyse besteht, die im Kern jedoch von denselben Grundlagen ausgehen.

Lamnek (1993, S. 110) schlägt bspw. eine „inhaltlich-reduktive Auswertung" vor. Diese Variante der Inhaltsanalyse zeichnet sich u. a. dadurch aus, dass die Bildung der Auswertungskategorien sowohl vollständig am Material (induktiv) als auch vollständig anhand von theoretischen Vorüberlegungen (a priori oder deduktiv) erfolgen kann. Die Kategorienbildung entlang eines dieser Extrempole ist jedoch selten. Vielmehr wird in der Regel eine Mischform praktiziert, bei der zunächst mit einem vorläufigen Kategoriensystem gearbeitet wird, das im weiteren Verlauf des Codierens an das Material angepasst wird (Schreier, 2014). Auch in der vorliegenden Untersuchung kommt eine Kombination aus induktiver und deduktiver Kategorienbildung zur Anwendung.

In einem ersten Schritt werden wichtige Textstellen markiert und erste Überlegungen zum Material und zu dessen Auswertung in Form von Memos notiert. Das vorliegende Material wird anschließend anhand von a priori gebildeten

Hauptkategorien codiert. Diese können bspw. aus dem verwendeten Interviewleitfaden abgeleitet werden, welcher wiederum auf den forschungsleitenden Fragen basiert. Nachdem eine Übersicht für alle mit derselben Hauptkategorie markierten Textstellen angelegt wurde, werden in einem nächsten Schritt die Auswertungskategorien an das Untersuchungsmaterial angepasst und weiter ausdifferenziert, sodass Subkategorien entstehen. Anschließend wird das Material in einem zweiten Durchlauf, diesmal auch anhand der Subkategorien, codiert. Im Zuge des Codiervorgangs können einzelne Kategorien auch miteinander verschmolzen werden. Daraufhin können die Aussagen kategorienbasiert ausgewertet und so aufbereitet werden, dass komplexere Analysen möglich sind. Auf dieser Basis werden anschließend die forschungsleitenden Fragen beantwortet (Kuckartz, 2016).

Nach Abschluss des zweiten Codierprozesses erfolgt die Analyse des mittlerweile systematisierten und strukturierten Materials. Hier steht eine Reihe von Möglichkeiten zur Auswertung und Darstellung der Dateninhalte zur Verfügung. Miles und Huberman (1995) empfehlen, zunächst thematische Zusammenfassungen zu erstellen. Ausgangspunkt dieser Zusammenfassungen ist eine sogenannte Themenmatrix, welche die Kernaussagen der Befragten in Bezug auf die Hauptthemen der Interviews darstellt.

Insgesamt wird durch thematische Zusammenfassungen aufschlussreiche Vorarbeit für eine spätere tiefergehende Auswertung geleistet. Nikander (2012, S. 397) beschreibt Interviews als „discourse data" und schlägt vor, die einzelnen narrativen Stränge und inhaltlichen Zusammenhänge im Datenmaterial zu identifizieren und zu beschreiben. Dies erfordert eine kleinteiligere Analyse des Datenmaterials. Im Fall der durchzuführenden Studie werden hierfür die einzelnen Aussagen entlang der Subkategorie analysiert. Dafür werden die Segmente paraphrasiert und auf ihre Kernaussage reduziert (siehe bspw. Mayring, & Fenzl, 2014, S. 547). Dadurch wird das Datenmaterial auf ein höheres Abstraktionsniveau gehoben, womit wiederkehrende diskursive Muster leichter erkannt werden können.

## 6.3 Studiendurchführung

Auf der Basis der vorhin beschriebenen Methoden zur Datenerhebung und -auswertung werden im Folgenden die Auswahl der Interviewpartner:innen, das Entwerfen des Interviewleitfadens sowie die Erstellung der Auswertungskategorien dargelegt.

## 6.3.1 Auswahl der Interviewpartner:innen und Planung der Befragungen

Um eine strukturierte und nachvollziehbare Durchführung der Studie zu gewährleisten, mussten einige Schritte im Vorfeld der Untersuchung geplant werden. Zunächst wurde die Personengruppe für die Befragungen definiert, wobei sich die Auswahl der Interviewpartner:innen am Forschungsgegenstand zu orientieren hat. Im Fall der vorliegenden Studie handelt es sich dabei um Translationskonzepte in der Forschung und Entwicklung von MÜ-Systemen (siehe auch Abschnitt 6.1). Gorden schlug bereits 1975 vier Fragen vor, die im Zuge der Festlegung auf Interviewpartner:innen zu stellen sind:

1. Wer verfügt über die relevanten Informationen?
2. Wer ist am ehesten in der Lage, präzise Informationen zu geben?
3. Wer ist am ehesten bereit, Informationen zu geben?
4. Wer von den Informanten ist verfügbar?
(Gorden, 1975, S. 196 f. in Gläser, & Laudel, 2010, S. 117)

In Abstimmung an diese Fragen wurde die Personengruppe für die Interviews folgendermaßen festgelegt: *Personen, die in öffentlichen oder privaten Einrichtungen Grundlagenforschung zu MÜ betreiben, oder die an der kommerziellen Entwicklung von MÜ-Systemen beteiligt sind.*

Diese Definition schließt Personen ein, deren Beschäftigung mit MÜ grundsätzlicher Natur ist, sowie Personen, die MÜ-Systeme in einem privatwirtschaftlichen Umfeld entwickeln.

Für die durchzuführenden Expert:inneninterviews war es das Ziel, rund 30 Personen der oben definierten Zielgruppe zu kontaktieren, um schließlich eine zweistellige Anzahl an Befragten rekrutieren zu können.

## 6.3.2 Erstellung des Interviewleitfadens

Der Leitfaden ist das prinzipielle Erhebungsinstrument im Rahmen des Expert:inneninterviews. Er ist das Ergebnis einer Übersetzung der forschungsleitenden Fragen in Interviewfragen, die an das Wissen und die Erfahrungen der Interviewpartner:innen anschließen. Aus den Antworten auf diese Fragen werden Informationen erwartet, die Rückschlüsse auf den interessierenden Sachverhalt einer Untersuchung erlauben (Wang, & Yan, 2012, S. 231 f.).

Der Interviewleitfaden ist eng an das Erkenntnisinteresse der Untersuchung gekoppelt. In ihm wird das Herunterbrechen der forschungsleitenden Fragen auf kleinere Bestandteile operationalisiert. Die im Leitfaden enthaltenen Fragen stehen somit für jene Elemente, die den Untersuchungsgegenstand beschreiben (Stiegler, & Felbinger, 2012). Unter Berücksichtigung dieser Überlegungen wurde der folgende Interviewleitfaden erstellt:

1. Können Sie kurz Ihre Tätigkeit in diesem Unternehmen/Institut beschreiben?
2. Womit genau beschäftigen Sie sich im Rahmen Ihrer beruflichen Tätigkeit/Ihrer Forschung?
3. Wie würden Sie „Übersetzen" beschreiben, unabhängig davon, ob es von einem Menschen oder einer Maschine durchgeführt wird?
4. Was würden Sie sagen, was „Übersetzen" nicht ist?
5. Würden Sie sagen, dass eines oder mehrere dieser Bilder die Tätigkeit des Übersetzens beschreiben? (Brücke, Spiegel, mathematische Gleichung, neuronales Netzwerk)
6. Welche Bilder fallen Ihnen sonst noch zu „Übersetzen" ein?
7. Implizieren gängige Ansätze für MÜ (bspw. statistische oder neuronale Verfahren) ein bestimmtes Verständnis von Übersetzen?
8. Wie würden Sie einem Laien bzw. einer Laiin den Unterschied zwischen humaner und maschineller Übersetzung erklären?
9. Was macht eine „gute Übersetzung" Ihrer Meinung nach aus?
10. Müssen Human- und maschinelle Übersetzung nach unterschiedlichen Kriterien bewertet werden?
11. Welche Prozessschritte beim Übersetzen können leichter maschinell bewerkstelligt werden und welche Schritte stellen Probleme dar?
12. Inwiefern geben technische Gegebenheiten die prinzipiellen Gestaltungsmöglichkeiten von MÜ-Entwickler:innen vor?
13. Inwiefern beeinflusst das maschinelle Lernen die MÜ-Forschung und -Entwicklung?
14. Welche Hürden gilt es in Zukunft in der MÜ-Forschung und -Entwicklung zu überwinden?
15. Welche Anwendungsbereiche sehen Sie in Zukunft für MÜ?

Hinsichtlich des Leitfadendesigns wurde darauf Rücksicht genommen, zunächst allgemeinere Fragen zu stellen und erst im späteren Verlauf spezielle Aspekte anzusprechen. Dadurch sollte den Befragten die Möglichkeit gegeben werden, möglichst unbeeinflusste Aussagen zu treffen. Die Suggestion von Antworten gilt es zu vermeiden. Insgesamt diente der Interviewleitfaden jedoch vor allem als Gerüst für das Gespräch und sollte nicht strikt Punkt für Punkt abgearbeitet werden, um einen natürlichen Verlauf der Befragung zu gewährleisten.

### 6.3.3 Abwicklung der Befragungen und Gesprächstranskription

Zu Beginn der Erhebung wurden 32 Personen kontaktiert, die an einer öffentlichen oder privaten Einrichtung für MÜ-Forschung und/oder -Entwicklung tätig sind. Als Hauptquelle für die Rekrutierung von Interviewpartner:innen dienten Universitäten, Fachhochschulen sowie Unternehmen mit einem computerlinguistischen Schwerpunkt im deutschen und englischen Sprachraum. Von den 32 kontaktierten Personen stellten sich 15 für Interviews zur Verfügung. Diese werden im Folgenden tabellarisch dargestellt:

| Interview # | Beruflicher Hintergrund | Datum | Land der Interviewdurchführung | Dauer |
| --- | --- | --- | --- | --- |
| Interview A | Professor an einer universitären Forschungseinrichtung für Computerlinguistik | 04.05.2018 | Schweiz | 27 min |
| Interview B | Postdoc Forscher im Bereich MÜ an einer universitären Forschungseinrichtung | 21.08.2019 | Irland | 25 min |
| Interview C | Postdoc Forscherin im Bereich MÜ an einer universitären Forschungseinrichtung | 09.06.2019 | Vereinigtes Königreich | 25 min |
| Interview D | Doktorandin im Bereich MÜ an einer universitären Forschungseinrichtung | 22.05.2018 | Österreich | 31 min |
| Interview E | Entwickler von kommerziellen MÜ-Systemen | 21.08.2019 | Irland | 26 min |
| Interview F | Postdoc-Forscherin im Bereich MÜ an einer universitären Forschungseinrichtung | 04.05.2018 | Schweiz | 28 min |

| Interview # | Beruflicher Hintergrund | Datum | Land der Interviewdurchführung | Dauer |
|---|---|---|---|---|
| Interview G | Postdoc-Forscherin im Bereich MÜ an einer universitären Forschungseinrichtung | 04.05.2018 | Schweiz | 27 min |
| Interview H | Entwickler von kommerziellen MÜ-Systemen und Doktorand im Bereich MÜ an einer universitären Forschungseinrichtung | 04.05.2018 | Schweiz | 47 min |
| Interview I | Postdoc-Forscherin im Bereich MÜ an einer universitären Forschungseinrichtung | 23.08.2019 | Irland | 20 min |
| Interview J | Entwickler eines Systems für automatische Speech-to-Text-Übersetzung | 01.07.2019 | Deutschland | 36 min |
| Interview K | Doktorand im Bereich MÜ an einer universitären Forschungseinrichtung | 04.05.2018 | Schweiz | 1h |
| Interview L | Sprachwissenschaftlerin in einer MÜ-Entwicklungsfirma | 21.08.2019 | Schweiz | 29 min |
| Interview M | Postdoc-Forscherin im Bereich MÜ an einer universitären Forschungseinrichtung | 27.11.2019 | Österreich | 36 min |
| Interview N | Postdoc-Forscher im Bereich MÜ an einer universitären Forschungseinrichtung | 01.06.2018 | Vereinigtes Königreich | 23 min |
| Interview O | Postdoc-Forscher im Bereich MÜ an einer universitären Forschungseinrichtung | 01.06.2018 | Vereinigtes Königreich | 23 min |

Die Transkription erfolgte mithilfe des Programms MAXQDA. Die Gesamtdauer des transkribierten Audiomaterials betrug 10h 32 min. Im Anschluss an die Transkription des Interviewmaterials erfolgte die Bildung des Kategoriensystems, welches die Grundlage für die inhaltliche Auswertung darstellt.

## 6.3.4 Codierung und inhaltliche Auswertung des Materials

Auf der Basis der geleisteten theoretischen Vorarbeit sowie unter Berücksichtigung des Forschungsgegenstandes und der forschungsleitenden Fragen wurden folgende Hauptkategorien (K) für den ersten Materialdurchlauf festgelegt:

K1: Hintergrund der Befragten
K2: Übersetzungsverständnis
K3: Unterschiede zwischen Humantranslation und maschineller Translation
K4: Übersetzungsqualität in der Computerlinguistik
K5: MÜ als technologisches Artefakt: sozial konstruiert vs. technisch determiniert
K6: Problembereiche in MÜ-Forschung und -Entwicklung
K7: Zukunftsszenarien

Der Codiervorgang wurde mithilfe der Software MAXQDA durchgeführt. Die festgelegten Kategorien und die Interviewtranskripte werden im Programm hinterlegt, um die einzelnen Textstellen anschließend codieren zu können. Im Zuge des ersten Codierdurchlaufes wurden anhand der Hauptkategorien 510 unterschiedliche Textsegmente codiert.

Die Codiereinheit konnte entweder ganze Absätze oder einzelne Sätze ausmachen. Da konkrete Aussagen inhaltlich auch zu mehreren Kategorien gleichzeitig passen können, waren auch Mehrfachcodierungen einzelner Segmente möglich.

Nach einem ersten vollständigen Durchlauf des Untersuchungsmaterials und der Codierung von Textsegmenten anhand der Hauptkategorien wurden die folgenden Subkategorien festgelegt:

K1: Beruflicher Hintergrund der Befragten
   a. Aktuelle Position
   b. Aktuelle Projekte
   c. Ausbildung und beruflicher Hintergrund
K2: Übersetzungsverständnis
   a. Generelle Vorstellung vom Begriff „Übersetzen"
   c. Computerlinguistische Übersetzungskonzepte
   d. Verständnis von Humanübersetzung
K3: Unterschiede zwischen Humanübersetzen und MÜ
   a. Unterschiede im Übersetzungsprozess
   b. Vorteile und Einsatzbereiche von MÜ
   c. Vorteile und Einsatzbereiche von Humanübersetzung

K4: Übersetzungsqualität in der Computerlinguistik
    a. Definition „gute Übersetzung"
    b. Erwartungen an eine Übersetzung
    c. Qualitätskriterien und Qualitätsmessung in der MÜ-Forschung
    d. Probleme in der automatischen Messung von Übersetzungsqualität
K5: MÜ als technologisches Artefakt
    a. Technisch determinierte Translationskonzepte
    b. MÜ als sozial konstruierte Technologie
    c. Sonstige Einflussfaktoren auf die Ausgestaltung von MÜ-Systemen
K6: Problembereiche in MÜ-Forschung und -Entwicklung
    a. Technische Problemfelder in der MÜ
    b. Bereiche mit Entwicklungspotenzial in der MÜ
K7: Zukunftsszenarien für die MÜ
    a. Zukunftsthemen in der MÜ-Forschung und -Entwicklung
    b. Einfluss der MÜ auf das Humanübersetzen

Insgesamt wurden bis zum Ende des zweiten Materialdurchlaufs 1.053 Codierungen vergeben. Die Interviewtranskripte wurden durch das Codieren auf Aussagen hin durchleuchtet, die in Zusammenhang mit dem Untersuchungsgegenstand stehen. Gleichsam wurde das Material durch den Vorgang des Codierens inhaltlich strukturiert.

Im Anschluss an die Aufbereitung des Materials durch zwei Codierdurchgänge wurden die einzelnen codierten Textsegmente inhaltlich ausgewertet. Dadurch konnte festgestellt werden, welche konkreten Aussagen bezüglich der einzelnen Themenkategorien getätigt wurden. Um eine praktikable Ausgangslage für diese Art der Auswertung zu schaffen, wurden die einzelnen Textstellen auf ihre Kernaussagen reduziert. Durch diesen Vorgang wird der Inhalt des Analysematerials auf seine Quintessenz heruntergebrochen. Die Aussage jedes Textsegmentes wurde abstrahiert und paraphrasiert, um eine Zusammenfassung der ursprünglichen Textstelle zu erhalten (Gläser, & Laudel, 2010).

Durch diese Reduzierung des Textmaterials konnte eine themenbezogene Zusammenfassung in Form einer Themenmatrix erstellt werden (siehe Abschnitt 7.1). In einem weiteren Schritt wurden die Aussagen entlang der Subkategorien analysiert, die den Hauptteil der Ergebnisdarstellung ausmacht. Die Aussagen der einzelnen Befragten wurden entsprechend der zugeordneten Subkategorie einander gegenübergestellt und diskutiert. Diese Form der Ergebnisdarstellung nimmt einen narrativen Charakter an, wobei die einzelnen Diskursstränge durch das Anführen von Originalzitaten aus dem Interviewmaterial gestützt werden.

# Translationskonzepte in der Computerlinguistik 7

## 7.1 Inhaltliche Auswertung entlang der Hauptkategorien als Themenmatrix

In einem ersten Schritt werden die Untersuchungsergebnisse entlang der Hauptkategorien in Form einer Themenmatrix präsentiert. Die folgende Darstellung (Tabelle 7.1) beinhaltet die Hauptaussagen der einzelnen Befragten bezüglich der zentralen Themen der Expert:inneninterviews. Diese wurde auf Grundlage der Codierung und inhaltlichen Auswertung entsprechend der Beschreibung aus Abschnitt 6.3.4 erstellt. Entlang der horizontalen Ebene sind die Hauptauswertungskategorien aufgelistet, welche für die Auswertung der Interviews herangezogen wurden. Auf der Vertikalen sind die einzelnen Befragten in zufälliger Reihenfolge angeordnet. Die Darstellung ermöglicht einen ersten Überblick zu den Hauptinhalten der Befragungen.

Die tabellarische Gegenüberstellung von zentralen Aussagen der einzelnen Befragten dient der groben Orientierung und stellt lediglich eine erste Strukturierung des Untersuchungsmaterials dar. Die Ergebnisse der Interviewstudie werden im Rahmen des folgenden Kapitels noch umfangreicher aufbereitet. Zwar werden die einzelnen Aussagen erst in einem nächsten Schritt einer genaueren Analyse unterzogen und kommentiert, dennoch ist bereits anhand der Themenmatrix erkennbar, dass sowohl inhaltliche Überschneidungen als auch Abweichungen bis hin zu Widersprüchen in den Aussagen der Befragten zu den Themenkomplexen der Untersuchung bestehen. Im Rahmen der Auswertung der Subkategorien werden diese näher besprochen.

**Tabelle 7.1** Auswertung entlang der Hauptkategorien als Themenmatrix

| Beruflicher Hintergrund der Befragten | Übersetzungsverständnis | Unterschiede zwischen Human- und maschinellem Übersetzen | Übersetzungsqualität | MÜ als technologisches Artefakt | Problembereiche im maschinellen Übersetzen | Zukunftsszenarien |
|---|---|---|---|---|---|---|
| **Interview A** Position: Leiter einer universitären Forschungseinrichtung für Computerlinguistik | Übersetzen ist die Wiedergabe einer sprachlichen Äußerung in einer anderen Sprache. | Die Prozesse bei maschineller Übersetzung und Humanübersetzung sind komplet unterschiedlich. | Wenn man die Qualität einer maschinell erstellten Übersetzung misst, gilt eine Humanübersetzung desselben Ausgangstextes als Gold-Standard. | Der Trend zur Globalisierung befördert die Entwicklung des maschinellen Übersetzens. | Im Prinzip können Maschinen noch nicht mit Bedeutungen arbeiten. | Die Annäherung von MÜ an Prozesse des Humanübersetzens ist ein Zukunftsthema. |
| **Interview B** Position: Postdoc Forscher im Bereich maschinelles Übersetzen an einer universitären Forschungseinrichtung | Eine Nachricht wird in eine andere Sprache und Kultur gebracht. | Ein neuronales MÜ-System sucht nach der wahrscheinlichsten Übersetzung, basierend auf bestehenden Übersetzungen. | Eine Übersetzung ist dann gut, wenn sie zur Erfüllung eines Zwecks dient. | In der Grundlagenforschung sind es die Ideen von Menschen, die die Technologie vorantreiben. | Die Anpassung eines Ausgangstextes an das Zielpublikum ist für eine Maschine schwer zu bewerkstelligen. | Durch Humanübersetzung alleine wird man den steigenden Translationsbedarf nicht decken können. |

(Fortsetzung)

7.1 Inhaltliche Auswertung entlang der Hauptkategorien als Themenmatrix 159

Tabelle 7.1 (Fortsetzung)

| Beruflicher Hintergrund der Befragten | Übersetzungsverständnis | Unterschiede zwischen Human- und maschinellem Übersetzen | Übersetzungsqualität | MÜ als technologisches Artefakt | Problembereiche im maschinellen Übersetzen | Zukunftsszenarien |
|---|---|---|---|---|---|---|
| **Interview C** Position: Postdoc Forscherin im Bereich maschinelles Übersetzen an einer universitären Forschungseinrichtung | Beim Übersetzen werden Bedeutungen gespiegelt. | Ein MÜ-System hat kein Verständnis von Inhalt und Sprache. | Beim Übersetzen müssen Bedeutung und Stil des Originals erhalten bleiben. | Die MÜ-Entwicklung ist stark getrieben vom Effizienzgedanken. | Ein MÜ-System verfügt über kein semantisches Verständnis. | Sprachunabhängige Repräsentationen sind ein Zukunftsthema in der MÜ-Entwicklung. |
| **Interview D** Position: Doktorandin im Bereich maschinelles Übersetzen an einer universitären Forschungseinrichtung | Übersetzen ist Informationsvermittlung. | MÜ-Systeme können nicht für literarische Texte eingesetzt werden. | Eine gute Übersetzung bleibt dem Inhalt treu und ist grammatikalisch korrekt. | Maschinelles Lernen trug wesentlich zum Erfolg des maschinellen Übersetzens als Technologie bei. | MÜ-Systeme müssten Kohäsion noch besser berücksichtigen. | In Zukunft sollen MÜ-Systemen HÜ besser simulieren können. |

(Fortsetzung)

**Tabelle 7.1** (Fortsetzung)

| Beruflicher Hintergrund der Befragten | Übersetzungsverständnis | Unterschiede zwischen Human- und maschinellem Übersetzen | Übersetzungsqualität | MÜ als technologisches Artefakt | Problembereiche im maschinellen Übersetzen | Zukunftsszenarien |
|---|---|---|---|---|---|---|
| **Interview E** Position: Entwickler von kommerziellen MÜ-Systemen. | Übersetzen ist das Encodieren von Information in andere Zeichen. | Humanübersetzungen sind verlässlicher und qualitativ besser als maschinelle Übersetzungen. | Bei der Evaluierung von menschlichem und maschinellem Output müssen unterschiedliche Kriterien angewendet werden. | Die Technologie des maschinellen Lernens bestimmt die Ausgestaltung von MÜ-Systemen. | Die Produktion eines konkreten MÜ-Outputs kann nicht exakt nachvollzogen werden. | Die Globalisierung führt zu steigendem Bedarf an MÜ und HÜ. |
| **Interview F** Position: Postdoc Forscherin im Bereich maschinelles Übersetzen an einer universitären Forschungseinrichtung | Übersetzen ist Informationsübertragung. | Ein MÜ-System übersetzt nicht, sondern berechnet Daten, die ihm von Menschen zur Verfügung gestellt wurden. | Eine Übersetzung ist dann gut, wenn der Inhalt des Originals übertragen wird und sie verständlich ist. | In der MÜ-Entwicklung wird das gemacht, was technisch möglich ist und die besten Ergebnisse erzielt. | Mit noch größeren Rechenkapazitäten ließen sich einige Probleme in der MÜ-Entwicklung lösen. | Trotz des vermehrten Einsatzes von MÜ wird es durch das steigende Gesamtvolumen nicht weniger Übersetzungsaufträge für Humanübersetzer:innen geben. |

(Fortsetzung)

7.1 Inhaltliche Auswertung entlang der Hauptkategorien als Themenmatrix 161

**Tabelle 7.1** (Fortsetzung)

| Beruflicher Hintergrund der Befragten | Übersetzungsverständnis | Unterschiede zwischen Human- und maschinellem Übersetzen | Übersetzungsqualität | MÜ als technologisches Artefakt | Problembereiche im maschinellen Übersetzen | Zukunftsszenarien |
|---|---|---|---|---|---|---|
| **Interview G** Position: Postdoc Forscherin im Bereich maschinelles Übersetzen an einer universitären Forschungseinrichtung | Übersetzen ist Informationsübertragung von einer Sprache in eine andere | Humanübersetzer:innen beherrschen ihre Sprachen tatsächlich. | Eine gute Übersetzung überträgt alle Informationen aus dem Original und ist idiomatisch. | Maschinelles Lernen hat einen starken Einfluss auf MÜ als Technologie und darauf wie Übersetzen in der Computerlinguistik gesehen wird. | Im Moment arbeiten die meisten MÜ-Systeme auf der Satzebene, was eine zu kleine Einheit darstellt. | Humanübersetzer:innen müssen in Zukunft mit MÜ leben. |
| **Interview H** Position: Entwickler von kommerziellen MÜ-Systemen und Doktorand im Bereich maschinelles Übersetzen an einer universitären Forschungseinrichtung | Übersetzen ist Informationsübermittlung. | MÜ ist schneller in der Ausführung und schlechter in der Qualität. | Bei einer guten Übersetzung merkt man nicht, dass es eine Übersetzung ist. | Die Architektur eines MÜ-Systems spiegelt die Prioritäten der Entwickler:innen wider. | Das Streben nach besseren Test-Scores ist die große Dominante in der MÜ-Forschung und wird zunehmen zum Problem. | In Zukunft sollen MÜ-Systeme auf Spezifika eines Übersetzungsauftrags eingehen können. |

(Fortsetzung)

**Tabelle 7.1** (Fortsetzung)

| Beruflicher Hintergrund der Befragten | Übersetzungs-verständnis | Unterschiede zwischen Human- und maschinellem Übersetzen | Übersetzungs-qualität | MÜ als technologisches Artefakt | Problembereiche im maschinellen Übersetzen | Zukunftsszenarien |
|---|---|---|---|---|---|---|
| **Interview I** Position: Postdoc Forscherin im Bereich maschinelles Übersetzen an einer universitären Forschungseinrichtung | Übersetzen ist das Umformen von Text von einer Sprache in eine andere. | MÜ-Systeme können nur das übersetzen, was sie zuvor gesehen haben. | Eine gute Übersetzung ist inhaltlich und sprachlich korrekt. | Die Entwicklung von MÜ-Systemen baut auf keinem vorher festgelegtem Übersetzungskonzept auf. | Das Modellieren von Weltwissen für MÜ-Systeme kann im Moment kaum bewerkstelligt werden. | Irgendwann soll MÜ so gut funktionieren wie Humantranslation. Diesem Ziel kommt man immer näher. |
| **Interview J** Position: Leiter einer Forschungsgruppe auf universitärer Ebene für maschinelles Dolmetschen | Beim Übersetzen wird ein Text von einer Sprache in eine andere übertragen. | Eine Maschine hat kein Verständnis von Sprache oder Inhalt. | Übersetzungsqualität wird bestimmt durch inhaltliche und sprachliche Korrektheit (Adequacy und Accuracy). | Die MÜ-Entwicklung muss sich an den jeweils zur Verfügung stehenden technischen Möglichkeiten orientieren. | Für Maschinen stellen Ambiguitäten große Probleme dar – Menschen können viel besser damit umgehen. | Weltwissen für MÜ-Systeme zu modellieren ist ein Zukunftsthema. |

(Fortsetzung)

## 7.1 Inhaltliche Auswertung entlang der Hauptkategorien als Themenmatrix

**Tabelle 7.1** (Fortsetzung)

| | Beruflicher Hintergrund der Befragten | Übersetzungs-verständnis | Unterschiede zwischen Human- und maschinellem Übersetzen | Übersetzungs-qualität | MÜ als technologisches Artefakt | Problembereiche im maschinellen Übersetzen | Zukunftsszenarien |
|---|---|---|---|---|---|---|---|
| Interview K | Position: Doktorand im Bereich maschinelles Übersetzen an einer universitären Forschungseinrichtung | Beim Übersetzen wird der Inhalt eines Textes in eine andere Kultur kopiert. | Humanübersetzer:innen können die Qualität ihrer eigenen Arbeit einschätzen. | Eine Übersetzung ist dann gut, wenn sie einer Zweckerfüllung dient. | Die technische Funktionsweise von MÜ prägt das Übersetzungsverständnis in der CL. | Oft werden Systeme für neuronales Übersetzen mit Daten trainiert, die auf sehr kleinen und nicht zusammenhängenden Übersetzungssegmenten basieren. | Maschinen werden zunehmend banale Texte übersetzen, damit sich Humanübersetzer:innen den schwierigeren Aufgaben widmen können. |
| Interview L | Position: Sprachwissenschaftlerin in einer MÜ-Entwicklungsfirma | Übersetzen ist die Ermöglichung von Kommunikation über Sprachgrenzen hinweg. | Humanübersetzer:innen sind flexibler und passen sich den Umständen des Auftrags an. | Die Qualität einer Übersetzung steht im Zusammenhang mit ihrem Zweck, den sie erfüllen soll. | Viele MÜ-Entwickler:innen sind eigentlich Fachleute für maschinelles Lernen. | MÜ-Systeme können nicht wirklich die Funktion von kultureller Vermittlung übernehmen. | Die Annäherung von MÜ an Prozesse des Humanübersetzens ist ein Zukunftsthema. |

(Fortsetzung)

**Tabelle 7.1** (Fortsetzung)

| | Beruflicher Hintergrund der Befragten | Übersetzungs-verständnis | Unterschiede zwischen Human- und maschinellem Übersetzen | Übersetzungs-qualität | MÜ als technologisches Artefakt | Problembereiche im maschinellen Übersetzen | Zukunftsszenarien |
|---|---|---|---|---|---|---|---|
| Interview M | Position: Postdoc Forscherin im Bereich maschinelles Übersetzen an einer universitären Forschungseinrichtung | Übersetzen ist die Übertragung eines Inhalts von einer Sprache in eine andere. | Humanübersetzer:innen sind flexibler und vielfältiger einsetzbar im Vergleich zu MÜ-Systemen. | Eine gute Übersetzung stellt die Kundin/den Kunden zufrieden. | Neuronales maschinelles Übersetzen wird sehr stark von der Technologie des maschinellen Lernens geprägt. | Die Ungenauigkeit von automatischen Metriken zur Qualitätsmessung beeinflusst das Training von MÜ-Systemen negativ. | Wenn man in Zukunft über noch größere Datenmengen verfügt, wird auch die Qualität von MÜ steigen. |
| Interview N | Position: Postdoc Forscher im Bereich maschinelles Übersetzen an einer universitären Forschungseinrichtung | Eine Übersetzung ist ein Text, der dieselbe Bedeutung repräsentiert wie das Original. | Neuronale MÜ produziert Übersetzungen auf der Basis von Beispielübersetzungen. | Semantische Äquivalenz ist ein essenzielles Qualitätskriterium bei Übersetzungen. | Die Entwicklung von MÜ hängt davon ab, wer die Entwicklung finanziert. | Systeme für neuronales maschinelles Übersetzen sind auf sehr große Datenmengen angewiesen. Bei unzureichenden Daten sinkt die Qualität des Outputs. | MÜ kann in Zukunft noch stärker von Humanübersetzer:innen dafür verwendet werden, um ihre Produktivität zu steigern. |

(Fortsetzung)

7.1 Inhaltliche Auswertung entlang der Hauptkategorien als Themenmatrix

**Tabelle 7.1** (Fortsetzung)

| | Beruflicher Hintergrund der Befragten | Übersetzungs-verständnis | Unterschiede zwischen Human- und maschinellem Übersetzen | Übersetzungs-qualität | MÜ als technologisches Artefakt | Problemberei-che im maschinellen Übersetzen | Zukunftsszena-rien |
|---|---|---|---|---|---|---|---|
| Interview O | Position: Postdoc Forscher im Bereich maschinelles Übersetzen an einer universitären Forschungsein-richtung | Übersetzen ist das Encodieren von Information in anderen Zeichen. | Eine Maschine kann nur das übersetzen, worauf sie trainiert wurde. | Eine gute Übersetzung bildet die Bedeutung des Originals ab und liest sich natürlich. | Der Prozess des Übersetzens wird der Funktionsweise der Maschine angepasst. | Systeme für neuronales maschinelles Übersetzen nehmen keine sprachliche Analyse der Texte vor. | Maschinen könnten in Zukunft die Bedeutung von Wörtern aus ihrer Position und ihrem quantitativen Vorkommen in einem Text ableiten. |

## 7.2 Inhaltliche Auswertung entlang der Subkategorien

In einem zweiten Schritt erfolgt nun die detaillierte Darstellung der Untersuchungsergebnisse. Die Grundlage hierfür war die Codierung des Materials anhand der erarbeiteten Subkategorien (siehe Abschnitt 6.3.2). Die für die Studie relevanten Aussagen der Befragten werden entsprechend dieser Subkategorien analysiert und diskutiert. Eine Ausnahme stellt hier die Kategorie *Hintergrund der Befragten* dar, die nicht weiter ausdifferenziert sondern lediglich überblicksartig besprochen wird.

### 7.2.1 Beruflicher Hintergrund der Befragten

Die beruflichen Hintergründe der Befragten stellen einen relevanten Faktor in der Kontextualisierung der Interviewdaten dar. Die Darlegung von Informationen über berufliche Tätigkeiten, aktuelle Projekte sowie über die Ausbildung der Befragten tragen zu einer besseren Einschätzung des Datenmaterials bei. Der professionelle Hintergrund der Interviewpartner:innen spielt in der vorliegenden Untersuchung vor allem deswegen eine zentrale Rolle, weil es sich beim Forschungsobjekt um das Translationskonzept von Forscher:innen und Entwickler:innen im MÜ-Bereich handelt. Eine eindeutige Verankerung in diesem Fachbereich ist daher eine essenzielle Voraussetzung für die Aussagekraft der Daten.

Alle 15 Befragten sind beruflich in den Fachbereich der Computerlinguistik eingebunden. Mit der Ausnahme von zwei Fällen hatten alle Befragten ein Hochschulstudium entweder in Informatik oder Computerlinguistik absolviert. Eine Befragte hatte Translationswissenschaft und eine weitere Sprachwissenschaft studiert. Mit der Ausnahme einer Person hatten alle Befragten ein Doktoratsstudium im Bereich MÜ entweder bereits absolviert oder waren in einem solchen inskribiert bzw. arbeiteten an einer Dissertation zu diesem Thema. Zwölf Befragte waren zur Zeit des Interviews an einem universitären Forschungs- und Lehrbetrieb tätig, zwei Personen arbeiteten in einem privatwirtschaftlichen Unternehmen und eine Person war sowohl in der universitären Forschung als auch in der Privatwirtschaft als MÜ-Entwickler engagiert. Jene 13 Befragten, die in der universitären Forschung zu MÜ beschäftigt waren, hatten eine Anstellung an einem Institut für Computerlinguistik bzw. für Informatik. Mit Ausnahme eines Forschers, der sich mit Systemen für maschinelles Dolmetschen beschäftigte, arbeiteten alle Befragten an Forschungsprojekten zu MÜ.

Außer einer Person, die zu SMT forschte, beschäftigten sich alle anderen Interviewpartner:innen mit NMT. Die Mehrheit der Befragten verfügte über Expertise

## 7.2 Inhaltliche Auswertung entlang der Subkategorien

im Bereich der Technologie des maschinellen Lernens. Beispielhaft seien einige der Forschungsprojekte genannt, in denen die Befragten zum Zeitpunkt des jeweiligen Interviews involviert waren:

- Evaluierung von MÜ-Output
- Extraktion und Aufbereitung von Trainingsmaterial für MÜ-Systeme
- MÜ für literarische Texte
- Digitale Geisteswissenschaften mit Schwerpunkt auf MÜ
- Automatisches Post-Editing
- MÜ in der Erstellung von Fernsehuntertiteln
- Formale Wissensrepräsentation
- Translator-Computer-Interaktion mit Schwerpunkt auf MÜ-Tools

Alle Befragten können somit als Fachleute im Bereich der MÜ-Forschung und -Entwicklung eingestuft werden, wodurch ihre Auskünfte relevant für die Bearbeitung der forschungsleitenden Fragen sind. Zwischen den Hintergründen der Befragten bestehen jedoch auch Unterschiede, und zwar in Aspekten wie z. B. dem Fortschritt in der jeweiligen akademischen Karriere, der Beschäftigung im universitären oder kommerziellen Bereich und der fachlichen Spezialisierung. Die unterschiedlichen Ausprägungen führen zu einer großen Bandbreite an inhaltlichen Sichtweisen auf den Untersuchungsgegenstand. Diese Bandbreite wird auch in der Auswertungskategorie „Übersetzungsverständnis" sichtbar, die im Folgenden besprochen wird.

### 7.2.2 Übersetzungsverständnis

Unter dieser Auswertungskategorie werden Aussagen besprochen, in denen die befragten Computerlinguist:innen Auskunft über ihre eigenen und von der CL ausgehenden Translationskonzepte geben.

#### 7.2.2.1 Generelle Vorstellungen vom Begriff Übersetzen

Unter dieser Subkategorie werden Aussagen diskutiert, die sich auf Übersetzen als allgemeines Konzept beziehen, unabhängig davon, ob es sich um Human- oder maschinelle Übersetzung handelt. Die von den Befragten beschriebenen Vorstellungen von Übersetzen können grob in zwei Kategorien eingeteilt werden: (1) Mechanistische Translationskonzepte und (2) Übersetzen als kulturelle Vermittlung. Im ersten Fall wurde Übersetzen vorrangig mit Informationsübertragung assoziiert. Das zentrale Element des Übersetzens stellt in dieser Sichtweise die

Übertragung von Inhalt aus einer Sprache in eine andere dar. Eine Übersetzung müsse demnach dieselben Informationen wie der Ausgangstext enthalten. Durch das Übersetzen ändere sich lediglich die äußere Erscheinung des Originals – der Inhalt bliebe derselbe:

> Also wenn es jetzt um den Übersetzungsprozess im natürlichsprachlichen Kontext geht, dann ist es definitiv die Übertragung von Information von einer Sprache in eine andere. (Interview M, Z. 80–83)

Dieses Translationskonzept gleicht Shannon und Weavers (1949) Modell der Nachrichtenübertragung (siehe auch 2.1.1), bei dem ein Signal von einem/r Sender:in an eine/n Empfänger:in über ein Medium geschickt wird. Treten Störungen in der Übertragung auf, können Teile der Nachricht verloren gehen. Ähnliches gelte, basierend auf der Aussage aus Interview M, auch für das Übersetzen. Geringe Übersetzungsqualität wird mit Informationsverlust während der Übertragung gleichgesetzt.

Beschreibungen wie diese fanden sich auch bei anderen Befragten. Einer der Interviewpartner beschrieb Übersetzen etwa als Encodieren von Information in anderen Zeichen:

> What translation is to me? (...) I guess there are different ways to encode information, I guess. (ahm) I guess translation is required when I'm not using the same language, the same code, that the person that I talk to uses. (Interview E, Z. 19–21)

Diese Beschreibungen erinnern sehr stark an Kades (1968) Modell der zweisprachigen Kommunikation (siehe Abschnitt 3.1.3), bei dem ein Ausgangstext durch einen Translator bzw. eine Translator „umschlüsselt" wird, damit die ursprüngliche Information auf der Empfänger:innenseite verstanden werden kann. Hier ergibt sich eine Verbindung zur Auffassung einiger Befragter, wonach sich eine Übersetzung dadurch auszeichne, dass sie die Bedeutung des Originals beibehalte und diese nicht verändere. Wenn ein Zieltext nicht denselben Inhalt wiedergibt wie der Ausgangstext, handle es sich dementsprechend nicht mehr um eine Übersetzung. Ein Befragter beschrieb Übersetzen als „Kopieren" von Inhalt in eine andere Kultur (Interview K, Z. 35–36). Eine Befragte merkte zudem an, dass Transkreation und Rekreation konzeptuell von Übersetzen zu trennen seien, da in diesen Fällen der Zieltext zu stark vom Original abweiche.

Translationskonzepte im Sinne von Informationsübertragung, oder Umschlüsselung können als Legitimation für die maschinelle Bewerkstelligung von Übersetzen angesehen werden. MÜ-Systeme fügen sich nahtlos in reduktionistische

## 7.2 Inhaltliche Auswertung entlang der Subkategorien

Vorstellungen von Übersetzen ein und gehen somit Hand in Hand mit mechanistischen Übersetzungsdefinitionen wie jener Oettingers (1960, S. 104): „Translating may be defined as the process of transforming signs or representations into other signs and representations".

Diesen kontrastiv-linguistischen Translationskonzepten standen Beschreibungen von Übersetzen als sprachliche und kulturelle Vermittlung gegenüber. So wurde Übersetzen als die Ermöglichung von Kommunikation über Sprachgrenzen hinweg bezeichnet: „For me translation is an enabler for people who do not share a language to communicate" (Interview L, Z. 43–44).

Einer der Befragten blieb zwar beim Bild von Nachrichtenübertragung, meinte jedoch, die Nachricht müsse nicht nur in eine andere Sprache gebracht, sondern auch in die Zielkultur eingebettet werden, damit sie dort verstanden werden kann:

So, for me, the process in which you bring some message from a culture and language to make it understandable by people from another language that might have another culture as well. (Interview B, Z. 46–47)

Einzelne Befragte sprachen davon, dass Übersetzen mehr sei als nur eine sprachliche Übertragung bzw. etwas in einem Wörterbuch nachzusehen. Ein Befragter gab an, dass der kulturelle Aspekt beim Übersetzen wichtiger sei als sprachliche Information. Da Sprache vor allem durch Kultur geprägt sei, müsse auch Übersetzen vor allem als kulturelle Tätigkeit angesehen werden. Diese Beschreibung unterscheidet sich deutlich von den Vorstellungen zu Übersetzen aus den Interviews M oder E (siehe oben).

Einige Befragte wichen im Laufe des Interviews von ihrer zu Beginn geschilderten Beschreibung von Übersetzen als Informationsübertragung ab, was drauf hindeutet, dass es ihre ursprüngliche Beschreibung zu überdenken begannen. So sprachen sie davon, dass es beim Übersetzen nicht nur um Inhalt, Wörter und Grammatik ginge, sondern darum, Konzepte bzw. menschliche Gedanken zu vermitteln:

I think it's reinterpreting human thoughts between different systems of thoughts. You can say that they are probably compatible but not exactly matching one to one. (Interview O, Z. 19–21)

Dementsprechend könne eine Übersetzung auch nicht als „exact match" oder „Spiegelung" von Inhalten im Sinne einer Eins-zu-eins-Repräsentation gesehen werden (Interview O, Z. 75–76). Dieses Zitat weist Ähnlichkeiten mit

Seleskovitchs (1975) „théorie du sens" auf, die eine Deverbalisierungstheorie zu Dolmetschprozessen darstellt (siehe auch Abschnitt 3.3.3). Die wörtlich getätigte Aussage wird abstrahiert, um ihren Bedeutungskern hervorzubringen. Die deverbalisierte Bedeutung wird anschließend in die zielsprachliche Rede überführt.

Bei genauerer Betrachtung dieser Aussagen ist auffallend, dass unter Computerlinguist:innen zwei diametral entgegengesetzte Translationskonzepte vorherrschen. Im ersten Fall wird Übersetzen als „Informationsübertragung" gesehen, im zweiten als „transkulturelle Vermittlung". Diese stark divergierenden Vorstellungen dürften unterschiedliche Ursprünge haben. So kann davon ausgegangen werden, dass sich mechanistisch anmutende Translationskonzepte vor allem aus der fachlichen Einbindung in die MÜ-Forschung und Entwicklung ergeben. Die Darstellung von Übersetzen als Akt der transkulturellen Vermittlung könnte hingegen der Sichtweise auf Humanübersetzung entspringen.

Aufschlussreich für die Studie ist die Tatsache, dass die große Mehrheit der Befragten zugestand, ihre Vorstellung zu Übersetzen als begrifflichem Konzept erst im Laufe des Gesprächs zu entwickeln und diese spontan während des Interviews in eine Formulierung zu gießen. Einige Befragte gaben an, im Laufe des Interviews zum ersten Mal aktiv darüber reflektiert zu haben, was Übersetzung als Prozess und Produkt ausmache. Dies dürfte auch damit in Zusammenhang stehen, dass in der computerlinguistischen Forschung keine fachlichen Definitionen von Übersetzen kursieren (Läubli, & Tieber, 2020). Die Lücke, die sich aus dem Fehlen von Übersetzungsdefinitionen in der Computerlinguistik ergibt, wird scheinbar mit trivialen Translationskonzepten gefüllt. Dies wird auch im Rahmen der Auswertung weiterer Subkategorien ersichtlich.

### 7.2.2.2 Computerlinguistische Übersetzungskonzepte

Diese Subkategorie umfasst Aussagen darüber, wie Übersetzen laut den Befragten maschinell bewerkstelligt werden kann. Die Befragungen deuten darauf hin, dass in der MÜ-Forschung und -Entwicklung kein gemeinsames Verständnis von Übersetzen vorzuliegen scheint. Zudem scheint in der Computerlinguistik kein Konsens darüber zu herrschen, wie Übersetzen zu definieren sei. Dies geht auch aus dem folgenden Zitat hervor:

> Nein, ich glaube nicht, dass man so ein Verständnis hat. Ich glaube, was wir machen, wir wollen Systeme bauen, die reproduzieren. Wir wissen, wir haben z. B. unsere Trainingsdaten, das sind Übersetzungen von Menschen, ganz viele, und wir wollen jetzt einfach ein System bauen, dass das reproduziert. (Interview H, Z. 223–226)

## 7.2 Inhaltliche Auswertung entlang der Subkategorien 171

An dieser Aussage ist zu erkennen, dass Übersetzen im computerlinguistischen Sinne an die Frage der technischen Machbarkeit geknüpft ist. Interessant dabei ist allerdings die implizite Vorstellung, etwas technisch reproduzieren zu wollen und zu können, wovon man selbst und auch die Disziplin kein genaues Verständnis hat. Diesbezüglich ist ein Befragter expliziter, wenn er in Frage stellt, ob MÜ-Entwickler:innen für ihre Arbeit überhaupt ein Übersetzungsverständnis brauchen:

> Wir brauchen auch nicht dieses Verständnis von einer menschlichen Übersetzung, offensichtlich, um ein Übersetzungssystem zu machen. Einfach weil wir selber, weil KI genau da ist, bei Dingen die wir zwar gut können, aber nicht gut erklären können. Genau für solche Situationen da ist machine learning gut darin. (Interview K, Z. 226–229).

Denkt man diese Aussage konsequent weiter, wird eine Reflexion zu Translationskonzepten obsolet. Der Mangel an Übersetzungskonzepten wird durch technologische Lösungen kompensiert. So sind die derzeit dominierenden Systeme für NMT untrennbar an die Technologie des maschinellen Lernens gekoppelt. Übersetzen ist aus computerlinguistischer Sicht demnach einer von vielen Anwendungsfällen für maschinelles Lernen:

> Wie gesagt, von uns aus gesehen, ob du ein System hast und du fütterst Text rein, und es kommt Text raus, oder ob du ein System hast und du fütterst andere Daten rein, z. B. Bilderdaten, und es kommt etwas anderes raus, kann Text sein, oder sonst was, das ist von der technischen Seite her kein großer Unterschied. (Interview G, Z. 90–93)

Ein Befragter merkt an, dass mit maschinellem Lernen unterschiedlichste Probleme gelöst werden können. Diese Aussagen legen den Schluss nahe, dass NMT stärker von der Technologie des maschinellen Lernens geprägt wird als von Translationskonzepten, die von Computerlinguist:innen selbst stammen. Für einen der Befragten ist es aus heutiger Sicht klar, dass es aufgrund des hohen Aufwands nicht zielführend sei, den Übersetzungsprozess in maschinenlesbare Regeln zu gießen. Selbstlernende Algorithmen seien regelbasierten Ansätzen daher überlegen:

> Man stellte sich vor, dass man in der Übersetzung sehr viel mit Regeln erfasst. Also die Syntax zu beschreiben oder semantische Lexika, aber mir war eigentlich früher schon klar, dass die Interaktion von Wörtern und die unterschiedlichen Bedeutungen, die unterschiedlichen Redewendungen, dass die Interaktion zwischen all diesen Wissensquellen so komplex ist, dass das eine hierarchische Organisation, die das einfach weiterreicht und das mit Regeln behandelt, dass das einfach unmöglich ist. Denn

man müsste so viele Regeln schreiben, so viele Interaktionsmodi behandeln, dass das einfach hoffnungslos ist. (Interview J, Z. 49–55)

Folgt man dieser Aussage, habe man in der MÜ die Wahl zwischen einem Translationskonzept, das auf einem komplexen Regelwerk basiert und letztendlich viel zu aufwendig in der Umsetzung ist, und der Auslagerung von komplexen Prozessen in das maschinelle Lernen. Die Umgehung eines systemlinguistischen Translationskonzepts zugunsten des Einsatzes von künstlicher Intelligenz wird demnach in der Computerlinguistik als zielführender angesehen.

Eine der Interviewpartner:innen merkte in diesem Zusammenhang auch an, dass der Übersetzungsprozess im Falle von MÜ der Funktionsweise von Computern angepasst werden müsse und nicht umgekehrt. Der Übersetzungsprozess müsse in gewisser Weise in eine Sprache übertragen werden, mit der Computer umgehen können: „[…] in MT, everything has to be translated into the language of machines. And its own language is zeros and ones" (Interview D, Z. 77–78). Da die grundlegende Leistung eines Computers die Durchführung von Berechnungen ist, müsse Übersetzen auch in Form von Berechnungsprozessen abgewickelt werden: „And yes, for a machine and also in machine translation, everything comes down to numbers in the end" (Interview N, Z. 63–64). Ein weiterer Befragter beschrieb MÜ ebenfalls als einen in Zahlen gegossenen Prozess:

> Das erste System, wo NMT [neural machine translation] funktioniert hat, da hat man einen ganzen Satz in der AS in einen einzigen Vektor gepresst von Zahlen. Also du repräsentierst einfach jeden beliebigen Satz mit sagen wir 1.024 Fließkommazahlen. Und dann nachher generierst du in der Zielsprache einfach dann Wörter der Reihe nach. (Interview H, Z. 281–284)

Lexikalische Segmente als Vektor bzw. als Fließkommazahl zu repräsentieren, impliziert, dass im Rahmen von MÜ Übersetzungsprozesse auf mehreren Ebenen angewandt werden. Sprache wird in Zahlen übersetzt, Zahlen in andere Zahlen, um am Ende wieder Zahlen in Sprache zurückzuübersetzen. Dem für Nutzer:innen sichtbaren Übersetzungsprozess, im Sinne der AT-Eingabe und ZT-Ausgabe, sind zahlreiche weitere, nicht sichtbare Übersetzungsprozesse nachgelagert.

Wenig Interesse scheint an sprach- oder translationswissenschaftlichen Übersetzungskonzepten zu bestehen, was auch von Befragten problematisiert wurde: „Computer Science people usually don't talk enough about the linguistics side of the problem, I guess, that is our fault" (Interview E, Z. 247–248). Ein Befragter vertrat in diesem Zusammenhang die Meinung, dass Fachleute aus der Sprachwissenschaft einen ergänzenden Beitrag zur Entwicklung von MÜ-Systemen leisten könnten: „[...] we need linguists, we need linguistics, we need information that goes beyond what the machine can do on its own" (Interview L, Z. 224–225). Die TW als mögliche Referenzdisziplin erwähnt er hingegen nicht. Dabei könnte die TW mit ihrer großen Bandbreite an theoretischen und empirischen Formen der Auseinandersetzung mit Übersetzen als Prozess, Produkt und als gesellschaftlichem Phänomen wertvolle ergänzende Perspektiven im Rahmen der MÜ-Forschung und -Entwicklung liefern.

Laut den Befragten zeigen sich viele Vertreter:innen der MÜ-Forschung jedoch bis jetzt wenig interessiert an sprach- oder translationswissenschaftlichen Fragestellungen zu MÜ. Ein Interviewpartner beschrieb eine prototypische Publikation im MÜ-Bereich folgendermaßen:

> So maybe most papers in MT would be like, I have an MT system, I modify some parameters, I do automatic evaluation and my score improves a little bit. And they don't even look at the output translations. So, I don't know what is going on. I just know according to this automatic metric, the score improves a bit, enough for the difference to be significant. (Interview B, Z. 139–142)

Das Streben nach messbar besserem Output kann demnach als bestimmender Faktor in der MÜ-Forschung und -Entwicklung bezeichnet werden. Computerlinguistische Translationskonzepte sind eng an die Leistung von MÜ-Systemen und somit an Übersetzungsqualität als Konzept gebunden, auf die in einer separaten Auswertungskategorie näher eingegangen wird (siehe Abschnitt 7.2.4).

### 7.2.2.3 Verständnis von Humanübersetzen

Die Befragten unterscheiden kategoriell zwischen Humanübersetzen und der maschinellen Bewerkstelligung von Übersetzungsprozessen, wobei Humanübersetzen immer wieder mit der Erbringung kognitiv anspruchsvoller Leistungen in Verbindung gebracht wurde. Einer der Befragten verbindet das Humanübersetzen allerdings auch mit dem Einsatz zahlreicher technischer Hilfsmittel:

> [...] was ich so gesehen hab, passiert da sehr viel Recherche-Arbeit. Ich hab immer das Gefühl gehabt, da hat man dann sein CAT-Tool und dann ist man am Übersetzen usw. und hat da die ganzen Hilfsmittel und so, aber ich hab vor allem gesehen, dass sehr viele Konzepte nachgeschaut werden und so. Wie funktioniert jetzt etwas überhaupt, das ich vielleicht noch gar nicht kenne als Übersetzer, wenn ich etwas übersetzen will in meine Muttersprache oder so muss ich das Konzept auch verstehen, dass ich das in meiner Sprache dann irgendwie überhaupt beschreiben kann usw. Was

machen Übersetzer? (ahm) Ja sie übertragen sicher Wörter von einer Sprache in eine andere, aber sie schauen dann wahrscheinlich, dass in der Zielsprache, dass das dann so auch wirklich funktioniert. Das ist mehr als Wörterbücher zu gebrauchen, glaube ich. (Interview H, Z. 49–59)

Um Sprache zu übersetzen, müsse laut dieser Aussage zunächst ein Verständnis des zu übersetzenden Inhalts vorliegen. Andernfalls könne ein Inhalt nicht in eine andere Sprache übertragen werden. Diese Aussage ist insofern aufschlussreich, als Computerlinguist:innen MÜ-Systemen kein „Verständnis" von Textinhalten attestieren (dieser Aspekt wird unter Abschnitt 7.2.6 noch näher besprochen).

Ein Befragter sprach in diesem Zusammenhang auch davon, dass die mentalen Prozesse im Falle des Humanübersetzens zu einem großen Teil nicht zu erfassen seien und das Gehirn von Humanübersetzer:innen somit einer Black-Box gleiche. Was das Zusammenwirken von Humanübersetzer:innen mit MÜ betrifft, gestand ein Befragter ein, dass die Architektur von MÜ-Systemen und CAT-Tools nicht an die Arbeitsweise von Humanübersetzer:innen angepasst sei:

[…] kann gut sein, dass maschinelle Übersetzung nicht besonders viel Rücksicht nimmt auf Übersetzer. Übersetzer sind gezwungen in vielen Bereichen zusammenzuarbeiten, also zusammenzuarbeiten mit MÜ. Es ist aber nicht gesagt, dass es für Übersetzer gut ist, den Text zu bearbeiten, zerschnitten in kleine Teile. Ist für mich nicht offensichtlich, warum das die beste Art ist etwas zu übersetzen. (Interview K, Z. 540–544)

In dieser Aussage wird auch auf Vorgehensweisen im Humanübersetzen Bezug genommen. Dabei sticht die Feststellung ins Auge, wonach die Unterteilung eines Textes in kleine Übersetzungssegmente keine sinnvolle Herangehensweise für Humanübersetzer:innen sei. Jedoch bleibt offen, inwiefern das Herunterbrechen des Ausgangstextes in kleine Einheiten im Rahmen der MÜ legitimiert werden kann. Ohne Zweifel geschieht dies in der MÜ auf Grund von technischen Rahmenbedingungen. Unabhängig davon, ob ein Mensch oder eine Maschine übersetzt, kann die Vernachlässigung einer globalen Übersetzungsstrategie und die Fokussierung auf kleine Übersetzungseinheiten jedoch als reduktionistische Herangehensweise angesehen werden.

Computerlinguist:innen dürften sich außerdem nicht besonders intensiv mit den Vorgehensweisen von Humanübersetzer:innen beschäftigen: „(lacht) (ahm) Ich glaube wir sprechen wirklich nicht so viel über menschliches Übersetzen und wie das passiert, ganz ehrlich (lacht)" (Interview G, Z. 85–86). Obwohl Humanübersetzen innerhalb der Computerlinguistik bzw. unter ihren Vertreter:innen somit von keiner besonderen Relevanz zu sein scheint, hatten doch zahlreiche

Befragte Vorstellungen von Unterschieden zwischen Human- und maschinellem Übersetzen, die im Folgenden besprochen werden.

### 7.2.3 Unterschiede zwischen Human- und maschinellem Übersetzen

Unter dieser Auswertungskategorie werden sowohl Unterschiede im Übersetzungsprozess als auch Vorteile von Human- und maschinellem Übersetzen aus der Sicht von Computerlinguist:innen besprochen.

#### 7.2.3.1 Unterschiede im Übersetzungsprozess

Einigkeit scheint darüber zu herrschen, dass die Prozesse des Humanübersetzens und jene der MÜ kaum miteinander verglichen werden können. Die Grundlage von NMT seien große Datensätze, auf deren Basis MÜ-Systeme trainiert werden: „Machines learn from data and they heavily depend on data" (Interview I, Z. 40–41). Als Trainingsdaten werden in aller Regel Übersetzungen verwendet, die von Humantranslator:innen angefertigt wurden:

> A machine learns from previous translations (ahm) done by humans. It's going to try to do something similar, similar to current sentences that humans have done before and try to mimic that. Try to do something similar. (Interview B, Z. 51–53)

Systeme für NMT versuchen demnach eine Lösung zu produzieren, die möglichst nahe an von Menschen angefertigten Beispielübersetzungen liegt. NMT-Systeme sind somit darauf programmiert, menschlichen Output zu simulieren. Der Lernprozess muss jedoch an die Funktionsweise einer Maschine angepasst werden. Dieser basiert auf einem Vergleich von Inputs und Outputs in Form von ATs und ihren Übersetzungen:

> So, in practice they function by approximation. A set of inputs and outputs and you can think of the training set as a big table of inputs and outputs, and they try to fit a function that maps the input to the output. (Interview O, Z. 68–70)

In der Trainingsphase versuchen NMT-Systeme somit Muster zwischen AT und ZT zu erkennen. Hier liegt auch eine grundsätzliche Schwachstelle von MÜ-Systemen im Vergleich zu Humantranslation. Denn ein NMT-System kann nur auf der Grundlage jener Daten arbeiten, die ihm zuvor zur Verfügung gestellt wurden. Wird eine Problemstellung nicht durch die Trainingsdaten abgedeckt, leidet die Ausgabequalität: „Then they add a specific sentence that is not covered in the training material and the system completely fails where a human wouldn't fail" (Interview O, Z. 51–52). An dieser Stelle wird bereits ein grundsätzlicher Unterschied zwischen Human- und maschinellem Übersetzen angesprochen. So kann die Fähigkeit zu abstraktem Denken als ein essenzielles Wesensmerkmal von Humanübersetzer:innen im Vergleich zu MÜ-Systemen gesehen werden. Diese Fähigkeit ermögliche es Ersteren, flexibel und situationsadäquat auf Übersetzungsaufträge einzugehen, während MÜ-Systeme nur Datensätze verarbeiten können: „They don't have understanding. The translation task is nothing but a set of data that is processed in a way and then comes out in a different way" (Interview L, Z. 89–90). Obwohl gängige MÜ-Systeme, wie für die Sprachkombination Deutsch-Englisch, auf der Basis sehr großer Datenmengen arbeiten, erreichen auch diese nicht dieselbe Qualität wie eine Humanübersetzung:

> Well, I mean we are throwing enormous amounts of data at these models, so for instance, our English to German system, which does really really well, we train with 50 Million sentence pairs. 50 Million sentences which are translated. That's a ridiculously large amount of text. I mean a human couldn't read all that in a lifetime. And the model managed to do really well now. It still is not as good as human translation. (Interview C, Z. 155–159)

Dass MÜ-Systeme trotz der beträchtlichen Menge der zur Verfügung gestellten Daten in der Regel schlechter abschneiden als Humanübersetzungen, führen einige der Befragten darauf zurück, dass Maschinen nicht selbstständig und kreativ handeln können:

> So, a human is a creative being that has this information already in his brain or her brain. And a machine looks at this text that you give to it and it calculates the probability that one sentence will be translated that way. (Interview F, Z. 116–118)

Im Gegensatz zu Humanübersetzer:innen verfügten MÜ-Systeme auch über keinen „Intellekt" oder ein Weltmodell: „Ich meine anstatt des Verstehens benutzen wir Statistiken oder neuronale Messungen, die das aus dem Kontext vieler solcher Daten erlernen (Interview J, Z. 275–277). Dementsprechend können MÜ-Systeme auch nicht die Prozesse von Humantranslator:innen simulieren. Dies sei auch gar nicht das Ziel der MÜ-Entwicklung. Sehr wohl sollen jedoch die Ergebnisse möglichst nahe an die Qualität von Humantranslation heranreichen:

> I mean MT is mostly NMT [neural machine translation] now, where you have this big neural network that is trained on a parallel corpus. So, you can say that they try to

## 7.2 Inhaltliche Auswertung entlang der Subkategorien

copy what human translators do. I don't know whether you can call that a simulation. (Interview O, Z. 57–59)

Einer der Befragten war jedoch der Meinung, dass MÜ-Systeme sehr wohl „semantisches Wissen" aus den Trainingsdaten ableiten können:

> Es ist nicht so, dass es gar kein Weltwissen gibt, denn die reinen Statistiken der Kontexte enthalten natürlich schon so etwas wie semantisches Wissen. Ich meine die Tatsache, dass „Bank" eine finanzielle Institution ist, wenn ich sage „Deutsche Bank", auch wenn es eine ganz einfache Statistik ist von dem Nachbarwort, also wenn zu „Bank" im Nachbarwort „Deutsche" vorkommt, dann bedeutet das die finanzielle Institution. Ist das jetzt semantisches Wissen oder nicht? (Interview J, Z. 291–295)

Auch wenn durch eine Statistik basierend auf lexikalischen Vorkommnissen in einem Korpus gewisse Zusammenhänge abgeleitet werden können, gesteht derselbe Befragte ein, dass es sich hierbei nicht um dasselbe semantische Verständnis oder Weltwissen wie bei Menschen handle:

> Aber trotz allem würde ich nicht sagen, dass das jetzt ein Tiefenverständnis ist, im Sinne, dass jetzt auch alle anderen Details, was jetzt Banken so tun und wie sie arbeiten und was auch immer, das jetzt beinhaltet. Insofern das wichtig ist für die Übersetzung, kann sich das auch auf die Qualität auswirken. (Interview J, Z. 297–300)

Laut dieser Aussage, steht die Fähigkeit zu abstraktem Denken sowie das Vorhandensein von Weltwissen im Zusammenhang mit Übersetzungsqualität. Da Maschinen jedoch nicht mit diesen Konzepten operieren, unterscheidet sich der maschinelle Übersetzungsprozess gänzlich von jenem des Menschen. Maschinelle Übersetzungsvorgänge wären auch dann nicht an Humantranslation anpassbar, wenn man die kognitiven Prozesse bei menschlichen Übersetzer:innen genauer beschreiben könnte:

> KI ist natürlich nicht dazu da, den Menschen zu ersetzen. Weil Menschen haben wir ja schon genug. Also es wäre nicht gescheit, wenn wir KI genau so machen wie Menschen. Weil Menschen haben klar definierte Grenzen und Nachteile und die wollen wir eigentlich nicht in KI einbauen. (Interview K, Z. 219–222)

Dementsprechend sollte die MÜ auch nicht danach streben, Prozesse des Humanübersetzens zu simulieren. Human- und maschinelle Translation verfolgen zwar dasselbe Ziel, jedoch erfordere jede Translationsform unterschiedliche Herangehensweisen, so der Tenor. Human- und maschinelle Translation hätten deswegen auch unterschiedliche Vorzüge und eigneten sich für unterschiedliche Einsatzbereiche.

### 7.2.3.2 Vorteile und Einsatzbereiche von maschinellem Übersetzen

Unter Computerlinguist:innen scheint Konsens darüber zu bestehen, dass Human- und maschinelle Übersetzung unterschiedliche Vorteile bieten und für jeweils unterschiedliche Bereiche eingesetzt werden sollten. Beide Translationsformen könnten einander ergänzen und letztlich koexistieren:

> So machines in a sense are covering a field that human translators cannot even work in. [...] [O]n the other hand, MT can be, as I was saying, an enabler for situations where you don't have a translator available and then you may use MT in order to communicate with somebody else. (Interview L, Z. 125, 161–162)

Als Hauptgrund dafür, dass es zwischen Human- und maschineller Translation zumindest theoretisch zu keiner direkten Konkurrenz komme, wurden die unterschiedlichen Einsatzgebiete angeführt: „Ist das jetzt, weil die Maschine schon mehr kann als der Mensch, oder umgekehrt. Ich denke [...], wie Sie schon vermuten, die Einsatzgebiete sind halt anders" (Interview J, Z. 316). Als Haupteinsatzgebiet von MÜ wurden Bereiche angeführt, in denen spontaner Translationsbedarf entsteht, der rasch gedeckt werden soll, und Situationen, in denen Qualität ein zu vernachlässigender Faktor ist:

> Wenn es sehr schnell gehen muss, wenn Qualität nicht ganz so wichtig ist, wenn die Geschwindigkeit wichtiger ist, könnte man vielleicht sagen, maschinelle Übersetzung ist das Stärkere. (Interview H, Z. 349–350)

Viele Nutzer:innen maschineller Translation seien laut einem Befragten bereit, Qualität im Gegenzug für Schnelligkeit zu opfern. Als prototypischer Einsatzbereich für MÜ wurde in diesem Zusammenhang „Gisting" genannt. Dabei geht es darum, eine Idee vom Inhalt eines Textes zu bekommen, wobei keine hohe Übersetzungsqualität erwartet wird:

> Ich krieg z. B. eine E-Mail von einem Kunden oder so, ich möchte jetzt gleich wissen, was der da sagt, dann ist es vielleicht nicht so wichtig, dass grammatisch alles ganz schön stimmt und so, und das kann menschliche Übersetzung ja nicht leisten in dem Sinn, man kann nicht in einer Sekunde eine E-Mail übersetzen, das kann der beste Übersetzer nicht. (Interview H, Z. 340–344)

## 7.2 Inhaltliche Auswertung entlang der Subkategorien

Dabei spielt es auch eine Rolle, dass die Inanspruchnahme von MÜ in den allermeisten Fällen sehr billig oder gar kostenlos ist: „Da erwartet niemand, dass die perfekt übersetzt sind, aber sie sind halt kostenlos, zur freien Verfügung und funktionieren so lala, dass man zumindest versteht, worum es sich dreht" (Interview J, Z. 318–320). Vor allem in großen Unternehmen setze man auch deswegen vermehrt auf MÜ, weil man sich dadurch Kosteneinsparungen erwarte.

MÜ steht somit für den allgemeinen, durch die Digitalisierung beförderten Trend der schnellen Bedürfnisbefriedigung durch technologische Hilfsmittel. Negative gesellschaftliche Entwicklungen, wie der Verlust von Arbeitsplätzen, werden zunehmend in Kauf genommen, um zu kostensparenden Lösungen zu kommen, die zumindest scheinbar Arbeits- und Lebensumstände verbessern (Brynjolfsson, & McAfee, 2011). Der Übersetzungsbereich ist eine von vielen Branchen, in denen Arbeitsprozesse durch den Einsatz von Technologie schlanker, effizienter und somit wirtschaftlicher gestaltet werden sollen.

Ein weiterer Vorteil von MÜ besteht darin, dass es bei Maschinen zu keiner kognitiven Ermüdung wie bei Menschen komme, wie ein Befragter ausführt. Die Leistung eines MÜ-Systems bleibe immer stabil, vorausgesetzt, die zur Verfügung stehenden Daten und die Rechenkapazitäten blieben gleich (Interview J, Z. 265–268). Vor allem die Qualität von MÜ-Systemen, die für einen terminologisch eng abgegrenzten Bereich eingesetzt werden, auf den sie zuvor trainiert wurden, sei deshalb konstant verlässlich. Einige Befragte wiesen in diesem Zusammenhang jedoch darauf hin, dass der Einsatz von MÜ trotzdem von Post-Editing durch professionelle Translator:innen begleitet werden müsse. Dies sei vor allem in Bereichen erforderlich, wo man sich eine hohe Übersetzungsqualität erwarte:

> […] da müssen ja trotzdem Menschen das noch bearbeiten, und auch dort kommt es z. B. für sehr wichtige Marketing-Texte, für Slogans oder so kommt es den Leuten nicht in den Sinn maschinelle Übersetzungssysteme einzusetzen. Also man könnte in der Anwendung vielleicht so ein bisschen eine Unterscheidung treffen. (Interview H, Z. 345–348)

Insofern ist die vorherrschende Meinung nicht verwunderlich, dass es auch in Zukunft Humanübersetzer:innen brauche. Jedoch ortete eine der Befragten Verwerfungen zwischen der Welt der maschinellen und der Humanübersetzung:

> And in the translation industry there has been a clash. A massive one because MT and the hype that was around it provoked a lot of resistance from the professional translators because they felt like they were being replaced. (Interview L, Z. 152–154)

Dieselbe Interviewpartnerin wies darauf hin, dass MÜ außerdem auf von Menschen produzierte Übersetzungen in Form von Trainingsdaten angewiesen sei: „[…] because we need some kind of source data and target data. So we need translators one way or another" (Interview L, Z. 154–155). Hier ergibt sich somit ein kurioses Abhängigkeitsverhältnis: Einerseits steht im Raum, dass Humantranslator:innen durch MÜ verdrängt würden. Umgekehrt ist die Entwicklung von MÜ-Systemen darauf angewiesen, dass professionelle Übersetzer:innen qualitätsvolle Texte produzieren, die wiederum als Trainingsdaten für MÜ verwendet werden. Humanübersetzer:innen liefern somit die Grundlage für den Erfolg von NMT. Hier manifestiert sich ein grundsätzliches Problem, das sich in zahlreichen Branchen durch die Digitalisierung ergibt.

### 7.2.3.3 Vorteile und Einsatzbereiche von Humanübersetzung

Auch aus Sicht von Computerlinguist:innen biete die Humanübersetzung in bestimmten Aspekten zahlreiche Vorteile gegenüber MÜ. Beispielsweise seien Humanübersetzer:innen verlässlicher als MÜ und erbrächten qualitativ hochwertigere Leistungen:

> The obvious [difference] is in terms of quality and reliability. I guess that you don't have so much of that in machines as you get in humans. So machines are less reliable and have less quality. (Interview E, Z. 28–30)

Die höhere Qualität, die von professionellen Übersetzer:innen im Vergleich zu MÜ geboten wird hat jedoch den Preis der längeren Bearbeitungsdauer:

> […] sagen wir, wir haben zwei Dimensionen. Geschwindigkeit und Outputqualität, wie auch immer das genau definiert ist. Wenn ich das jetzt ganz grob überschlagen müsste, könnte man ja schon sagen, ja gut, MÜ ist viel schneller, aber viel schlechter und menschliche Übersetzung wäre viel besser aber viel langsamer. (Interview H, Z. 358–361)

Somit findet ein direkter Abtausch zwischen den beiden Dimensionen Geschwindigkeit und Übersetzungsqualität statt. Unter den Computerlinguist:innen herrschte sehr wohl Bewusstsein darüber, dass Humanübersetzer:innen Leistungen erbringen, die MÜ-Systeme nicht bewerkstelligen können. In diesem Zusammenhang wurde bspw. die Umsetzung eines konkreten Übersetzungsauftrags, die Erfüllung spezieller Kund:innenwünsche, Wissen um Projektabläufe sowie das Einbringen von Fachwissen und zwischenmenschlicher Kompetenz angesprochen. Humanübersetzer:innen seien außerdem flexibler einsetzbar als

## 7.2 Inhaltliche Auswertung entlang der Subkategorien

MÜ-Systeme, da Letztere in der Regel auf bestimmte Anwendungsgebiete trainiert sind:

> Maschinelle Übersetzungssysteme können nur übersetzen was sie gelernt haben, oder nur gut übersetzen was sie gelernt haben. Also wenn du z. B. ein System sagen wir auf Gesetzestexte trainierst und du dann News damit übersetzen willst, dann wird das nicht so gut sein. Und menschliche Übersetzer, denke ich mir, für die spielt es keine Rolle, die können sich anpassen. (Interview G, Z. 146–149)

Hinzu komme, dass Humanübersetzer:innen auch eine Rolle als Kulturvermittler:innen einnehmen würden. Die Anpassung eines Textes an das jeweilige Zielpublikum sei demnach ebenfalls ein Aspekt, der von MÜ-Systemen nicht berücksichtigt werden könne. Die Vorteile von Humanübersetzung werden u. a. darauf zurückgeführt, dass Menschen ein semantisches Verständnis hätten und über ein „Welt-Modell" verfügten:

> So, the basic difference between a machine and a human is that the machine has no understanding whatsoever of what the words mean. And there is no model of the world, there is no knowledge. It is literally just looking at correlations between you know, frequencies of lexical items and contexts. So, it's very good at creating statistics about large amounts of data, about one word following another. (Interview C, Z. 159–163)

Die Vorteile, die Humanübersetzer:innen im Vergleich zu MÜ mit sich bringen, wurden vor allem mit ihrer Fähigkeit zu bewusstem und selbstreflexivem Handeln in Verbindung gebracht. Deshalb ist es Humanübersetzer:innen auch möglich, ihre eigene Arbeit zu bewerten:

> Das können Menschen sehr gut machen. Wenn sie es ein zweites Mal anschauen, dann wissen sie, ob ihre Übersetzung gut oder schlecht ist, ihre eigene. Übersetzungssysteme machen das nicht, sie können das nicht. Es gibt schon Forschung zu Quality-Estimation oder Konfidenz von MÜ-Systemen, aber das funktioniert nicht zufriedenstellend. (Interview K, Z. 407–410)

Aus Sicht der MÜ-Forscher:innen und -Entwickler:innen gibt es sehr wohl Einsatzbereiche, für die MÜ nicht geeignet sei und in denen es zumindest immer eine menschliche Kontrollkomponente in Form eines Humanübersetzers bzw. einer -übersetzerin geben müsse. Dies gelte besonders für Texte, die publiziert werden. Im Zusammenhang mit Nachteilen der MÜ im Vergleich zu Humanübersetzen fällt auf, dass diese im computerlinguistischen Diskurs kaum diskutiert geschweige denn nach außen kommuniziert werden (Läubli, & Tieber, 2020).

Forscher:innen außerhalb der Computerlinguistik können jedoch aufgrund der fehlenden Fachkompetenz nur eingeschränkt auf Probleme im Zusammenhang mit der Funktionsweise von MÜ-Systemen aufmerksam machen. Umso wichtiger wäre ein reflektierter und selbstkritischer Umgang mit MÜ als Technologie vonseiten der CL.

Die Diskussion um Vor- und Nachteile von Human- und maschinellem Übersetzen steht, wie sich gezeigt hat, im Zusammenhang mit Translationsqualität, die als nächste thematische Kategorie besprochen wird.

### 7.2.4 Übersetzungsqualität in der Computerlinguistik

Translationskonzepte stehen in enger Verbindung mit Vorstellungen zu Übersetzungsqualität. Das Verständnis darüber, was Übersetzung als Tätigkeit, Prozess oder Produkt ausmacht, scheint für Computerlinguist:innen untrennbar an Erwartungen an eine gute Übersetzung gekoppelt zu sein.

#### 7.2.4.1 Definition „gute Übersetzung"

Die Befragten zeigten sehr ähnliche Auffassungen darüber, was eine „gute Übersetzung" ausmacht. Am häufigsten wurden die Kriterien inhaltliche Äquivalenz und zielsprachliche Flüssigkeit genannt. Eine Übersetzung müsse denselben Inhalt wie das Original wiedergeben und idiomatisch sein:

> [...] (lacht) it should both be accurate and fluent. So, it should correctly represent the meaning of the original sentence without adding anything. It should also possibly be like a sentence produced by a native speaker. (Interview O, Z. 30–32)

Laut dieser Aussage sollte eine Übersetzung nichts hinzufügen, das nicht im AT enthalten ist. Dies schließt somit Erklärungen aus, die das Ziel verfolgen, das Verständnis eines Zieltextes in der Zielkultur zu erleichtern. Die Schlagworte Inhalt und Sprache wurden im Zusammenhang mit Übersetzungsqualität häufig ins Treffen geführt. Eine Befragte wählte die Formulierung, „dem Inhalt treu bleiben" und „grammatikalisch korrekt sein" (Interview D, Z. 29–30). Eine weitere Befragte lieferte hierfür eine alternative Formulierung und nannte auch die Kriterien Verständlichkeit und Funktionalität: „[...] my definition of translation is when the information from the source is in the target and is understandable and usable. That is a good translation for me" (Interview F, Z. 125–127). Eine der Befragten sprach anstelle von Inhalt bzw. Information von „Bedeutung" und erwähnte zusätzlich das Kriterium Sprachstil: „[...] when it [the translation] preserves the meaning and the style of the original language" (Interview C, Z. 109).

Die befragten Computerlinguist:innen blieben somit nicht nur bei den Kriterien der inhaltlichen Äquivalenz und der zielsprachlichen Flüssigkeit, sondern zeigten Kenntnis über weitere Qualitätsmerkmale von Übersetzungen wie Verständlichkeit und Berücksichtigung des Sprachstils. Sie sparten jedoch aus, ob und wie diesen Kriterien in der MÜ Rechenschaft getragen werden könne.

Im Zusammenhang mit der sprachlichen Qualität einer Übersetzung vertraten zwei Befragte die Meinung, dass eine Übersetzung u. a. dann gut sei, „wenn man nicht merkt, dass es eine Übersetzung ist" (Interview H, Z.63–64; Interview K, Z. 293–294). Diese Aussage lässt darauf schließen, dass diese Personen negative Eigenschaften mit Übersetzungen als Texte verbinden. Eine Übersetzung, die nicht als solche erscheint, wird jedoch mit höherer Übersetzungsqualität assoziiert. Es darf angenommen werden, dass diese Überlegung wohl daher stammt, dass maschinell produzierte Übersetzungen aufgrund ihrer teilweise niedrigen Qualität, als MÜ-Output identifiziert werden. Wenn jedoch in weiterer Konsequenz Übersetzungen generell mit negativen Attributen versehen werden, ist dies aus einer globalen Perspektive als problematisch zu betrachten.

Die Definition einer Interviewpartnerin stach insofern heraus, als sie Übersetzungsqualität von Kundenzufriedenheit abhängig machte:

> Eine gute Übersetzung im kommerziellen Bereich ist eine Übersetzung, die Kunden zufrieden stellt, in Wirklichkeit. Was auch immer das heißen mag. Das ist in Wirklichkeit die einzige Metrik, die man in der Übersetzungsbranche hat. [...] ist der Kunde zufrieden, oder nicht. D.h. man sollte die Kundenanforderungen erfüllen, was den Stil, die Varietät, was die kulturspezifische und Sprachgemeinschaft betrifft. Das heißt, wenn man einen österreichischen Kunden hat, sollte man österreichische Rechtsterminologie verwenden anstelle der deutschen Rechtsterminologie. Um es kurz zu sagen, alles, was die Kundenanforderungen erfüllt. (Interview M, Z. 285–291)

Die Nennung von Kund:innenzufriedenheit als Messwert für Übersetzungsqualität stellt sich vor allem deswegen als interessant heraus, weil sich darunter zahlreiche Aspekte subsumieren lassen und Kund:innenzufriedenheit somit ein sehr offenes Kriterium darstellt. Die Bezugnahme auf ein abstraktes Konzept stellte allerdings die absolute Ausnahme in der Diskussion zu Übersetzungsqualität im Rahmen der geführten Interviews dar. Die restlichen Befragten nannten durchgehend Kriterien, die sich aus der Beschaffenheit einer Übersetzung als Text ergeben. Abseits der Definition für eine gute Übersetzung sprachen die Befragten jedoch auch von allgemeinen Erwartungen an eine Übersetzung.

## 7.2.4.2 Erwartungen an eine Übersetzung

Ein Teil der Diskussion zum Thema Übersetzungsqualität drehte sich auch um subjektive Erwartungshaltungen an Übersetzungen. Ein Großteil der Befragten war sich einig, dass eine Übersetzung vor allem das Kriterium der „Zweckmäßigkeit" erfüllen sollte:

> Es gibt einfach verschiedene Verwendungszwecke für Übersetzungen, und die Verwendungen haben unterschiedliche Ansprüche an Übersetzungen, und im Allgemeinen kann man die Güte von Übersetzungen besser beurteilen nach dem Erfolg der Handlung, die man setzen möchte. (Interview K, Z. 322–325)

In der Nennung von Zweckmäßigkeit als Kriterium für Übersetzungsqualität lässt sich eine Parallele zu funktionalen Ansätzen innerhalb der TW und insbesondere zur Skopostheorie (Vermeer, 1986) erkennen. Demnach gelte es, die Ausgestaltung einer Übersetzung an den Zweck anzupassen, den sie in der Zielkultur erfüllen soll. Den Zweck einer Übersetzung zu bestimmen und sie an diesem auszurichten, setzt allerdings bewusstes Handeln voraus, das im Fall von MÜ nicht vorliegt.

Einige MÜ-Forscher:innen und -Entwickler:innen interpretierten das Kriterium der Zweckmäßigkeit im Sinne einer Legitimation für die Verwendung von MÜ. Diese werde vor allem deswegen in Anspruch genommen, weil sich die Nutzer:innen durch sie zu etwas befähigt fühlen. Hier kann es bspw. darum gehen, das Thema eines fremdsprachigen Textes erahnen zu können („Gisting"). Erfüllt eine maschinell produzierte Übersetzung ihren Zweck, wären die Nutzer:innen auch bereit, über mögliche Unzulänglichkeiten hinwegzusehen:

> Sie [die Übersetzung] kann akzeptabel sein, im Sinne von Zweckerfüllung. Das wäre dann mehr eine Übersetzung im Sinne von „Gisting". Sagen wir ich bin in den Ferien und ich muss ein Hinweisschild entziffern und ich will nur wissen, wo es zu den Toiletten geht und ich zücke mein Telefon und finde das heraus. Dann habe ich nur den Anspruch die richtige Entscheidung treffen zu können auch mit einer schlechten Übersetzung. Auch wenn dann Toiletten im falschen Fall übersetzt wird, sagen wir mal. (Interview K, Z. 284–288)

Mehrere Befragte sprachen davon, dass viele MÜ-Nutzer:innen Probleme bspw. in Form von Grammatikfehlern akzeptierten, solange sie erfolgreich Auskunft über etwas erhalten können. Dies sei vor allem deswegen der Fall, weil MÜ-Systeme sofort Ergebnisse produzieren und die Nutzung in sehr vielen Fällen kostenlos ist.

Die grundsätzlichen Unterschiede zwischen MÜ und HÜ machen es laut einigen Befragten auch erforderlich, prinzipiell unterschiedliche Erwartungen an sie zu stellen. So sei man in der Entwicklung von MÜ-Systemen schon damit zufrieden, wenn der Inhalt des Ausgangstextes übertragen wird: „[…] in machine translation, you know, we didn't have the luxury of caring too much about style, because we struggle to convey meaning" (Interview C, Z. 50–51). Letztendlich könne nur eine menschliche Komponente im Übersetzungsprozess für hohe Übersetzungsqualität sorgen: „[…] in order to have a high quality translation, you need to have the human in the loop, at some point" (Interview B, Z. 147–148). Eine weitere Befragte vertrat die Meinung, dass eine maschinell erstellte Übersetzung ohne Post-Editing nicht für Kund:innen geeignet sei:

> Ich glaube, im Moment ist das ohne menschliches Post-Editing eben bzw. Einbindung von Menschen in den tatsächlichen Prozess nicht möglich, also man kann da nichts produzieren, was man mit gutem Gewissen einem Kunden geben könnte. Also ohne drüberzuschauen. Das würde glaube ich niemand riskieren in der Branche. (Interview M, Z. 278–281)

Dieser Aussage zufolge könnte MÜ einigen generellen Erwartungen an Übersetzungen kaum gerecht werden. Bspw. ist die Anpassung eines Textes an das jeweilige Zielpublikum oder die Berücksichtigung stilistischer Merkmale in der MÜ kaum möglich. Hier scheint eine Diskrepanz zwischen den Anforderungen an eine Übersetzung und der Leistung von MÜ-Systemen zu bestehen. In der CL gelten für Übersetzungen aber ohnehin andere Qualitätskriterien als die zuletzt genannten.

### 7.2.4.3 Qualitätskriterien und Qualitätsmessung in der maschinellen Übersetzung

Die persönlichen Erwartungen von Computerlinguist:innen an eine Übersetzung unterscheiden sich teilweise von jenen Qualitätskriterien, die üblicherweise in der MÜ-Forschung und -Entwicklung angewendet werden. Generell gilt Übersetzungsqualität in der Computerlinguistik als quantifizierbarer Faktor. Ähnlich wie die Erstellung einer Übersetzung sei auch Übersetzungsqualität somit eine Größe, die automatisch berechnet werden könne, solange man eine konkrete Definition von Übersetzungsqualität habe: „The quality can be calculated but then it depends on your definition of quality" (Interview F, Z. 73).

Die Möglichkeit, den Output von MÜ-Systemen automatisch zu bewerten, wurde als Meilenstein in der MÜ-Forschung bezeichnet: „So the field struggled a lot until the field came up with a metric that measured translation quality. It was shown to correlate with human judgement of translation quality" (Interview C, Z. 114–117). Die Aussagekraft automatischer Metriken zur Beurteilung von Übersetzungsqualität basiert somit auf der Annahme, dass Menschen und Maschinen zu ähnlichen Ergebnissen kommen, wenn sie Übersetzungen bewerten. Übersetzungsqualität wird in der Computerlinguistik primär durch lexikalische Übereinstimmung mit einer Referenzübersetzung angegeben:

> [...] die berühmteste Metrik heißt BLEU. BLEU ist hoch, wenn viele Wörter [...] mit der Referenzübersetzung übereinstimmen. Und die Übereinstimmung ist höher, wenn viele n-Grame übereinstimmen, wenn viele zusammenhängende Stücke z. B. drei Wörter nacheinander übereinstimmen, das gibt einen höheren Score. (Interview K, Z. 351–354)

Der Faktor der Wortübereinstimmung mit einer Referenzübersetzung wird in der CL als „Adequacy" und jener der Übereinstimmung in der Wortstellung als „Fluency" bezeichnet. „Adequacy" sei mit der inhaltlichen Ebene einer Übersetzung und „Fluency" mit der sprachlichen Korrektheit gleichzusetzen:

> Eine gute Übersetzung ist (...) naja, wir reden in der Fachwelt immer von „Adequacy" und „Fluency". Also „Adequacy" bedeutet natürlich, dass der Sinngehalt richtig vermittelt worden ist. Und das ist in der Regel natürlich das Wichtigste, Sie wollen ja nicht etwas Falsches sagen. (Interview J, Z. 238–241)

Die Gleichsetzung von „Adequacy" mit der korrekten Übertragung des Sinngehalts kann insofern als interessanter Vergleich bezeichnet werden, da mehrere Befragte davon sprachen, dass „Verstehen" und das „Erfassen von Sinn" für ein MÜ-System nicht möglich seien (siehe Abschnitt 6.2.3.1). Den Faktor „Fluency" verglich derselbe Befragte mit der Verständlichkeit eines Textes:

> [Fluency] bedeutet im Wesentlichen, dass der Satz „flüssig" [...] dargestellt ist. Also Sie können sich vorstellen, dass Sie alle Wörter richtig haben, aber in der falschen Reihenfolge. Dann wird das nicht besonders gut verständlich, aber streng genommen wäre er korrekt. (Interview J, Z. 243–245)

In dieser Aussage wird Verständlichkeit vor allem von Syntax abhängig gemacht, was sich dadurch erklären lässt, dass der Faktor „Fluency" lediglich anhand von Abweichungen in der Wortstellung berechnet wird. Verständlichkeit wird somit auf korrekte Syntax reduziert, was vor einem sprachwissenschaftlichen Hintergrund als problematisch eingestuft werden kann.

## 7.2 Inhaltliche Auswertung entlang der Subkategorien

Maschinelle Beurteilung von Übersetzungsqualität ist somit nur anhand eindeutig quantifizierbarer Faktoren wie lexikalische Übereinstimmung möglich. Automatische Metriken zur Bestimmung von Übersetzungsqualität berechnen somit die Ähnlichkeit der Textoberfläche eines MÜ-Outputs im Vergleich zu einer Humanübersetzung desselben Ausgangstextes:

> So, you pass the source through the system, you get an output, and you compare your output to a reference by a human and automatic metrics like BLEU merely count how many words, sets of words, sets of 3 words and 4 words match. (Interview B, Z. 167–169)

Maschinelle Evaluationssysteme können somit nur relative Übersetzungsqualität feststellen, da in jedem Fall eine Vergleichsübersetzung vorliegen muss, um einen Wert zu berechnen: „[…] also es ist möglich für uns zu sagen, System A ist besser als System B, das geht relativ gut, aber einfach abzuschätzen, System A ist gut oder ist mittelgut oder ist schlecht, das ist viel schwieriger" (Interview G, Z. 59–61). Einigen Befragten ist es bewusst, dass diese Art der Qualitätsmessung viele relevante Faktoren nicht berücksichtigen kann:

> Und darüber hinaus kommen natürlich Fragen der Kontexteinbettung, der sprachlichen Intention, des Stils, des Rhythmus und diese Sachen hinzu für hochstehende insbesondere literarische Übersetzung. (Interview A, Z. 26–28)

Diese Aspekte könnten jedoch im Rahmen automatischer Qualitätsmessung nicht berücksichtigt werden, was der Funktionsweise dieser Metriken geschuldet ist. Im Rahmen der automatischen Messung von Übersetzungsqualität kommt es jedoch noch zu weiteren Problembereichen.

### 7.2.4.4 Probleme in der automatischen Messung von Übersetzungsqualität

Unter den Befragten herrschte Konsens darüber, dass die automatische Messung von Übersetzungsqualität zahlreiche Probleme mit sich bringen würde. Ein Befragter sprach davon, dass automatische Messverfahren eine „Übervereinfachung" des Konzepts Übersetzungsqualität darstellten:

> Ja, weil es so eine Übervereinfachung ist, glaube ich. Wir brauchen halt einfach so, wir müssen uns irgendwie messen können, das ist ja alles ganz wichtig, sonst können wir keine Wettbewerbe machen, sonst können wir keine Resultate publizieren, dann machen wir dann einfach eine Übervereinfachung und dann hat man aber auch das

Problem, dass wenn man etwas zeigen will in der Forschung, dass man das dann gar nicht kann, weil man es eben zu stark vereinfacht hat. (Interview H, Z. 195–199)

Trotz der Defizite hinsichtlich dieser Form der automatischen Evaluation von Übersetzungsqualität gibt es in der MÜ-Forschung und Entwicklung keine gangbaren Alternativen. Eine prinzipielle Schwachstelle maschineller Evaluationsverfahren sei, dass bloß das Vorkommen und die Anordnung lexikalischer Einheiten berücksichtigt werde und die Qualitätsbeurteilung somit nicht über die Textoberfläche hinaus gehe:

> But it has some big flaws and doesn't measure for instance long distance dependencies, it doesn't measure semantics, I mean it can do lexical correlations, so you know it matches words and between the reference standard translation and the output and in the end the machine comes up with a global score. (Interview C, Z. 124–127)

Die Messung von Übereinstimmung auf der Ebene des Vorkommens und der Anordnung lexikalischer Einheiten lässt keine Berücksichtigung von Semantik zu. Dies führt u. a. zum Problem, dass Formulierungen, die nicht der Referenzübersetzung entsprechen, automatisch als fehlerhaft gewertet werden, auch wenn sie den gleichen Inhalt ausdrücken: „Diese ganzen automatischen Metriken können keine semantischen Äquivalente und keine Paraphrasierung usw. erkennen" (Interview M, Z. 255–257). Die Verwendung einer spezifischen Referenzübersetzungen als Bewertungsgrundlage impliziert ein Translationsverständnis, in dem „eine richtige" Übersetzungslösung existiert, an der es sich zu orientieren gilt. Dies erinnert an Kades (1968, S. 56) Beschreibung eines „idealen Translators" bzw. einer „idealen Translatorin" sowie an Vinays und Darbelnets (1958/1995, S. 5) Darstellung eines „ideal" bzw. „unique equivalent" (siehe Abschnitt 3.1.2). Abweichungen von diesem werden als Fehler gewertet. Die Idee der Existenz einer idealen Übersetzungslösung steht für ein binäres Translationsverständnis, das zwischen „richtigen" und „fehlerhaften" Übersetzungen unterscheidet und kann somit als stark reduktionistische Sicht auf Übersetzungsqualität qualifiziert werden.

Das Heranziehen einer bestimmten Übersetzung als einzige Vergleichsgrundlage zur Bestimmung der Qualität eines Translats ist ebenfalls problematisch, denn der Umstand, dass automatische Messverfahren für Übersetzungsqualität keine alternativen Formulierungen berücksichtigen, führt zu konkreten Problemen in der Entwicklung von MÜ-Systemen. So wird NMT auf Basis dieser Evaluationsverfahren trainiert: „Also das muss wirklich dieser einen oder zwei

## 7.2 Inhaltliche Auswertung entlang der Subkategorien

existierenden Referenzübersetzung entsprechen, oder es wird als falsch gewertet. Und so trainieren wir derzeit unsere Systeme" (Interview M, Z. 255–257). Trotz aller Probleme, die automatische Metriken mit sich bringen, sei deren Einsatz zurzeit alternativlos. Ihre Verwendung biete gegenüber menschlichen Evaluierungen den Vorteil der Schnelligkeit und des geringen Mitteleinsatzes: „Ist halt schnell, ist billig [...]" (Interview H, Z. 142). Speziell für das Training eines MÜ-Systems sei Humanevaluierung schlichtweg nicht möglich:

> Man kann es gar nicht menschlich machen. Das sind zu viele Datensätze. Wie willst du Billionen Sätze evaluieren? Menschlich unmöglich. Das kann man weder finanzieren, wer bezahlt denn das, noch ist es sinnvoll. Man muss sich das so vorstellen, ich lasse das Modell ganz ganz oft drüberlaufen und dann muss ich wissen, wie gut das Training schon ist und wissen, wie gut das Modell funktioniert. Wenn ich da jedes Mal Menschen anstelle, um mir diese Sätze durchzuschauen, ob das jetzt gut ist oder besser als vorher, dann dauert das ja 20 Jahre. Ich meine Billionen von Datensätze! (Interview M, Z. 169–173)

Die Probleme von automatischen Evaluationsverfahren nehme man auch deswegen in Kauf, weil es technisch keine praktikable Alternative gebe. Erschwerend kommt allerdings hinzu, dass es in den letzten Jahren kaum zu Innovationen auf dem Gebiet der automatischen Evaluierung gekommen sei. Geringfügige Steigerungen in der Qualität eines MÜ-Systems könnten mit den derzeit zur Verfügung stehenden Methoden kaum gemessen werden:

> Aber wenn es um Feinheiten geht oder Phänomene, die dann eben nicht abgedeckt werden, ich meine, die Leute hier nebenan forschen ja z. B. zu Kontext so satzübergreifend, z. B., wenn dann eine Anapher oder eine Referenz auf ein Nomen besser passt in einem Folgesatz [...] das deckt die Metrik überhaupt nicht ab, aber die Übersetzung ist vielleicht viel besser. Ja, also problematisch, ja, problematisch. (Interview H, Z. 175–180)

Obwohl die Befragten immer wieder auf zahlreiche Probleme in der derzeitigen Ausgestaltung automatischer Evaluationsverfahren verwiesen, gelten diese in der CL immer noch als Stand der Technik. Auch wird ersichtlich, dass technische Gegebenheiten Einfluss auf das Verständnis von Übersetzung und Übersetzungsqualität nehmen. Dieses Thema wird in der folgenden Auswertungskategorie näher besprochen.

## 7.2.5 Maschinelle Übersetzung als technologisches Artefakt

Unter dieser Auswertungskategorie werden Aussagen besprochen, die MÜ-Systeme als technisches Artefakt thematisieren. Im Zentrum steht die Diskussion, ob MÜ als sozial konstruiert bezeichnet werden kann, und wie stark Translationskonzepte in der CL durch technische Gegebenheiten geprägt werden.

### 7.2.5.1 Technisch determinierte Translationskonzepte

Die Aussagen einiger Befragter legen nahe, dass Translationskonzepte in der CL stark durch technische Gegebenheiten geprägt werden. Die Konstruktion von Translationskonzepten unter Computerlinguist:innen scheint somit der technischen Entwicklung nachgelagert zu sein:

> Es ist nicht einfach so, dass man denkt, ja jetzt hab ich eine GPU, die kann parallel ganz viele Multiplikationen lösen, ja das ist ja super, was können wir jetzt in der Übersetzung damit anstellen zum Beispiel? Aber wenn du mich jetzt fragst, dann würde ich sagen, ja man macht das, was technisch möglich ist und assoziiert das dann mit Konzepten und Vorstellungen. (Interview H, Z. 432–436)

Die starke Prägung computerlinguistischer Translationskonzepte durch technische Rahmenbedingungen steht in enger Verbindung mit der Technologie des maschinellen Lernens. Maschinelles Lernen stellt die Grundlage für NMT dar, dessen Entwicklung zu einem Innovationsschub im Feld der MÜ-Forschung führte:

> Ich glaube, dass man in diesem Fall zuerst die Technologie hat, wobei eben diese neuronalen Netzwerke, die sind schon längst da. Aber irgendwie ist bis vor kurzem niemand auf die Idee gekommen die zu benutzen […]. Ich glaube, jetzt mit dem letzten Sprung ist es schon ein bisschen so, dass die neuronalen Netzwerke überall eingesetzt werden. Oder alle versuchen irgendetwas damit zu machen und damit zu programmieren. (Interview D, Z. 195–197, 207–208)

Dass technische Gegebenheiten in der MÜ-Entwicklung sozial geprägten Translationskonzepten vorgelagert sind, steht auch damit in Zusammenhang, dass die Technologie des maschinellen Lernens unabhängig von jener der MÜ entwickelt wurde. Mit der Verfügbarkeit der Technologie des maschinellen Lernens entstand die Idee für NMT: „[…] people have to think of a way to make machine learning useful for machine translation. With the limitations that the technology has. The technology is somehow defining the endgoal" (Interview E, Z. 198–190).

Der Einsatz des maschinellen Lernens in der MÜ illustriert, wie Übersetzungskonzepte an die Funktionsweise von Maschinen adaptiert werden. Anpassungen

## 7.2 Inhaltliche Auswertung entlang der Subkategorien

finden vor allem dann statt, wenn damit feststellbare Erfolge bspw. in Form höherer messbarer Übersetzungsqualität erzielt werden können. Letztendlich bestimmt der Effizienzgedanke welche technische Lösung zum Einsatz kommt:

> [...] weil man einfach offenbar mit statistischen oder eben neuronalen Systemen, nach irgendwelchen Maßstäben, bessere Resultate erreicht, und weil es natürlich viel schneller geht, solche Systeme zu bauen. Wenn du ein regelbasiertes System baust, dann brauchst du ein Jahr, zwei Jahre für ein Sprachpaar [...]. Aber das ist ja genau schon so eine Entscheidung, das ist irgendwie ein Anspruch, ich möchte relativ schnell ein System bauen können, das dann übersetzt. (Interview H, Z. 452–457)

Laut einem Befragten orientiere man sich in der MÜ-Entwicklung auch deswegen an der Funktionsweise von Maschinen und an bereits zur Verfügung stehender Technologie, weil dies wesentlich erfolgsversprechender sei als die Ausrichtung an der Humantranslation:

> Man darf nicht so sehr an menschlichen Vorstellungen festhalten – wir nehmen Humantranslation und dann verstehen wir, wie Maschinen übersetzen könnten, das geht vielleicht nicht. Vielleicht ist es ja auch so, dass Menschen selbst nicht die beste Art gefunden haben, zu übersetzen. (Interview K, Z. 485–488)

Humantranslation als Vorbild für die Entwicklung von MÜ-Systemen zu verwenden sei demnach wenig sinnvoll. Am Ende wird außerdem angedeutet, dass sich Maschinen als die besseren oder effizienteren Übersetzer:innen erweisen könnten.

Auch die Erwartungshaltung darüber, was MÜ als Technologie leisten kann, müsse den technischen Gegebenheiten angepasst werden. Als Beispiel wurde im Fall von NMT die Verfügbarkeit von Trainingsdaten für die entsprechende Sprachkombination genannt.

Die hier besprochenen Aussagen legen somit insgesamt den Schluss nahe, dass technische Gegebenheiten einen großen Einfluss auf vorherrschende Translationskonzepte in der MÜ-Forschung und -Entwicklung ausüben. Die Erwartungshaltung an die Leistungsfähigkeit von MÜ-Systemen orientiert sich an technischen Gegebenheiten. Als Beispiel wurde im Fall von NMT die Abhängigkeit von Trainingsdaten genannt. Inwiefern MÜ als Technologie auch einer möglichen sozialen Konstruiertheit unterliegt, wird unter der folgenden Auswertungskategorie besprochen.

## 7.2.5.2 Maschinelle Übersetzung als sozial konstruierte Technologie

In den Interviewdaten konnten einige Hinweise darauf gefunden werden, dass soziale und wirtschaftliche Faktoren die Ausgestaltung von MÜ als technologischem Artefakt mitprägen. Diese Faktoren scheinen jedoch mit keinem konkret benennbaren Verständnis von Übersetzen in der CL in Verbindung zu stehen: „Ich glaube die meisten Computerlinguisten haben eher eine oberflächliche Ahnung vom Übersetzen, ich selbst inklusive" (Interview G, Z. 162–163). Die unter Abschnitt 7.2.2 besprochenen Translationskonzepte mit ihrem starken Fokus auf Informationsübertragung und sprachlicher Korrektheit sowie die unter 7.2.4 besprochenen Aussagen zu Übersetzungsqualität (Übereinstimmung mit einer Referenzübersetzung) scheinen stark durch die technischen Möglichkeiten von NMT inspiriert.

Einige Aussagen der Befragten legen jedoch sehr wohl nahe, dass MÜ als technisches Artefakt entscheidend von MÜ-Forscher:innen und -Entwickler:innen und ihren Ansprüchen an MÜ geprägt wird. Vor allem in der Grundlagenforschung spielen menschliche Vorstellungen von Technik und Übersetzen eine entscheidende Rolle für die Konzeption von MÜ als Technologie:

> One is how MT advances I'd say in Academia is because of people's ideas. So, there are people who are doing research and it's because they like this topic, it's a challenge for them, so they work on this. I'd say if you look in the industry, it's different. There is an economic opportunity. So, whenever someone sees an economic opportunity, they try to make revenue no matter the consequences. (Interview B, Z. 237–240)

Diese Aussage legt nahe, dass in der MÜ-Grundlagenforschung teilweise andere Einflussfaktoren schlagend werden als im Bereich der kommerziellen MÜ-Entwicklung. Insgesamt dürfte die Grundlagenforschung mehr Möglichkeiten dafür bieten, mit unterschiedlichen Vorstellungen von Übersetzen zu experimentieren als in der kommerziellen Entwicklung von MÜ-Systemen. Jedoch komme es zu einer immer größeren Kluft zwischen kommerzieller und universitärer MÜ-Forschung. Vor allem große Technologiekonzerne verfügen im Vergleich zu universitären Forschungseinrichtungen über wesentlich mehr Ressourcen, was sich auch in der Forschungsleistung widerspiegle:

> Also man kann unmöglich mithalten mit Konzernen wie Google. Die haben die Hardware, die haben die Software, die Datenmengen, die haben alles. Und da kann man dann mit einer Aufstellung an einer europäischen Uni sicher nicht mithalten, d.h. man muss sich spezialisieren auf andere Dinge. [...] Und ich sehe das schon als Problem, wenn die ganze Expertise auf einem Ort ist, auch bei Unis, und es keine Konkurrenz

## 7.2 Inhaltliche Auswertung entlang der Subkategorien

mehr gibt oder der Rest der Welt einfach nicht mehr mithalten kann. Das ist keine schöne Entwicklung. Das ist für den Wettbewerb nie gut. (Interview M, Z. 355–358, 420–423)

Die Akkumulation von Ressourcen in Form von Fachleuten, Hardware, Software und Daten bei großen Technologieunternehmen führe demnach dazu, dass die universitäre Forschung auf zahlreichen Gebieten jener des kommerziellen Bereichs hinterherhinke. Forscher:innen im universitären Bereich müssten sich daher auf Gebiete spezialisieren, in denen sie noch „konkurrenzfähig" seien (Interview M, Z. 355–358, 420–423). Hierfür kämen vor allem Bereiche in Frage, die weniger stark von ökonomischen Überlegungen getrieben seien, wie etwa MÜ für „ressourcenarme Sprachen". Dies habe Auswirkungen auf die thematische Ausrichtung universitärer Grundlagenforschung, wobei sich die Kluft zu kommerzieller MÜ-Entwicklung dadurch vergrößere.

Aber auch globale gesellschaftliche Entwicklungen wie die Globalisierung würden sich auf den Fortschritt im Bereich der MÜ auswirken:

> Die Frage ist ja eher, gibt es Faktoren, soziologische Faktoren, gesellschaftliche Faktoren, die dazu beitragen, dass MÜ ein superheißes Eisen ist. Und das glaube ich schon, denn ich glaube, dass die Globalisierung und MÜ wirklich Hand in Hand gehen. (Interview A, Z. 211–213)

Die Globalisierung führe zu einem steigenden Bedarf an Translationsleistungen und stellt sich somit als begünstigender Faktor für die MÜ-Forschung heraus. Im Zusammenhang mit gesellschaftlichen Entwicklungen kamen die historischen Gegebenheiten in den 1950er Jahren zur Sprache, die der MÜ-Entwicklung massiven Vorschub leisteten:

> So, it was no accident that when the researchers in the US started to look into MT they were very interested in the translation of Russian. So, this was in the 50s and 60s when there was a lot of funding in the US. (Interview N, Z. 145–147)

Demnach beförderten geopolitische Umstände in der Zeit des Kalten Krieges das allgemeine Interesse an MÜ als Technologie (siehe auch Abschnitt 2.1.1). Dieses gesteigerte Interesse führte in den USA dazu, dass große finanzielle Mittel in die MÜ-Forschung investiert wurden, was zur Etablierung eines eigenständigen Forschungsbereichs führte. MÜ wurde in der politischen Situation der 1950er und 1960er Jahre auf US-amerikanischer und russischer Seite vor allem als Instrument für geheimdienstliche Aktivitäten gesehen, was einen sehr konkreten Verwendungszweck dieser Technologie darstellt und somit die soziale Konstruiertheit der MÜ beispielhaft veranschaulicht.

Ein weiterer Effekt, der sich auf die technische Ausgestaltung von MÜ-Systemen auswirken dürfte, ist das Aufeinandertreffen von menschlichen Vorstellungen und technischen Gegebenheiten, die in weiterer Folge miteinander interagieren. Dies erinnert an Pickerings (1992; 1995) Konzept des „dance of agency" (siehe Abschnitt 4.3.3):

> Ich glaube nicht, dass sich die Dinge ausschließen, dass die Vorstellung, die wir haben, entweder von der Technologie selbst kommen muss oder von einem vorab bestehenden Übersetzungsverständnis. […] wir versuchen eine holistische Vorstellung zu haben von diesem Konzept allgemein. (Interview K, Z. 526–528, 532–533)

Vorstellungen von Computerlinguist:innen zu Technologie und Übersetzen spielen somit eine Rolle in der Ausgestaltung von MÜ-Systemen. Die Aussagen der Befragten sprechen jedoch insgesamt dafür, dass technische Gegebenheiten eine dominantere Position in der MÜ-Entwicklung einnehmen.

### 7.2.5.3 Sonstige Einflussfaktoren auf die technische Ausgestaltung von maschinellem Übersetzen

Zusätzlich zur technischen Determiniertheit und sozialen Konstruiertheit von MÜ wurden in den Gesprächen auch Faktoren ins Treffen geführt, die nicht eindeutig einer dieser beiden Kategorien zuzuordnen sind, die Technologie aber ebenso mitprägen.

Eine Einflussgröße, die von mehreren Befragten erwähnt wurde, ist der Umstand, dass MÜ als Technologie überwiegend von Personen mitentwickelt werde, die Fachleute für maschinelles Lernen sind und somit nicht per se Kompetenz auf dem Gebiet der MÜ aufweisen würden:

> […] in the industry I see people that come from machine learning and that are machine learning experts in an MT department deploying MT systems, they may not know anything about MT, they are very good at tuning algorithms. (Interview L, Z. 253–255)

Hier vermengen sich technische mit sozialen Aspekten. Die Technologie des maschinellen Lernens wird in der Form von Expert:innen in diesem Bereich personifiziert, die jedoch keinen speziellen fachlichen Hintergrund im Bereich MÜ oder Translation haben. NMT wird somit stark von Personen geprägt, die kaum

## 7.2 Inhaltliche Auswertung entlang der Subkategorien

Verbindungen zu CL oder TW haben, was als problematisch angesehen werden kann. Einen weiteren wesentlichen Faktor, der die MÜ-Forschung und -Entwicklung entscheidend formt, stellen kommerzielle Technologieunternehmen und insbesondere Großkonzerne dar, die auch kostenlose und frei zugängliche online-MÜ-Systeme entwickeln und zur Verfügung stellen. Technologiekonzerne investieren laut den Befragten große Geldsummen in die Weiterentwicklung ihrer MÜ-Systeme:

> [...] now there is a lot of commercial research you know like Google putting a lot of money into translation. I guess for them it helps people find things on the Internet or that's what they want to help people do, you know, you can go and search for something and when it's in a foreign language you want to read it. (Interview N, Z. 153–156)

Einige Befragte merkten an, dass für Technologiekonzerne im Rahmen der MÜ-Entwicklung wirtschaftliche Überlegungen im Vordergrund stünden. Die Ausgestaltung der Technologie werde ökonomischen Prinzipien untergeordnet:

> I'd say if you look in the industry, it's different. There is an economic opportunity. So, whenever someone sees an economic opportunity, they try to make revenue no matter the consequences. (Interview B, Z. 239–240, auch zitiert in Abschnitt 7.2.5.2)

Technologiekonzerne strebten letztendlich danach, ein für Konsument:innen attraktives Produkt bereitzustellen und richten die Entwicklung ihrer MÜ-Systeme nach diesem Prinzip aus. Hierbei spiele die Schaffung eines positiven Nutzer:innenerlebnisses eine große Rolle:

> [...] du willst einen Satz eingeben können und möglichst schon während du tippst, kommt die Übersetzung. Die Leute sind daran gewöhnt. Und das führt dann dazu, dass ganz viele Vereinfachungen gemacht werden. (Interview H, Z. 532–533)

Vor allem im kommerziellen Bereich werden demnach MÜ-Systeme nach dem Prinzip der möglichst schnellen Output-Generierung gebaut, um die Bedürfnisse von Nutzer:innen zufriedenzustellen. Mögliche technische „Vereinfachungen" werden dafür in Kauf genommen:

> Aber da sieht man schon, dass die genauso ihre Prioritäten haben und das ist keine Willkür, wie das System letztendlich ausschaut, sondern es ist ganz genau kalkuliert und es orientiert sich an Vorgaben. In dem Fall waren es banale, zeitliche Vorgaben, vielleicht haben sie auch noch andere. (Interview H, Z. 602–605)

Unternehmensinteressen bestimmen somit die technische Ausgestaltung von MÜ-Systemen im kommerziellen Bereich. Der Erfolg von NMT dürfte auch mit ihrer höheren Effizienz in Zusammenhang stehen: „Ein weiterer Punkt auch für Unternehmen ist sicher auch Effizienz und Performanz, wie schnell sind die Systeme, wie lange muss man sie trainieren" (Interview G, Z. 258–259). Die kommerzielle MÜ-Entwicklung strebt danach, mit möglichst geringem Mitteleinsatz möglichst hohe Leistung zu erzielen. Mitteleinsatz kann in diesem Fall Rechen- bwz. Speicherkapazitäten sowie Trainingsdaten bedeuten.

In diesen Aussagen zeigt sich, dass sich MÜ-Grundlagenforscher:innen von der kommerziellen MÜ-Entwicklung abzugrenzen versuchen. Während kommerzielle MÜ-Systeme vor allem an wirtschaftlichen Überlegungen ausgerichtet werden, versuchen MÜ-Forscher:innen an universitären Einrichtungen laut eigenen Angaben, gesamtheitlicher und letztendlich auch moralischer vorzugehen. So werden bspw. technische Vereinfachungen, die im Zusammenhang mit einem positiven Nutzer:innenerlebnis stehen, (möglichst schnelle Outputgenerierung) von den Grundlagenforscher:innen in dieser Studie als problematisch eingeschätzt.

Insgesamt kann somit eine große Bandbreite an technischen, sozialen und sonstigen Faktoren ausgemacht werden, welche die Entwicklung von MÜ-Systemen in kleinerem und größerem Ausmaß prägen. Die Vorgaben und Erwartungen an MÜ-Systeme können jedoch nicht immer erfüllt werden, was sich in jenen Aussagen zeigt, in denen Problembereiche der MÜ thematisiert werden.

### 7.2.6 Problemstellungen in der Entwicklung von Systemen für maschinelles Übersetzen

Unter dieser Auswertungskategorie werden Bereiche mit Entwicklungspotential, aber auch konkrete technische Problemfelder in der MÜ-Forschung besprochen.

#### 7.2.6.1 Technische Problemfelder im maschinellen Übersetzen

Die Befragten identifizierten eine Reihe von Aspekten in der MÜ-Entwicklung, in denen technische Hürden zu Problemen führen. Einen entscheidenden Faktor stellt die Abhängigkeit neuronaler MÜ-Systeme von großen Datenmengen dar. Dies führe dazu, dass neuronale MÜ-Systeme nur dann brauchbare Qualität produzieren würden, wenn für eine Sprachkombination ausreichend Daten zur Verfügung stehen:

## 7.2 Inhaltliche Auswertung entlang der Subkategorien

> I'd say, I guess, the problems with the systems we have are that they are too dependent on large amounts of data, so in cases where there isn't much data, if you've got a very specialized language, we can't deal with that, and for most languages, there really is no data. Whereas humans can learn to translate any language given sufficient time without this huge amount of data. (Interview N, Z. 109–111)

Unzureichende Verfügbarkeit von Trainingsdaten könne dazu führen, dass ein neuronales MÜ-System unzufriedenstellende Ergebnisse liefert bzw. dass das Training auf ein konkretes Sprachenpaar nicht möglich ist. Dieses Problem trete jedoch nicht nur im Zusammenhang mit „low-resource-languages" auf, sondern auch dann, wenn eine bestimmte Textgattung, eine konkrete Terminologie oder ein spezieller Sprachstil nicht durch die Trainingsdaten abgedeckt werden.

Ein weiteres Problem, das mit Trainingsdaten in Verbindung steht, ist der Umstand, dass häufig Korpora für die Entwicklung neuronaler MÜ-Systeme verwendet werden, die aus Transkripten gesprochener Sprache bestehen:

> Derzeit ist einer der gängigsten Datensätze EuroParl, also die Transkripte von Dolmetschungen aus dem Europäischen Parlament, [...] was eigentlich verschriftlichte gesprochene Sprache ist. Da gibt es eben sehr viele Studien, dass „Translationese" und der Mangel an authentischer Sprache ein großes Problem ist. (Interview M, Z. 237–138, 142–144)

Die Verwendung von Korpora aus gesprochener Sprache verstärke das Hauptproblem, das mit „Translationese" einhergeht: So unterscheidet sich die Sprachverwendung in übersetzten von jener in nicht übersetzen Texten. Im Rahmen des Trainings von neuronalen MÜ-Systemen werden jedoch Übersetzungen mit nicht übersetzen Texten praktisch gleichgesetzt. Der Umstand, dass sich übersetzte Texte terminologisch und stilistisch von nicht übersetzen Texten unterscheiden, wirkt sich somit auf den Output aus, der von neuronalen MÜ-Systemen generiert wird.

Eine weitere technische Herausforderung stellt laut den Befragten die relative Ungenauigkeit in der automatischen Messung von Übersetzungsqualität dar. So wurde unter Abschnitt 7.2.4.4 bereits angesprochen, dass kleine Steigerungen in der Übersetzungsqualität eines MÜ-Systems von automatischen Metriken kaum erfasst werden können. Diese Ungenauigkeit in der Qualitätsmessung wirke sich auch negativ auf das Training neuronaler MÜ-Systeme aus:

> Die Qualitätsmessung ist nicht ideal. Deswegen ist das ja ein Problem, weil sich das ja direkt auf das Training auswirkt, in jedem Schritt, in jeder Iteration messen wir ja derzeit die Qualität auf Basis dieser Metriken, das heißt das Modell wird auf Basis dieser Metriken trainiert, das ist ein großes Problem. (Interview M, Z. 325–328)

Dieser Aussage folgend hängen zukünftige Fortschritte in NMT zu einem wesentlichen Teil von der Entwicklung besserer Lösungen für die automatische Messung von Übersetzungsqualität ab. Eine Verbesserung des Outputs von NMT steht somit in direkter Verbindung mit der Verlässlichkeit automatischer Methoden zur Messung von Übersetzungsqualität.

### 7.2.6.2 Bereiche mit Entwicklungspotenzial in der maschinellen Übersetzung

Laut den Befragten existieren innerhalb der MÜ-Forschung Bereiche mit besonders großem Entwicklungspotenzial. So orteten mehrere Befragte noch ungenutzte Möglichkeiten in der Erforschung symbolischer Repräsentation für MÜ-Systeme. Einige Interviewpartner:innen gingen davon aus, dass die Entwicklung von Modellen zur Abbildung von Semantik einen wesentlichen Leistungssprung in der MÜ darstellen würde. Hierbei handle es sich jedoch um ein sehr langfristiges Ziel:

> That's a big challenge. I mean we are not there yet, we still don't have any real language understanding going on in MT; there is no understanding. They're looking at correlations and probabilities and statistics, and there is no world knowledge or putting things into context for real understanding of the text. And that's a big challenge, that AI has, and I would love to work towards it but I don't know how we are going to solve it. (Interview C, Z. 174–178)

Das Erfassen von Bedeutung bzw. die Entwicklung eines Weltmodells für MÜ-Systeme gilt zwar in der Computerlinguistik als Bereich mit ausgeprägtem Entwicklungspotenzial, der jedoch auch mit großen Hürden in der Umsetzung assoziiert wird:

> Einige der Kollegen würden wahrscheinlich behaupten, dass wir über distributionelle Verfahren der Korpusanalyse dem Ziel eine Semantik zu repräsentieren viel näher gekommen sind in den letzten Jahren. Aber (...) Bedeutung ist sehr vielfältig für uns Menschen von daher würde ich sagen, nein, das ist noch nicht Bedeutung. Vielleicht können wir Bedeutung auch nur dann wirklich fassen, wenn man grundsätzliche Lebensziele modellieren kann, die wir Menschen haben. (Interview A, Z. 162–167)

Im Zusammenhang mit der Integration einer Semantik-Ebene in MÜ-Systeme sprach eine Befragte davon, dass die Grundlage dazu die Interaktion mit der Welt sei: „So, maybe we need an embodied robot that sort of interacts with the world and then learns words and then learns to translate" (Interview C, Z. 199–202). Das Operieren mit „Bedeutung" und „Weltwissen" im Rahmen von MÜ ist

## 7.2 Inhaltliche Auswertung entlang der Subkategorien

gemäß dieser Aussagen ein Zukunftsthema innerhalb der Computerlinguistik, in der jedoch nicht mit unmittelbaren Fortschritten gerechnet wird.

Ein weiterer Bereich mit Entwicklungspotential ist die Berücksichtigung von sprachlichen Elementen über die Satzgrenzen hinaus. Laut den Interviewpartner:innen erfassen und bearbeiten MÜ-Systeme in aller Regel einzelne Sätze isoliert voneinander und arbeiteten nicht satzübergreifend, was die Übersetzungsqualität beeinträchtigen könne: „[...] it's very much like a horse with blinders, you don't have any idea of the context sorrounding it" (Interview B, Z. 283–284). Eine andere Befragte führte damit einhergehende Probleme weiter aus:

> [...] MT is still operating on sentence level. And it doesn't take many other things into account and then it really is not possible to analyse discourse relations, context, or gender from the previous context to translate ambiguous content properly. (Interview I, Z. 118–121)

Die Berücksichtigung sprachlicher Elemente über Satzgrenzen hinweg gilt auch deswegen als Zukunftsthema in der MÜ, weil sich MÜ-Forscher:innen durch Verbesserungen in diesem Bereich eine höhere Outputqualität der Systeme erwarten.

Im Zusammenhang mit Problemstellungen in der MÜ thematisierten einige Befragte die Entwicklung von NMT für Sprachkombinationen, für die nur geringe Trainingsdaten zur Verfügung stehen:

> Was es sonst für MÜ brauchen könnte, ist ein stärkerer Fokus auf Modelle, wo man die Daten nicht hat, also eben ressourcenarme Bereiche, weil, zurzeit funktionieren die Modelle ja nur gut auf großen Sprachen. Da wird aber auch viel geforscht. Unsupervised Methoden wäre super interessant, wo man sagt, man hat keine Daten, wie kann man es trotzdem schaffen. (Interview M, Z. 379–382)

Die Entwicklung von MÜ-Modellen für sogenannte „ressourcenarme Sprachkombinationen", steht auch im Einklang mit dem in der Computerlinguistik vorherrschenden Streben nach größtmöglicher Effizienz, das laut den Befragten als prägender Faktor in der Ausgestaltung von MÜ-Systemen beschrieben wurde (siehe auch Abschnitt 7.2.5.3).

Die Befragten nannten weitere Bereiche mit Entwicklungspotenzial, die zwar nicht in derselben Ausführlichkeit besprochen, jedoch kurz aufgelistet werden sollen:

- Die Interaktion zwischen Humanübersetzer:innen und MÜ-Systemen (Interview N, Z. 117–121)
- Die Entwicklung von KI-Systemen, die neben MÜ auch auf andere Aufgaben trainiert werden können (Interview M, Z. 375–379)
- Die Orientierung des maschinellen Übersetzungsprozesses an Prozessen der Humanübersetzung (Interview E, Z. 68–71)
- Der Aufbau noch größerer Rechenkapazitäten zur weiteren Leistungssteigerung von MÜ-Systemen (Interview F, Z. 190–193)

Die hier angesprochenen Potenzialbereiche und Problemstellungen stehen in enger Verbindung mit zukünftigen Entwicklungen im Feld der MÜ, die unter der folgenden Auswertungskategorie besprochen werden.

### 7.2.7 Zukunftsszenarien für das maschinelle Übersetzen

Unter dieser Auswertungskategorie werden Aussagen besprochen, die sich mit möglichen Entwicklungsszenarien für MÜ beschäftigen. Im Fokus stehen Themen, die laut den Befragten in der Zukunft eine Rolle in der MÜ-Forschung und -Entwicklung spielen würden. Auch der Einfluss von MÜ auf das Feld der Humantranslation wird unter dieser Kategorie erläutert.

#### 7.2.7.1 Zukunftsthemen für die Forschung und Entwicklung in der maschinellen Übersetzung

Einige Befragte machten Angaben dazu, in welche Richtung sich die Technologie des maschinellen Übersetzens möglicherweise entwickeln werde und welche Faktoren dazu beitragen könnten, die Leistung von MÜ-Systemen in Zukunft zu steigern. Generell scheint die Entwicklung von MÜ-Systemen stark an der Verbesserung der Outputqualität ausgerichtet zu sein. Besonders anschaulich kam dies in der folgenden Aussage einer Befragten zum Ausdruck:

> Ich meine das Endziel ist schon, dass wir so gut werden wie menschliche Übersetzer, würde ich sagen, dass ist definitiv das Endziel. Wir sind noch nicht ganz da, aber wir kommen immer näher. (Interview G, Z. 220–222)

## 7.2 Inhaltliche Auswertung entlang der Subkategorien

Im Zusammenhang mit der Steigerung der Übersetzungsqualität von MÜ-Systemen äußerte eine Befragte die Erwartung, dass in Zukunft noch mehr Daten zum Training von neuronalen MÜ-Systemen zur Verfügung stehen könnten. Dies ergebe sich aus dem generellen Trend zur Sammlung und Speicherung immer größerer Datenmengen, der vor allem von Technologiekonzernen vorangetrieben werde: „Diese Modelle, das hat sich eben gezeigt, die werden besser, umso mehr Daten. Und im Moment ist das die Tendenz. Und das ist das, was im Moment am interessantesten ist" (Interview M, Z. 364–365).

Ein weiterer Faktor, der gemäß der Erwartung von MÜ-Forscher:innen und -Entwickler:innen dazu beitragen soll, die Qualität von MÜ zu steigern, sei die Entwicklung eines „Weltmodells", mit dem MÜ-Systeme operieren könnten:

> [...] die Entwicklung eines Weltmodells für die MÜ, es ist sicherlich einer der schwierigeren Punkte in der KI, aber ich würde es nicht ausschließen. Also derzeit sind die Sätze, die haben ja schon Kontext, aber das sind hauptsächlich ein oder zwei Sätze Kontext, fertig. Wir haben also nicht ganze Abläufe oder ganze Stories oder ganze Geschichten. (Interview J, Z. 284–287)

„Weltwissen" in MÜ-Systeme zu integrieren, scheint laut dieser Aussage somit ein langfristiges Projekt der MÜ-Forschung zu sein. Dadurch soll es ermöglicht werden, konkrete Auftragsziele umzusetzen und dabei auf spezifische Anforderungen, bspw. die Zielleser:innenschaft betreffend, einzugehen. Die Vorstellung, den KI-Grad in MÜ-Systemen zu erhöhen, steht in Verbindung mit dem Anspruch, Elemente sprachunabhängiger Bedeutungsrepräsentation in der neuronalen MÜ stärker zu nutzen und weiterzuentwickeln:

> Ja, das ist irgendwie eine Interlingua. Aber ich muss vorsichtig sein. Diese Begriffswahl ist etwas riskant. Aber es scheint sich so eine Zwischenrepräsentation einzustellen, die zumindest mal mehr sprachunabhängig ist, als das was wir vorher hatten. (Interview J, Z. 106–108)

Durch die Nutzung einer sprachunabhängigen Ebene erhoffen sich MÜ-Forscher:innen und -Entwickler:innen Fortschritte im Training von MÜ-Systemen, die letztendlich zu höherer Outputqualität führen. Bereits in der zweiten Hälfte des letzten Jahrhunderts wurde mit dem Einsatz von Interlinguas für MÜ experimentiert (siehe Abschnitt 2.2.1). Große Erfolge blieben jedoch bisweilen aus (Härtel, 2016). Die MÜ-Entwicklung forscht weiter an Möglichkeiten, wie Elemente abstrakter Bedeutungsrepräsentationen in MÜ-Systeme integriert werden können.

Die Entwicklung intelligenterer MÜ-Systeme steht für die Annäherung der Prozesse der MÜ an das Humanübersetzen, das ebenfalls ein Zukunftsthema in der MÜ-Forschung darstellt, und von dem man sich ebenfalls eine weitere Verbesserung der Übersetzungsleistung erwartet (Interview B, Z. 200–203). Die hier besprochenen Zukunftsszenarien würden laut den Befragten auch zu veränderten Bedingungen im Bereich des Humanübersetzens führen.

### 7.2.7.2 Einfluss des maschinellen Übersetzens auf das Humanübersetzen

Aus Sicht von Computerlinguist:innen wird MÜ die Arbeit von Humanübersetzer:innen in Zukunft noch stärker prägen. Humanübersetzer:innen müssten sich daher an die zunehmende Präsenz von MÜ anpassen: „[…] because MT is really here to stay, it doesn't go away, so, then translators should also adapt to this fact" (Interview I, Z. 93–94).

Trotzdem sei nicht davon auszugehen, dass die steigende Relevanz von MÜ zur Verdrängung von Humanübersetzer:innen führen werde. Denn es sei zu erwarten, dass die Anzahl von Übersetzungsaufträgen auch zukünftig zunehmen werde:

> Nein, es ist sogar so, dass die Zahl der menschlichen Übersetzungen zugenommen hat, also wir haben von einer Firma, die das macht, also Humanübersetzung, dass deren Wachstum tatsächlich mit menschlichen Übersetzungen zunimmt, obwohl der Anteil der maschinellen Übersetzungen auch wächst. Mit anderen Worten, wir haben ganz einfach ein gigantisches Wachstum an Übersetzungen grundsätzlich, dass also insgesamt mehr Übersetzungsleistung durchgeführt wird, das rudimentäre wird halt mit Maschinen gemacht, […] sodass man einfach mehr übersetzt und auch mehr für den Menschen anfällt. (Interview J, Z. 325–332)

Eine weitere Entwicklung, die in dieser Aussage angesprochen wird, ist die Verwendung von MÜ für sogenannte „rudimentäre" Übersetzungsaufgaben. Hier stellt sich die Frage, wie Humanübersetzer:innen zukünftig am Markt auftreten:

> Für menschliche Übersetzer ist natürlich die Frage, wie werden sie sich in der Zukunft positionieren, und da würde ich mal davon ausgehen, also die Routinesachen, die banalen Sachen werden von Maschinen gemacht, dafür sind die gut genug, dass das nicht nötig ist von den Menschen. So dass für den Menschen die Bearbeitung von sehr kritischen Sachen bleibt. (Interview J, Z. 349–352)

Hier wird eine Art Aufgabenverteilung zwischen MÜ und HÜ angesprochen. Post-Editing von MÜ-Output sei außerdem unerlässlich: „And then, on the other hand, MT does not solve all problems at least not yet, as I said human intervention is absolutely required" (Interview I, Z. 95–96). MÜ und Humanübersetzung würden sich nicht nur ergänzen; Humanübersetzer:innen könnten durchaus vom Gebrauch von MÜ-Systemen profitieren. Sie könnten die Technologie dazu verwenden, um ihre Produktivität zu steigern: „I suppose another big use for translation is by translators using it as a tool, you know, to produce some rough draft and then they fix it. And that is supposed to increase productivity" (Interview N, Z. 157–158). Im selben Zusammenhang wurde jedoch angemerkt, dass MÜ-Systeme prinzipiell nicht dafür ausgerichtet wären, um Humanübersetzer:innen zu unterstützen: „[…] MT is not a technology that was developed for the use by translators in the first place […]" (Interview N, Z. 159–160).

Aus Sicht der Computerlinguist:innen müssen sich Humanübersetzer:innen somit an die Vorstellung gewöhnen, dass ihre Arbeit in Zukunft noch stärker als bisher durch MÜ geprägt sein wird. Unausgesprochen bleiben jedoch konkrete Nachteile für professionelle Übersetzer:innen im Zusammenhang mit steigendem MÜ-Einsatz, wie sie bereits von vielen in der Branche wahrgenommen werden. So führt die Konkurrenz durch MÜ-Systeme bereits jetzt zu steigendem Preisdruck (Moorkens, 2017).

Diese Entwicklungen lassen vermuten, dass das Verhältnis zwischen MÜ und Humanübersetzung auch zukünftig nicht gänzlich friktionsfrei ablaufen wird. Umso relevanter scheint eine kritische Analyse jener Umstände, unter denen MÜ-Systeme entwickelt werden.

## 7.3 Ergebniszusammenfassung

Die Untersuchungsergebnisse werden entlang jener Themenkomplexe zusammengefasst, die durch die forschungsleitenden Fragen vorgegeben wurden (siehe Abschnitt 6.1.)

### 7.3.1 Translationskonzepte unter Computerlinguist:innen

Die Auswertung der Aussagen zeigt, dass unter Computerlinguist:innen prinzipiell zwei Kategorien von Translationskonzepten vorherrschen. Im ersten Fall handelt es sich um Vorstellungen von Übersetzen, die sich aus der Beschäftigung mit MÜ ableiten lassen. Die zweite Kategorie speist sich aus generellen Assoziationen mit und Erwartungshaltungen an Übersetzung als Prozess und Produkt.

In der ersten Kategorie wurde Translation primär als „Informationsübertragung" dargestellt. Übersetzen sei demnach der Transfer von Inhalt über Sprache als Medium (Interview M, Z. 80–83). Dementsprechend bezeichneten einige Befragte Sprache auch als Zeichensatz, wobei Übersetzen als „Codewechsel" zwischen unterschiedlichen Zeichensätzen gesehen werden könne (Interview E, Z. 20–21). Der Umstand, dass Computerlinguist:innen Übersetzen als „Informationsübertragung" bzw. „Codewechsel" beschreiben ist insofern von Interesse, als sich hier Parallelen zu frühen translationswissenschaftlichen Schulen ergeben. Die Aussagen der Befragten untermauern somit die in Abschnitt 2.1 beschriebene Darstellung, wonach MÜ unter systemlinguistischen Ansätzen der TS diskutiert werden kann. Insbesondere Kades (1968) Modell für zweisprachige Kommunikation (siehe Abschnitt 3.1.3), das Translation als „Umschlüsselung" beschreibt, lässt sich mit den oben erwähnten Aussagen von MÜ-Forscher:innen und -Entwickler:innen in Einklang bringen. Die Darstellung von Translation als „Codewechsel" gilt in der TS jedoch schon seit längerem als problematisch, da unzählige weitere Aspekte, wie die soziokulturelle Bedingtheit transkultureller Kommunikation, vernachlässigt werden (siehe u. a. Snell-Hornby, 1990).

Unter MÜ-Forscher:innen und -Entwickler:innen kursieren jedoch auch Vorstellungen von Translation, die nicht mechanistisch geprägt sind. Diese stellen die zweite Kategorie von Translationskonzepten unter Computerlinguist:innen dar. Übersetzen könne dementsprechend als Ermöglichung von Kommunikation über Sprachgrenzen hinweg gesehen werden (Interview L, Z. 43–44). Einzelne Befragte sprachen davon, dass Übersetzen nicht nur mit Inhalt und Sprache zu tun hätte, sondern dass Übersetzen auch die Berücksichtigung der jeweiligen kulturellen Kontexte erfordere (Interview B, Z. 46–47). Da Sprache und Kultur einander bedingten und sprachliche Inhalte stets in einen kulturellen Kontext eingebunden seien, müsse Übersetzen als kulturelle Vermittlung gesehen werden (Interview B, Z. 46–47). Dementsprechend gehe Übersetzen stets mit der Interpretation menschlicher Gedanken einher (Interview O, Z. 19–20).

Diese Aussagen stehen im Gegensatz zur Beschreibung von Übersetzen als Informationsübertragung und ähneln Translationskonzepten, wie sie in der TW ab dem „cultural turn" propagiert wurden. Wie in Abschnitt 3.2.2 besprochen, ist die Darstellung von Übersetzen als kulturelle Vermittlung schwer mit mechanistischen Translationskonzepten in Einklang zu bringen.

Aus der Analyse der Aussagen lässt sich außerdem ableiten, dass das Übersetzungsverständnis von Computerlinguist:innen eng an deren Konzept von Übersetzungsqualität gebunden ist. Die Vorstellung dessen, was Übersetzung als

Prozess und Produkt ausmacht, steht somit in Verbindung damit, was eine Übersetzung leisten soll. Die allgemeinen Erwartungen von Computerlinguist:innen an eine gute Übersetzung lassen sich ebenfalls in zwei Kategorien einteilen. Analog zur Beschreibung von Translation als Informationsübertragung erwarten sich Computerlinguist:innen, eine vollständige und akkurate Wiedergabe des AT-Inhalts sowie sprachliche Korrektheit und eine idiomatische Sprachverwendung. So war bspw. die Rede davon, dass eine Übersetzung „dem Inhalt treu bleiben" und „grammatikalisch korrekt sein" soll (Interview D, Z. 29–30). Damit in Einklang stehen die in der Computerlinguistik vorherrschenden Qualitätskriterien *Accuracy* und *Fluency*, wobei sich der erste Begriff auf die Ebene des Inhalts und der zweite auf sprachliche Korrektheit bezieht. In der CL handelt es sich hierbei um messbare Größen, anhand derer Übersetzungsqualität quantitativ ausgedrückt werden kann. Die geltenden Kriterien für Übersetzungsqualität in der Computerlinguistik dürften somit Einfluss darauf haben, welche generellen Erwartungen MÜ-Forscher:innen und -Entwickler:innen an eine Übersetzung stellen.

Diesen quantifizierbaren Qualitätsansprüchen stehen abstraktere Erwartungen an Übersetzungsqualität gegenüber. So brachte eine Befragte Übersetzungsqualität mit Kund:innenzufriedenheit in Verbindung (Interview M, Z. 285–286). Damit in Zusammenhang steht das Kriterium der Zweckmäßigkeit. Demnach könne man von einer guten Übersetzung dann sprechen, wenn Nutzer:innen durch das Translat zu etwas befähigt werden (Interview K, Z. 324–325). Einzelne Befragte sprachen im Zusammenhang mit Übersetzungsqualität davon, dass die „Bedeutung" des Ausgangstextes in der Übersetzung zum Ausdruck kommen müsse (Interview C, Z. 109). Die Erwähnung abstrakter Qualitätskriterien durch Computerlinguist:innen stellt sich insofern als interessant heraus, als diese keine messbaren Größen darstellen und dadurch kaum mit computerlinguistischen Qualitätskonzepten in Vereinbarung gebracht werden können.

Unter den Befragten dominierten somit zwei Kategorien von Translationskonzepten, die als Gegenpole auftreten. Auf der einen Seite steht die Darstellung von Übersetzen als Informationsübertragung durch Codewechsel, die ein mechanistisches Übersetzungskonzept darstellt. Damit in Verbindung steht die Vorstellung von Übersetzungsqualität als messbare Größe, die auf die Faktoren der inhaltlichen Übereinstimmung und sprachlichen Korrektheit heruntergebrochen werden kann. Davon abzugrenzen sind Vorstellungen von Übersetzen als kulturelle Vermittlung zum Zweck der Erweiterung des menschlichen Handlungsspielraums. Ein solcher Anspruch kann nur anhand abstrakter Qualitätskriterien bewertet werden.

Die befragten Computerlinguist:innen erheben somit Ansprüche an Übersetzungsleistungen (Vermittlung zwischen Kulturen, Interpretation menschlicher Gedanken), die unter einem maschinellen Translationsparadigma (Informationsübertragung, Codewechsel) kaum umgesetzt werden können.

### 7.3.2 Technische Determiniertheit von Translationskonzepten in der maschinellen Übersetzung

MÜ-Systeme basieren in den Augen der Befragten auf einem Translationskonzept, das eng an technische Möglichkeiten und Gegebenheiten geknüpft ist. Insofern ist auch die oben besprochene erste Kategorie von Translationskonzepten (Informationsübertragung, Codewechsel) für den computerlinguistischen Kontext von besonderer Bedeutung. Die Ausgestaltung von MÜ-Systemen hängt somit direkt von technischer Machbarkeit ab. Um Translation prinzipiell maschinell bewerkstelligen zu können, müssten Übersetzungskonzepte demnach an die Funktionsweise von Computern angepasst werden. Der Translationsprozess müsse daher in die Sprache der Maschinen „übersetzt" werden (Interview D, Z. 77–78). Da die Kernleistung eines Computers die Durchführung von Berechnungen ist, muss auch der Übersetzungsprozess als berechenbarer Vorgang gestaltet werden. Der Übersetzungsprozess ist daher in Zahlen zu gießen, um ihn maschinell bewerkstelligen zu können (Interview N, Z. 63–64). Im Fall von MÜ wird das Konzept und der Prozess des Übersetzens in die Sprache der Maschinen übersetzt und somit an die Funktionsweise von Maschinen angepasst. Diese Transformation des Übersetzungsvorgangs in die Mechanik der Maschine stellt somit einen übergeordneten Translationsprozess dar, der mit der metaphorischen Verwendung von Translation in den Kulturwissenschaften verglichen werden kann (siehe auch Abschnitt 5.2). Hier wird der Translationsbegriff u. a. auch dafür verwendet, um die Verschiebung und die damit einhergehende Adaptation von Theorien und Perspektiven zwischen unterschiedlichen Fachbereichen zu beschreiben (siehe bspw. Bachmann-Medick, 2009). In diesem Sinne kann auch die Transformation des Übersetzungsprozesses in die Logik der Maschine als Translation im metaphorischen Sinne verstanden werden.

Im Fall von NMT ist die Bewerkstelligung des Übersetzungsprozesses untrennbar mit der Technologie des maschinellen Lernens verknüpft. Maschinelles Lernen wurde jedoch nicht eigens für MÜ entwickelt, sondern findet in unterschiedlichen Gebieten Anwendung. Der Einsatz von maschinellem Lernen für das Übersetzen von natürlicher Sprache kann mit beliebigen anderen Arten der

## 7.3 Ergebniszusammenfassung

Informationsverarbeitung verglichen werden. Aus Sicht der MÜ-Forscher:innen macht es technisch somit keinen großen Unterschied, welche Form die Daten annehmen (Bilder, Text, etc.), die von künstlichen neuronalen Netzen verarbeitet werden (Interview G, Z. 90–93). Übersetzen ist aus computerlinguistischer Sicht somit ein Informationsverarbeitungsprozess, der sich nicht grundsätzlich von anderen Aufgaben unterscheidet, die anhand der Berechnung von Daten durchgeführt werden können.

Eine essenzielle Voraussetzung für den erfolgreichen Einsatz von maschinellem Lernen – egal ob für MÜ oder andere Aufgaben – ist die Verfügbarkeit möglichst großer Datenmengen. Im Fall von MÜ bestehen diese Daten aus Beispielübersetzungen, auf deren Grundlage neuronale MÜ-Systeme trainiert werden. (Interview B, Z. 51–53). NMT zielt darauf ab, eine Lösung zu produzieren, die möglichst nahe an von Menschen erstellten Übersetzungen liegt.

Hier kommt es zu einem kuriosen Abhängigkeitsverhältnis, da die Entwicklung von NMT auf Trainingsdaten in Form von qualitätsvollen Übersetzungen angewiesen ist. Diese stammen sehr oft von professionellen Übersetzer:innen. Gleichzeitig steht im Raum, dass Humantranslator:innen durch die steigende Verwendung von MÜ schleichend wegrationalisiert werden (Brynjolfsson, & McAfee, 2011). Der Erfolg von MÜ basiert somit auf der Leistung von Menschen, deren Arbeitsbedingungen einem massiven Wandel unterworfen sind. Somit ergibt sich eine problematische Wechselwirkung zum Nachteil von Humanübersetzer:innen.

Der Einsatz von maschinellem Lernen für MÜ steht vor allem mit der Effizienz und der Outputqualität von NMT in Verbindung. Das Streben nach stets höherer Outputqualität in der Form besserer Messergebnisse ist daher ein dominanter Faktor in der MÜ-Forschung und -Entwicklung (Interview H, Z. 125–140).

Die Forderung nach ständiger Leistungssteigerung setzt die Möglichkeit voraus, die Güte einer Übersetzung unmittelbar bewerten zu können, wofür in der Computerlinguistik automatische Verfahren eingesetzt werden. Computerlinguistische Übersetzungskonzepte gehen somit von der Prämisse aus, dass Übersetzungsqualität ein messbarer Wert sei. Um Übersetzungsqualität automatisch messen und in einer Zahl ausdrücken zu können, wurde der Qualitätsbegriff in der Computerlinguistik laut eines Befragten einer „Übervereinfachung" unterzogen (Interview H, Z. 195–199). Übersetzungsqualität im computerlinguistischen Sinne bezieht sich auf die Übereinstimmung des ZT mit einer Referenzübersetzung hinsichtlich Wortwahl und Wortstellung. Diese Referenzübersetzungen stammen in der Regel von Menschen (Interview B, Z. 167–169). In der MÜ-Forschung und -Entwicklung ist Übersetzungsqualität daher ein Wert, der relativ zu einer Vergleichsübersetzung steht.

Die maschinelle Bewerkstelligung von Translation beruht somit auf der quantitativen Berechenbarkeit von Übersetzungsqualität. Der Übersetzungsprozess wird dadurch an die Funktionsweise von Maschinen angepasst. Dieser Umstand führt zu einer Reihe von Einschränkungen. So produziert ein neuronales MÜ-System nur dann brauchbare Ergebnisse, wenn eine Problemstellung durch die zur Verfügung stehenden Daten abgedeckt wird. Soll NMT Textmaterial verarbeiten, das nicht im Trainingskorpus abgebildet war, wirkt sich dies negativ auf die Outputqualität aus (Interview O, Z. 51–52).

Die Abhängigkeit von Daten ist somit ein wesentliches Charakteristikum neuronaler maschineller Übersetzung. Laut den Befragten liegt hier auch der grundsätzliche Unterschied zwischen MÜ und Humanübersetzung. So sind Humanübersetzer:innen durch ihre Fähigkeit zu abstraktem Denken in der Lage, flexibel und situationsadäquat auf neue Problemstellungen einzugehen. MÜ-Systeme können hingegen nur mit Aufgaben umgehen, deren Lösung sich aus den verfügbaren Daten ableiten lässt. Bei einer maschinell produzierten Übersetzung handelt es sich somit in jedem Fall um eine „Übersetzung aus zweiter Hand", da bereits vorhandene Elemente, in Form von bestehenden Übersetzungssegmenten, neu zusammengesetzt und gewissermaßen „recycelt" werden. Hier ergibt sich eine Parallele zur Verwendung von TM-Systemen, die ebenfalls die Wiederverwendung bereits erarbeiteter Lösungen ermöglichen und von Übersetzer:innen mehrheitlich als Unterstützung wahrgenommen werden (Candel-Mora, 2016). TM-Systeme repräsentieren somit einen Zwischenschritt in der vollständigen Auslagerung des Übersetzungsprozesses an die Maschine.

Die maschinelle Durchführung von Translation erfordert die Anpassung des Übersetzungsprozesses an ein mechanistisches Paradigma. Übersetzen als Vorgang ist nur dann von Maschinen bewerkstelligbar, wenn dieser in Form von Berechnungen stattfindet. Dies setzt die Ausgestaltung des Übersetzungsprozess in der Form von absoluten Kriterien voraus. Maschinen sind dazu gezwungen, jegliche Aufgaben entlang binärer Kategorien zu verarbeiten und letztendlich alle Prozesse auf Nullen und Einsen herunterzubrechen (Interview L. Z. 77–78). Diese Logifizierung des Übersetzungsprozesses wurde bereits von Wilss (1988) kritisiert, da sie der Komplexität menschlicher Kommunikation nicht gerecht werde.

## 7.3.3 Mensch-Maschine-Wechselwirkungen in der Entwicklung von maschineller Übersetzung

Den Aussagen der Befragten lässt sich entnehmen, dass sowohl Vorstellungen von Translation, die unter Computerlinguist:innen kursieren, als auch Translationskonzepte, die von technischen Gegebenheiten ausgehen, tragende Faktoren in der Entwicklung von MÜ-Systemen sind. Es entsteht ein Wechselspiel aus technisch determinierten und sozial konstruierten Faktoren, die jeweils an unterschiedlichen Stellen sichtbar werden.

Eine besonders dominante Position nehmen dabei technische Gegebenheiten ein. Technologische Rahmenbedingungen, in welche die MÜ-Entwicklung eingebettet ist, prägen das Übersetzungsverständnis von Computerlinguist:innen. Demnach sind technische Möglichkeiten dem Übersetzungsverständnis von MÜ-Forscher:innen vorgelagert. Technische Rahmenbedingungen bestimmen welche Translationskonzepte umgesetzt werden können (Interview H, Z. 432–436). Die Dominanz der Technik tritt bspw. in der Form des maschinellen Lernens als zentrales Element für NMT zu Tage. Dabei nimmt maschinelles Lernen eine derart starke Position ein, dass sich alle anderen relevanten menschlichen und nichtmenschlichen Akteur:innen den Möglichkeiten und Grenzen dieser Technologie anpassen (Interview E, Z. 198–190). Die Vorstellung davon, wie Übersetzen maschinell bewerkstelligt werden kann, wird somit an die Funktionsweise der Technologie adaptiert. Eine konkrete Technologie prägt somit die Form, die Übersetzen als Prozess annimmt.

Jedoch sind es stets Entscheidungen bestimmter sozialer Akteur:innen, die dazu führen, dass eine Technologie über einen derart dominanten Status verfügt. Wie in Abschnitt 3.3.1 unter Verweis auf die Akteur-Netzwerk-Theorie (Callon, 1986; Law, 1986; Latour, 1987) besprochen, gewinnen Objekte, oder wie in diesem Fall eine bestimmte Technologie, nur im Verbund mit menschlichen Akteur:innen Handlungsträgerschaft. Die einflussreiche Position der Technologie des maschinellen Lernens im Kontext der MÜ-Entwicklung kann demnach auf Entscheidungen bestimmter sozialer Gruppen zurückgeführt werden. Hier geht es laut Aussagen einiger Befragter um eine konkrete technische Ausrichtung von MÜ-Systemen, die auf dem Streben nach höherer Effizienz und Leistung beruht. Demnach können mit neuronalen MÜ-Systemen – nach computerlinguistischen Maßstäben – wesentlich bessere Ergebnisse erzielt werden als mit anderen Methoden. Darüber hinaus können neuronale MÜ-Systeme wesentlich schneller entwickelt werden als regelbasierte Systeme (Interview H, Z. 452–454).

Bestimmte soziale Gruppen verfügen somit über eine tragende Rolle in der Entscheidung für eine konkrete technische Ausgestaltung von MÜ-Systemen (siehe Abschnitt 4.2). Technologiekonzerne nehmen hier eine zentrale Position ein. Die Prioritäten der Entwicklerfirmen spiegeln sich in der Ausgestaltung der Technologie wieder (Interview H, Z. 602–603). Vor allem im Bereich der kommerziellen MÜ-Entwicklung werden diese Vorgaben auf Basis wirtschaftlicher Überlegungen getroffen. MÜ-Systeme sind in diesem Fall ein Produkt, das der Erreichung ökonomischer Ziele dient. Die technische Ausgestaltung kommerzieller MÜ-Systeme ist letztendlich auf die Generierung finanzieller Profite ausgerichtet (Interview B, Z. 239–240).

Wirtschaftliche Vorgaben wirken sich somit direkt auf die Ausgestaltung von MÜ-Systemen aus. Im Zentrum steht der Anspruch, ein attraktives Produkt zu entwickeln und ein positives Nutzer:innenerlebnis zu schaffen. Dies beinhaltet beispielsweise die Generierung eines Translats innerhalb des Bruchteils einer Sekunde. Dazu muss eine Reihe von Vereinfachungen im maschinellen Übersetzungsprozess vorgenommen werden, die sich negativ auf die Übersetzungsqualität auswirken können (Interview H, Z. 532–533). Damit MÜ als attraktives Produkt erscheint, werden somit auch Defizite an anderer Stelle in Kauf genommen, derer sich die Nutzer:innen womöglich nicht bewusst sind. So können User:innen von MÜ-Systemen die Qualität einer maschinell erstellten Übersetzung aufgrund fehlender Sprachkenntnisse und Vergleichsmöglichkeiten in vielen Fällen gar nicht einschätzen.

Die Ausgestaltung einer Technologie bildet die Prioritäten der jeweiligen Entwicklerfirma ab, für die der finanzielle Nutzen eines Produkts im Zentrum des Interesses steht. Die kommerzielle MÜ-Entwicklung nimmt somit eine machtvolle Position in der Prägung von Translationskonzepten ein, von denen auch breite Bevölkerungsschichten beeinflusst werden. Technologiekonzerne tragen daher insgesamt dazu bei, dass Translation als ständig verfügbare und kostenlos bereitzustellende Leistung wahrgenommen wird (siehe auch Cronin 2012/2010).

Jedoch gibt es auch Vorstellungen sozial relevanter Gruppen, die nicht umgesetzt werden können, da es die technischen Gegebenheiten nicht zulassen. So würde die Entwicklung eines maschinenlesbaren Weltmodells bzw. die Berücksichtigung von Semantik eine entscheidende Evolution in der MÜ-Forschung darstellen. Die Integration von Textverständnis in MÜ scheitere jedoch bis jetzt an ihrer Umsetzbarkeit. Auch neuronale MÜ-Systeme operieren lediglich anhand statistischer Korrelationen zwischen bereits bestehenden Übersetzungssegmenten (Interview C, Z. 174–178). Vorstellungen menschlicher Akteur:innen können also durchaus an technischen Widerständen scheitern. Pickerings (1992; 1995)

## 7.3 Ergebniszusammenfassung

„mangle of practice" manifestiert sich somit auch in der Entwicklung von MÜ-Systemen. Demnach kommt es zu einer kontinuierlichen Wechselwirkung zwischen menschlicher und materieller *agency*. Menschliche Akteur:innen müssen auf bestimmte Eigenschaften der Technologie reagieren und Entwicklungsschritte an technische Gegebenheiten anpassen.

Im Kontext- der MÜ-Forschung und -Entwicklung entsteht somit ein Wechselspiel zwischen physikalisch-technischen und gesellschaftlich-sozialen Faktoren. Diese Faktoren treten jeweils an unterschiedlichen Stellen zutage und wirken sich unterschiedlich stark auf die Entwicklung von MÜ-Systemen als Technologie aus. In manchen Fällen bestimmen sozial relevante Gruppen die technische Ausgestaltung. In anderen Fällen werden wiederum menschliche Vorstellungen an die Funktionsweise der Technologie angepasst.

# Schluss: Zwischen menschlichem Anspruch und technischer Wirklichkeit

Übersetzen wird zunehmend in das Reich der Maschine ausgelagert. Laut Vertreter:innen des Technologiekonzerns Google wird bereits seit den 2010er Jahren der Großteil der Übersetzungsleistungen auf dem Planeten von *Google Translate* erbracht (Och, 2012). Der rasant steigende Einsatz von MÜ bringt tiefgreifende Veränderungen für das gesamte translatorische Feld und insbesondere für den Bereich der Humanübersetzung mit sich. Davon betroffen sind vor allem die Arbeitsprozesse und Workflows von professionellen Übersetzer:innen, die sich durch die Digitalisierung und vor allem durch den Einsatz von MÜ stark verändern und neue Kompetenzen erfordern (Pym, 2013; Läubli, & Green, 2019). Darüber hinaus kommt es auch in der gesamten Übersetzungsbranche zu tiefgreifenden Transformationen (Moorkens, 2017; do Carmo, 2020; Vieira, 2020), wie sich beispielsweise in der zunehmenden Bedeutung von MTPE zeigt (Moorkens, & O'Brien, 2017). Auf einer Meta-Ebene steht der Erfolg der MÜ für einen anbrechenden Posthumanismus im Übersetzungsbereich (O'Thomas, 2017) sowie für eine Machtverschiebung weg von demokratischen Entscheidungsprozessen hin zu monopolistisch agierenden Technologiekonzernen.

In dieser Arbeit wurde das Ziel einer konzeptuellen Auseinandersetzung mit MÜ verfolgt, um in weiterer Folge eine grundsätzliche Diskussion über Möglichkeiten und Grenzen dieser Technologie anzustoßen. Zu diesem Zweck wurde die Entwicklung von MÜ-Systemen vor einem translationswissenschaftlichen und techniksoziologischen Hintergrund untersucht. Im Zentrum der Arbeit stand eine Studie zu Translationskonzepten in der Computerlinguistik.

Erste Pionierarbeit zu MÜ wurde bereits in den 1950er Jahren geleistet. Trotzdem erlangte die Technologie erst mit statistikbasierten MÜ-Systemen Massentauglichkeit, die ab der Jahrtausendwende vermehrt Anwendung fanden. Durch den Einsatz des maschinellen Lernens und den Umstieg auf neuronale

MÜ konnte die Leistung und Outputqualität gesteigert werden, wodurch die Technologie weiter an Breitenwirksamkeit gewann (Way, 2020). Trotz dieser technologischen Fortschritte und der damit einhergehenden steigenden Relevanz wurde MÜ lange Zeit an der Peripherie des translationswissenschaftlichen Interessensbereichs angesiedelt (Rozmyslowicz, 2014; 2019; 2020). Nicht zuletzt aufgrund technologiebedingter Umwälzungen im Übersetzungsbereich führt an einer Reintegration von MÜ in den Objektbereich der TW jedoch kein Weg vorbei.

Eine Möglichkeit, MÜ aus einer translationswissenschaftlichen Perspektive zu bearbeiten, ist die Untersuchung von Translationskonzepten in der CL. Die vorliegende Arbeit folgt der Grundannahme, dass diese einerseits durch relevante soziale Gruppen geprägt sind, und andererseits durch technische Gegebenheiten bestimmt werden. Dieses Wechselspiel aus menschlicher und materieller Handlungsträgerschaft nennt Pickering (1992, 1995, 2008) „dance of agency". Demnach sind technische Artefakte und deren Funktionsweise durch menschliche Vorstellungen sowie durch technologische Rahmenbedingungen geprägt. Die Ziele von Entwickler:innen lassen sich nur im Verbund mit der Technologie umsetzen und nie gegen sie. Auf technische Widerstände wird vonseiten der Entwickler:innen mit Anpassungsprozessen reagiert.

Vor dem Hintergrund der sozialen Konstruiertheit der Technologie (siehe Pinch, & Bijker, 1984) stellt sich die Frage, welche Vorstellungen und Absichten hinter MÜ als technischem Artefakt stehen. Besonders im kommerziellen Bereich spielen wirtschaftliche Interessen eine entscheidende Rolle. Deshalb streben Technologiekonzerne danach, MÜ-Systeme zu entwickeln, die ein möglichst positives Erlebnis auf der Seite der Nutzer:innen hervorrufen. Dies beinhaltet beispielsweise die Generierung von Output innerhalb des Bruchteils einer Sekunde. Dazu werden teilweise auch Defizite an anderen Stellen in Kauf genommen, die den Nutzer:innen verborgen bleiben, sich jedoch negativ auf die Qualität des Translats auswirken können.

Solche konkreten Vorgaben an die Technologie stammen von bestimmten sozialen Gruppen, die Einfluss auf die Entwicklung eines technischen Artefakts wie MÜ nehmen. Sozial geprägte Vorstellungen von MÜ können jedoch nur im Verbund mit der Technologie umgesetzt werden. An dieser Stelle lässt sich eine Brücke zur Akteur-Netzwerk-Theorie schlagen, in der Callon (1986), Law (1986) und Latour (1987) beschreiben, dass soziale Akteur:innen und materielle Objekte nur im Zusammenspiel miteinander Handlungsmacht erlangen können. Dieser Mechanismus tritt besonders anschaulich in der Verwendung der Technologie des maschinellen Lernens für NMT zutage. So führt das Streben nach größtmöglicher Effizienz und höchstmöglicher Outputqualität zur Verwendung des maschinellen

Lernens als Kerntechnologie in der modernen MÜ. Der Einsatz des maschinellen Lernens ist wiederum von der Verfügbarkeit großer Datenmengen abhängig, aus denen mögliche Lösungen für ein Problem abgeleitet werden können. Im Fall von NMT handelt es sich hierbei um Beispielübersetzungen für die jeweilige Sprachkombination, die in der Regel von Humanübersetzer:innen stammen. Menschliche Vorgaben an die Technologie führen somit zur Entscheidung für eine bestimmte technische Ausgestaltung. Diese Vorgaben können jedoch nur dann umgesetzt werden, wenn die jeweilige Technologie den Menschen zur Verfügung steht. Sowohl die menschliche als auch die materielle Ebene erlangen somit nur im Verbund Wirkmacht.

Im Kontext der MÜ-Forschung und -Entwicklung kommt es somit zu einem Abtausch der Handlungsträgerschaft zwischen menschlicher und materieller Ebene. Die jeweilige *agency* tritt an unterschiedlichen Stellen zutage, wobei beide Seiten abwechselnd aufeinander einwirken. Im Rahmen dieses Wechselspiels treten Widerstände und Anpassungsprozesse auf. Manche Vorstellungen von MÜ-Forscher:innen und -Entwickler:innen scheitern an ihrer technischen Umsetzbarkeit. So gaben einige Befragte an, dass es in der automatischen Evaluierung von Übersetzungsqualität zu Problemen kommt. Demnach sei es nicht möglich, alternative Formulierungen zu berücksichtigen, die lexikalisch von der Referenzübersetzung abweichen, jedoch dieselbe Bedeutung ausdrücken. Dies führt zu Problemen beim Training von NMT, die unter den gegebenen technischen Voraussetzungen kaum gelöst werden können und somit in Kauf genommen werden müssen.

Menschliche Vorstellungen werden somit an technische Gegebenheiten angepasst. Zu einer Adaptation an die materielle Ebene kommt es auch auf einer Metaebene der MÜ-Entwicklung. Damit Translation maschinell bewerkstelligt werden kann, ist es notwendig, den Übersetzungsprozess an die Funktionsweise der Maschine anzupassen. Damit einhergehend muss auch die grundsätzliche Vorstellung von Übersetzen einem mechanistischen Paradigma unterworfen werden. Diese Anpassungen zeigen sich auch in der Form der Übersetzungskonzepte, die unter Computerlinguist:innnen kursieren. Hier kommt es zu einer Differenz zwischen dem generellen Anspruch an Übersetzen und Übersetzungskonzepten, die von Maschinen zugelassen werden. Gefragt nach ihrem grundsätzlichen Übersetzungsverständnis, dominieren unter den Befragten zwei Grundtypen von Translationskonzepten. Die Vorstellung von Übersetzen als kultureller Vermittlung scheint ihrer Vorstellung von Humantranslation zu entsprechen, während die Idee von Übersetzen als Informationsübertragung durch computerlinguistische MÜ-Forschung beeinflusst wird. Somit stellen die MÜ-Forscher:innen und -Entwickler:innen Erwartungen an Translation (z. B. kulturelle Vermittlung,

Interpretation von Bedeutungen), die jedoch in der Praxis der MÜ (Informationsübertragung, Codewechsel) nicht aufrechterhalten werden können. Eine ähnliche Kluft zeigt sich auch in den von den Befragten beschriebenen Konzepten zu Übersetzungsqualität. Die Interviewpartner:innen sahen hohe Übersetzungsqualität einerseits dann gegeben, wenn die Ansprüche der Kund:innen erfüllt werden bzw. die Durchführung einer bestimmten Aufgabe ermöglicht wird. Diesen holistischen Kriterien stehen andererseits Parameter gegenüber, die in der Computerlinguistik als quantitativ feststellbare Größen gelten. Gemessen werden in diesem Fall Fehler bezüglich Wortverwendung und Wortstellung im Vergleich zu einer Referenzübersetzung. Inwiefern anhand quantifizierender Verfahren festgestellt werden kann, ob eine Übersetzung dieselbe Bedeutung wie der Ausgangstext vermittelt, wie es eine Computerlinguistin formulierte, ist zu hinterfragen. Der Widerstand der Technik gegen die Umsetzung menschlicher Vorstellungen von Übersetzungsqualität ist ein weiteres Beispiel für die Anpassungsprozesse zwischen menschlicher und materieller *agency*. Die Diskrepanz zwischen menschlichem Anspruch und technischer Wirklichkeit kann als Hauptcharakteristikum von Translationskonzepten in der Computerlinguistik bezeichnet werden.

Die Möglichkeiten und Grenzen von NMT stehen in enger Verbindung mit den Möglichkeiten und Grenzen von KI. Die Transformationen im Übersetzungsbereich, getrieben durch die Digitalisierung, stehen stellvertretend für tiefgreifende gesellschaftliche Umwälzungen, die durch den vermehrten Einsatz von KI zu erwarten sind. Translationswissenschaftler:innen sind deshalb dazu angehalten, sich weiterhin intensiv mit den Auswirkungen von MÜ insbesondere auf die Humantranslation zu beschäftigen, sowie die Entwicklung von Translationstechnologien durch ihre kritische Betrachtung und Analyse zu begleiten. Diese Arbeit soll einen Beitrag zu diesem Unterfangen darstellen und nicht zuletzt den Diskurs zwischen TW und CL anregen.

# Literaturverzeichnis

Adkins, L., & Adkins, R. (2000). *The keys of egypt. The obsession to decipher egyptian hieroglyphs.* New York: Harper Collins Publishers.
ALPAC (1966). *Languages and machines: Computers in translation and linguistics. A report by the Automatic Language Processing Advisory Committee, Division of Behavioral Sciences, National Academy of Sciences, National Research Council.* Washington DC: National Academy of Sciences, National Research Council.
Alpaydin, E. (2016). *Machine learning. The new AI.* Cambridge: The MIT Press (The MIT Press Essential Knowledge Series).
Alpaydın, E. (2014). *Introduction to machine learning.* Cambridge, Massachusetts, London: The MIT Press (Adaptive computation and machine learning).
Álvarez Vidal, S., Oliver, A., & Badia, T. (2020). Post-editing for professional translators: Cheer or fear? *Revista Tradumàtica. Tecnologies de la Traducció* 18, 49–69. DOI: https://doi.org/https://doi.org/10.5565/rev/tradumatica.275
ARD (2018). Arbeitswelt im Wandel – Wie muss der Sozialstaat reformiert werden? Sendung vom 26.11.2018. Online unter: https://www.phoenix.de/sendungen/gespraeche/anne-will/arbeitswelt-im-wandel---wie-muss-der-sozialstaat-reformiert-werden-a-518330.html zuletzt aufgerufen am 04.10.2022.
Arnold, D. (1994). *Machine translation. An introductory guide.* Manchester: NCC Blackwell.
Arrojo, R. (1995). Tradition and the resistance to translation. In H. Salevsky (Hrsg.) *Kultur, Interpretation, Translation. Ausgewählte Beiträge aus 15 Jahren Forschungsseminar.* Frankfurt a.M.: Peter Lang, 53–60.
Bachmann-Medick, D. (2007). *Cultural turns. Neuorientierungen in den Kulturwissenschaften.* Reinbek bei Hamburg: Rowohlt.
Bachmann-Medick, D. (2008). Kulturwissenschaften – eine Übersetzungsperspektive? In B. Buden, & S. Nowotny (Hrsg.) *Übersetzung: das Versprechen eines Begriffs.* Wien: Turia + Kant, 29–42.
Bachmann-Medick, D. (2009). Introduction: The translational turn. *Translation Studies* 2 (1), 2–16. DOI: https://doi.org/https://doi.org/10.1080/14781700802496118
Bar-Hillel, Y. (1960). The present status of automatic translation of languages. *Advances in Computers* 1, 91–163. DOI: https://doi.org/https://doi.org/10.1016/S0065-2458(08)60607-5

Baranovskis, A. (2019). Cat or dog – image classification with convolutional neural networks. Online unter: https://towardsdatascience.com/cat-or-dog-image-classification-with-convolutional-neural-network-d421a9363c7a, zuletzt aufgerufen am 23.07.2022.

Bassnett, S., & Lefevere, A. (Hrsg.) (1990). *Translation, history, and culture.* New York: Cassell.

Bentivogli, L., Bisazza, A., Cettolo, M., & Federico, M. (2016). Neural versus phrase-based machine translation quality: a case study. Paper presented at *Conference on empirical methods in natural language processing (EMNLP), November 1–5, 2016, Austin, Texas, USA.* DOI: http://dx.doi.org/https://doi.org/10.18653/v1/D16-1025

Besznyák, R., Fischer, M., & Szabó, C. (Hrsg.) (2020). *Fit-for-market translator and interpreter training in a digital age.* – Delaware: Vernon.

Bhabha, H. K. (1994/2004). *The location of culture.* London: Routledge.

Bijker, Wiebe E. (1997). *Of bicycles, bakelites, and bulbs. Toward a theory of sociotechnical change.* Boston: MIT Press.

Bijker, Wiebe E. (2010). How is technology made? That is the question! *Cambridge Journal of Economics* 34 (1), 63–76. DOI: http://dx.doi.org/https://doi.org/10.1093/cje/bep068

Bijker, W. E., Hughes, T. P., & Pinch, T. J. (2012/1987). *The social construction of technological systems. New directions in the sociology and history of technology.* Cambridge, MA: MIT Press.

Bourdieu, P. (1975). The specificity of the scientific field and the social conditions of the progress of reason. *Social Science. Information sur les sciences sociales* 14 (6), 19–47. DOI: https://doi.org/10.1177/053901847501400602

Braun, S., Davitti, E. & Dicerto, S. (2018). Video-Mediated Interpreting in Legal Settings: Assessing the Implementations. In J. Napier, R. Skinner, & S. Braun (Hrsg.) *Here or there: Research on interpreting via video link.* Washington D.C.: Gallaudet University Press, 144–179. DOI: http://dx.doi.org/https://doi.org/10.2307/j.ctv2rh2bs3.9

Brinkmann, S. (2018). The Interview. In N. Denzin, K. Norman, & Lincoln, Y. (Hrsg.) *The SAGE handbook of qualitative research.* Los Angeles, London: Sage, 984–1026.

Brockett, C., Takako, A., Aue, A., Menezes, A., Quirk, C., & Suzuki, H. (2002). English-Japanese example-based machine translation using abstract linguistic representations. *COLING-02 Workshop: Machine Translation in Asia,* 1–7.

Brown, P. F., Cocke, J., Della Pietra, S. A., Della Pietra, V. J., Jelinek, F., Lafferty, J. D., Mercer, R. L., & Roossin, P. S. (1990). A statistical approach to machine translation. *Computational Linguistics* 16 (2), 79–85.

Brown, P. F., Della Pietra, S., A., Della Pietra, V. J., & Mercer, R. L. (1993). The mathematics of statistical machine translation. In *Computational Linguistics* 19 (3), 263–313.

Brynjolfsson, E., & McAfee, A. (2011). *Race against the machine: How the digital revolutions accelerating innovation, driving productivity, and irreversibly transforming employment and the economy.* Lexington, MA: Digital Frontier Press.

Buden, B. (2008). Kulturelle Übersetzung. Einige Worte zur Einführung in das Problem. In B. Buden, & S. Nowotny, (Hrsg.) *Übersetzung: das Versprechen eines Begriffs.* Wien: Turia + Kant, 9–28.

Bundgaard, K. (2017). Translator attitudes towards translator-computer interaction – Findings from a workplace study. *Hermes Journal of Language and Communication in Business* 56, 125–144. DOI: https://doi.org/https://doi.org/10.7146/hjlcb.v0i56.97228

Callon, M. (1986). Some elements of a sociology of translation. Domestication of the scallops and the fisherman of St. Brieuc Bay. In J. Law (Hrsg.) *Power, action and belief. A new sociology of knowledge?* London: Routledge & Paul, 196–229.

Callon, M. (2006). Einige Elemente einer Soziologie der Übersetzung. Die Domestikation der Kammmuscheln und der Fischer der St. Brieuc-Bucht. In A. Belliger, & D. Krieger (Hrsg.) *ANThology. Ein einführendes Handbuch zur Akteur-Netzwerk-Theorie.* Bielefeld: transcript, 135–174.

Campos, H. de (1981). *Deus e o Diabo no Fausto de Goethe.* São Paulo: Editora Perspectiva.

Candel-Mora, M. A. (2016). Translator training and the integration of technology in the translator's workflow. In M.L. Carrió-Pastor (Hrsg.) *Technology implementation in second language teaching and translation studies. New tools, new approaches.* Singapore: Springer, 49–69.

Carl, M., & Schaeffer, M. (2017). Models of the Translation Process. In J., Schwieter, & Ferreira, A. (Hrsg.) *The handbook of translation and cognition.* Hoboken: John Wiley, 51–70.

Castilho, S. (2019). Chan Sin-Wai (Hrsg.): The human factor in machine translation. *Machine Translation* 33 (3), 259–268.

Castilho, S., Gaspari, F., Moorkens, J., Popović, M., & Toral, A. (Hrsg.) (2019). *Special issue of Machine Translation: Human factors in neural machine translation.* Berlin: Springer.

Catford, J. C. (1965). *A linguistic theory of translation. An essay in applied linguistics.* Oxford: Oxford University Press (Language and language learning 8).

Chae, B., & Poole, M. S. (2005). The surface of emergence in systems development: Agency, institutions, and large-scale information systems. *European Journal of Information Systems* 14 (1), 19–36.

Chandler, J. A. (2012). 'Obligatory technologies' Explaining why people feel compelled to use certain technologies. *Bulletin of science, technology & society* 32 (4), 255–264. DOI: https://doi.org/https://doi.org/10.1177/0270467612459924

Chesterman, A. (2009). The name and nature of translator studies. *Hermes – Journal of Language and Communication in Business* 42, 13–22. DOI: https://doi.org/10.7146/hjlcb.v22 i42.96844

Chesterman, A. (2017/2010). Skopos theory. A retrospective assessment. In A. Chesterman (Hrsg.) *Reflections on translation theory. Selected Papers 1993–2014.* Amsterdam: John Benjamins, 55–70.

Chomsky, N. (1965a). *Aspects of the theory of syntax.* Cambridge, MA: MIT Press (Special technical report/Research laboratory of electronics of the Massachusetts Institute of Technology 11).

Chomsky, N. (1965b). *Cartesian linguistics. A chapter in the history of rationalist thought.* Lanham: University Press of America.

Chomsky, N. (1980). *Rules and representations.* New York: Columbia University Press.

Christian, B. (2011). *The most human human. A defence of humanity in the age of the computer.* London: Viking.

Church, K. (2007). A pendulum swung too far. *Linguistic Issues in Language Technology – LiLT* 2 (4), 1–28.

Cicero, M. T. (45 v. Chr/1960). De optimo genere oratorum. In M.T. Cicero. *De inventione, De optimo genere oratorum, tópica,* übersetzt von H.M. Hubbell, Cambridge, MA: Harvard University Press; London: Heinemann, 347–373.

Collins, H., & Yearley, S. (1992). Epistemological chicken. In A. Pickering (Hrsg.) *Science as practice and culture*. Chicago: University of Chicago Press, 301–326.
Colominas, C. (2008). Towards chunk-based translation memories. *Babel* 54 (4), 343–354. DOI: http://dx.doi.org/https://doi.org/10.1075/babel.54.4.03col
Corpas-Pastor, G., & Duran-Muñoz, I. (2018). *Trends in e-tools and resources for translators and interpreters*. Leiden: Brill/Rodopoi.
Crawford, C. S. (2005). Actor network theory. In G. Ritzer (Hrsg.) *Encyclopedia of social theory*. Thousand Oaks: Sage.
Cronin, M. (2012/2010). The translation age: Translation, technology, and the new instrumentalism. In L. Venuti (Hrsg.) *The translation studies reader*. New York: Routledge, 469–482.
Cronin, M. (2013). *Translation in the digital age*. London: Routledge (New perspectives in translation studies).
Cronin, M. (2019). Translation, technology and climate change. In M. O'Hagan (Hrsg.) *The Routledge handbook of translation and technology*. London: Routledge, 516–530.
Crystal, D. (2010). *The Cambridge encyclopedia of language*. London: Cambridge University Press.
Degele, N. (2002). *Einführung in die Techniksoziologie*. München: Fink (UTB 2288).
Der Standard (2018). Grazer Start-up iTranslate um Millionenbetrag an Tindermutter verkauft. *Der Standard* 20.3.2018. Online unter: https://www.derstandard.at/story/2000076609730/grazer-start-up-um-millionenbetrag-an-tinder-mutter-verkauft, zuletzt aufgerufen am 23.07.2022.
de Saussure, F. (1916/1983). *Cours de linguistique générale*. Paris: Éditions Payot.
Dizdar, D. (2009). Translational transitions: 'Translation proper' and translation studies in the humanities. *Translation Studies* 2 (1), 89–102. DOI: http://dx.doi.org/https://doi.org/10.1080/14781700802496274
Dizdar, D. (2012). General translation theory. In Y. Gambier, & L. van Doorslaer, Luc (Hrsg.) *Handbook of translation studies. Volume 3*. Amsterdam: John Benjamins, 52–58.
do Carmo, F. (2020). 'Time is money' and the value of translation. *Translation Spaces* 9 (1), 35–57.
Doherty, N. F., & King, M. (2005). From technical to sociotechnical change: Tackling the human and organizational. *European Journal of Information Systems* 14 (1), 1–5.
Donoghue, P. (2013). Common sense advisory lists lionbridge as the #1 language service provider. Online unter: http://blog.lionbridge.com/translation/2013/06/07/common-sense-advisory-says-lionbridge-is-1-language-service-provider, zuletzt aufgerufen am: 23.07.2020.
Dorna, M. (2001). Maschinelle Übersetzung. In K.U., Carstensen (Hrsg.) *Computerlinguistik und Sprachtechnologie. Eine Einführung*. Heidelberg: Spektrum, 514–521.
Ehsani, F., Frederking, R., Rayner, M., & Bouillon, P. (2010) Spoken language translation. In F. Chen, (Hrsg.) *Speech Technology*. Boston: Springer US, 167–193.
Ellul, J. (1954). *La Technique ou l'enjeu du siécle*. Paris: A. Colin.
Ellul, J. (1964) *The Technological Society*. New York: Alfred Knopf.
Fiola, M. A. (2014). Machine Translation vs. Human Translation: The Good the Bad and the Useless. In W. Baur, B. Eichner, S. Kalina, N. Keßler, Mayer, F., & J. Ørsted (Hrsg.) *Man vs. machine? The future of translators, interpreters and terminologists: Proceedings of the XXth FIT World Congress in Berlin*. Berlin: BDÜ Weiterbildungs- und Fachverlagsgesellschaft, 38–45.

# Literaturverzeichnis

Forcada, M. (2017). Making sense of neural machine translation. *Translation Spaces* 6 (2), 291–309. DOI: https://doi.org/https://doi.org/10.1075/ts.6.2.06for

Forcada, M. (2022). Neural Machine Translation. Workshop at NETTT Summer School, Rhodes, July 2022. Creative Commons Attribution–Share-Alike-Licence: http://creativec ommons.org/licenses/by-sa/4.0/

Freud, S. (1900/2011). *Die Traumdeutung*. Frankfurt a.M: S. Fischer. Ausgabe aus 2011 erschienen bei Hamburg: Nikol.

Gambier, Y. (2016). Rapid and Radical Changes in Translation and Translation Studies. *International Journal of Communication* 10, 887–906.

Gaspari, F., & Hutchins, W. J. (2007). Online and free! Ten years of online machine translation: Origins, developments, current use and future prospects. *Proceedings of the MT Sumimt XI*, 199–206.

Gehlen, A. (1940/1993). *Der Mensch. Seine Natur und seine Stellung in der Welt.* Frankfurt a.M.: Vittorio Klostermann.

Gehlen, A. (1956). *Urmensch und Spätkultur: Philosophische Ereignisse und Aussagen.* Wiesbaden: Aula.

Giammarresi, S., Lapalme, G. (2016). Computer science and translation. Natural languages and machine translation. In Y. Gambier, & L. van Doorslaer (Hrsg.) *Border crossings. Translation studies and other disciplines.* Amsterdam: John Benjamins, 205–224.

Gieryn, T. F. (1983). Boundary-work and the demarcation of science from non-science: Strains and interests in professional ideologies of scientists. *American Sociological Review* 48 (6), 781–795. DOI: https://doi.org/https://doi.org/10.2307/2095325

Gläser, J. & Laudel, G. (2010). *Experteninterviews und qualitative Inhaltsanalyse als Instrumente rekonstruierender Untersuchungen.* Wiesbaden: VS Verlag.

Glück, H. (2010). *Metzler Lexikon Sprache.* Stuttgart: Metzler.

Gorden, R. L. (1975). *Interviewing. Strategy, techniques, and tactics.* Homewood: Dorsey Press (The Dorsey series in sociology).

Grbić, N., Korbel, S., Laister, J., Schögler, R. Y., Terpitz, O., & Wolf, M. (2020a). Einleitung: Zur Denkfigur des Un:Übersetzten. In N. Grbić, S. Korbel, J. Laister, R. Y. Schögler, O. Terpitz, & M. Wolf *(Hrsg.) Übersetztes und Unübersetztes. Das Versprechen der Translation und ihre Schattenseiten.* Bielefeld: transcript, 9–30.

Grbić, N., Korbel, S., Laister, J., Schögler, R. Y., Terpitz, O., & Wolf, M. (Hrsg.) (2020b). *Übersetztes und Unübersetztes. Das Versprechen der Translation und ihre Schattenseiten.* Bielefeld: transcript.

Guerberof, A. (2009). Productivity and quality in the post-editing of outputs from translation memoriesand machine translation. *Localization Focus: The International Journal of Localization* 7 (1), 11–21.

Guldin, R. (2016). *Translation as Metaphor.* London: Routledge.

Haigh, T. (2006). Remembering the office of the future. The origins of word processing and office automation. *Annals of the History of Computing* 28 (4), 6–31. DOI: https://doi.org/10.1109/MAHC.2006.70

Hajlaoui, N., Kolovratnik, D., Vaeyrynen, J., Steinberger, R., & Varga, D. (2014). DCEP-Digital Corpus of the European Parliament. *Proc. LREC 2014 (Language Resources and Evaluation Conference). Reykjavik, Iceland. Mai 26–31, 2014,* 3164–3171.

Hajsok, M. (2014). *Stylistique Comparée. Eine kritische Darstellung der Translationsschule. Mit deutsch-kroatischen Beispielen.* München: GRIN Verlag.

Hall, E. T. (1976). *Beyond culture*. Garden City: Anchor Press.
Härtel, J. (2016). Vollautomatisches Dolmetschen – Möglichkeiten und Grenzen. *Lebende Sprachen* 61 (1), 67–116. DOI: https://doi.org/https://doi.org/10.1515/les-2016-0004
Häußling, R. (2014) *Techniksoziologie*. Baden-Baden: Nomos.
Hayes, P. J. (1988). The Second Naive Physics Manifesto. In J.R. Hobbs (Hrsg.) *Formal theories of the commonsense world*. Norwood: Ablex, 1–36.
Hearne, M., & Way, A. (2011). Statistical machine translation. A guide for linguists and translators. *Language and Linguistics Compass* 5 (5), 205–226. DOI: https://doi.org/10.1111/j.1749-818X.2011.00274.x
Helfferich, C. (2014). Leitfaden- und Experteninterviews. In N. Baur, & J. Blasius (Hrsg.) *Handbuch Methoden der empirischen Sozialforschung*. Wiesbaden: Springer, 559–574.
Hermans, T. (Hrsg.) (1985). *The manipulation of literature. Studies in literary translation*. London: Croom Helm.
Hieronymus, S. E. (395/1997). De optimo genere interpretandi (Brief 101, an Pammachius). In Epistolae D. Hieronymi Stridoniensis, Rom: Aldi F., (1565), 285–291, übersetzt von P. Carrol als "On the best kind of translator", In Robinson (Hrsg.) (1997), 22–30.
Hönig, H. G., & Kußmaul, P. (1984). *Strategie der Übersetzung: Ein Lehr- und Arbeitsbuch*. Tübingen: Narr.
Hofstede, G. (1991). *Cultures and organizations. Software of the mind. Intercultural cooperation and its importance for survival*. London: McGraw Hill.
Hoijer, H. (1954/1971). The Sapir-Whorf-Hypothesis. In H. Hoyer (Hrsg.) *Language in culture. Conference on the interrelations of language and other aspects of culture*. Chicago: Chicago University Press, 92–105.
Holmes, J. S. (1988). The name and nature of translation studies. In L. Venuti (Hrsg.) *The Translation Studies Reader*. London: Routledge, 172–185.
Holz-Mänttäri, J. (1984a). *Translatorisches Handeln. Theorie und Methode*. Helsinki: Suomalainen Tiedeakatemia (Annales Academiae Scientiarum Fennicae: Series B 226).
Holz-Mänttäri, J. (1984b) Sichtbarmachung und Beurteilung translatorischer Leistungen bei der Ausbildung von Berufstranslatoren. In W. Wilss, & G. Thome (Hrsg.) *Die Theorie des Übersetzens und ihr Aufschlußwert für die Übersetzungs- und Dolmetscherdidaktik*. Tübingen: Narr, 176–185.
Holz-Mänttäri, J. (1986). Translatorisches Handeln – theoretisch fundierte Berufsprofile. In M. Snell-Hornby (Hrsg.) *Übersetzungswissenschaft – eine Neuorientierung. Zur Integrierung von Theorie u. Praxis*. Tübingen: Francke, 348–374 (UTB, 1415).
Holz-Mänttäri, J. (1993). Textdesign – verantwortlich und gehirngerecht. In J. Holz-Mänttäri, & C. Nord (Hrsg.) *Traducere navem. Festschrift für Katharina Reiß zum 70. Geburtstag. Unter Mitarbeit von Katharina Reiß*. Tampere: Tampereen Yliopisto, 301–320 (Studia translatologica 3).
Humboldt, W. A. (1818/1963). Einleitung zu ‚Agamemnon'. In H.J. Störig (Hrsg.) *Das Problem des Übersetzens*. Darmstadt: Wissenschaftliche Buchgesellschaft, 71–96.
Humboldt, W. A. (1859/2015). *Reise in die Aequinoctial-Gegenden des neuen Continents*. Stuttgart: J.G. Cotta. Neuauflage aus 2015 *Alexander von Humboldt: Die Südamerika-Reise*. Stockholm: eClassica/Storytel.
Hutchins, W. J. (1986). *Machine translation: Past, present, future*. Chichester: Ellis Horwood.

Hutchins, W. J. (2004). The Georgetown-IBM experiment demonstrated in January 1954. In R. E. Frederking, & K. B. Taylor (Hrsg.) *Machine translations. From real users to research: 6$^{th}$ Conference of the Association for Machine Translation in the Americas, AMTA 2004, Washington, DC, USA, September 28 – October 2, 2004: Proceedings.* Berlin: Springer, 102–114.

Hutchins, W. J. (2010). Machine translation: A concise history. *Journal of Translation Studies* 13 (1–2) (Special issue on the teaching of computer aided translation), 29–70.

Hutchins, W. J. (2015). Machine translation: History of research and applications. In C. Sin-Wai (Hrsg.) *The Routledge encyclopedia of translation technology.* London: Routledge, 120–136.

Hutchins, W. J., & Somers, H. L. (1992). *An introduction to machine translation.* London: Academic Press.

Isabelle, P., & Foster, G. (2006). Machine translation: Overview. In K. Brown (Hrsg.) *Encyclopedia of language & linguistics.* Amsterdam: Elsevier, 404–422.

Jäger, G. (1975). *Translation und Translationslinguistik.* Halle (Saale): VEB Max Niemeyer.

Jakobson, R. (1959/2012) On linguistic aspects of translation. In L. Venuit (Hrsg.) *The translation studies reader.* London: Routledge, 138–143.

Jakobson, R. (1981). Linguistische Aspekte der Übersetzung. In W. Wilss (Hrsg.) *Übersetzungswissenschaft.* Darmstadt: Wissenschaftliche Buchgesellschaft, 189–198.

Jungen, O., & Lohnstein, H. (2006). *Einführung in die Grammatiktheorie.* München: Wilhelm Fink Verlag.

Kade, O. (1968). *Zufall und Gesetzmäßigkeit in der Übersetzung.* Leipzig: VEB Enzyklopädie (Beihefte zur Zeitschrift Fremdsprachen 1).

Kannetzky, F. (2002). Dilemmata der Kommunikationstheorie. In M. Siebel (Hrsg.) *Kommunikatives Verstehen.* Leipzig: Leipziger Univ.-Verl., 97–137.

Karger, R., & Wahlster, W. (2000). Facts and figures about the Verbmobil project. In W. Wahlster (Hrsg.) *Verbmobil: Foundations of speech-to-speech translation.* Berlin: Springer, 22–30.

Kay, M. (1976/1997). The proper place of men and mashines in language translation. *Machine Translation* 12 (1–2), 3–23; erstveröffentlicht in: *Proceedings of the foreign broadcast information service seminar on machine translation.* DOI: https://doi.org/10.1023/A:1007911416676

Keesing, R. M. (1994). Radical cultural difference: Anthropology's myth? In M. Pütz (Hrsg.) *Language contact and language conflict.* Amsterdam: John Benjamins, 3–23.

Kenny, D. (2018). Machine translation. In P. Rawling, & P. Wilson (Hrsg.) *The Routledge handbook of translation and philosophy.* London: Routledge, 428–445.

Kenny, D., & Doherty, S. (2014). Statistical machine translation in the translation curriculum. Overcoming obstacles and empowering translators. *The Interpreter and Translator Trainer* 8 (2), 276–294. DOI: https://doi.org/10.1080/1750399X.2014.936112

Kinnunen, T., & Kaisa, K. (Hrsg.) (2010). *Translators' agency.* Tampere: Tampere University Press.

Kit, C., Pan, H., & Webster, J. J. (2002). Example-based machine translation. A new paradigm. In C. Sin-Wai (Hrsg.) *Translation and information technology.* Hong Kong: Chinese University Press, 57–78.

Koehn, P. (2010). *Statistical machine translation.* Cambridge: Cambridge University Press.

Koehn, P. (2020). *Neural machine translation.* Cambridge: Cambridge University Press.

Koller, W. (1972). *Grundprobleme der Übersetzungstheorie. Unter besonderer Berücksichtigung schwedisch-deutscher Übersetzungsfälle.* Tübingen: Francke (Acta Universitatis Stockholmiensis: Stockholmer germanistische Forschungen 9).

Koller, W. (1979). *Einführung in die Übersetzungswissenschaft.* Heidelberg: Quelle & Meyer.

Koller, W. (2011). *Einführung in die Übersetzungswissenschaft.* Tübingen: Francke (UTB Sprachwissenschaft, Translationswissenschaft 3520).

König, W. (2009). *Technikgeschichte. Eine Einführung in ihre Konzepte und Forschungsergebnisse.* Stuttgart: Franz Steiner Verlag (Grundzüge der modernen Wirtschaftsgeschichte Band 7).

Koskinen, K. (2004). Shared culture? Reflections on recent trends in translation studies. *Target* 16 (1), 143–156.

Krämer, S. (2000). Über den Zusammenhang zwischen Medien, Sprache und Kulturtechniken. In W. Kallmeyer, (Hrsg.) *Sprache und Neue Medien. Institut für deutsche Sprache, Jahrbuch 1999.* Berlin: De Gruyter, 31–56.

Kuckartz, U. (2016). *Qualitative Inhaltsanalyse. Methoden, Praxis, Computerunterstützung.* Weinheim: Beltz Juventa (Grundlagentexte Methoden).

Kußmaul, P. (2004). Entwicklung miterlebt. In W. Pöckl (Hrsg.) *Übersetzungswissenschaft, Dolmetschwissenschaft. Wege in eine neue Disziplin.* Wien: Praesens, 221–226.

Lachmund, J. (2014). Wiebe Bijker und Trevor Pinch: Der sozialkonstruktivistische Ansatz in der Technikforschung. In D. Lengersdorf, & M. Wieser (Hrsg.) *Schlüsselwerke der Science & Technology Studies.* Wiesbaden: Springer Fachmedien Wiesbaden, 145–154.

Lamnek, S. (1993). *Qualitative Sozialforschung. Methoden und Techniken, Band 2.* Weinheim: Beltz Psychologie Verlags Union.

Latour, B. (1984/1988). *The pasteurization of France.* Cambridge, MA: Harvard University Press.

Latour, B. (1987). *Science in action. How to follow scientists and engineers through society.* Cambridge, MA: Harvard University Press.

Latour, B. (1999). *Pandora's hope. Essays on the reality of science studies.* Cambridge, MA: Harvard Univ. Press.

Latour, B., & Woolgar, S. (1979). *Laboratory Life. The social construction of scientific facts.* London: Sage (Sage Library of social research 80).

Läubli, S. (2019). Neuronale maschinelle Übersetzung und Post-Editing. Vortrag an der Karl-Franzens-Universität Graz, 18.03.2019.

Läubli, S., & Green, S. (2019). Translation technology research and human-computer interaction (HCI). In M. O'Hagan (Hrsg.) *The Routledge handbook of translation and technology.* London. Routledge, 370–383.

Läubli, S., Amrhein, C., Düggelin, P., Gonzalez, B., Zwahlen, A., & Volk, M. (2019). Postediting productivity with neural machine translation: an empirical assessment of speed and quality in the banking and finance domain. *Proceedings of MT Summit XVII, 19.-23. August,* Dublin, 267–272.

Läubli, S., & Tieber, M. (2020). *Mensch und Maschine – Widersprüchliche Vorstellungen zur Übersetzungsqualität?* Podiumsdiskussion an der Karl-Franzens-Universität Graz am 6.2.2020, online unter: https://www.youtube.com/watch?v=vCgzq1aQ9y8&feature-=youtu.be, zuletzt aufgerufen am 23.07.2022.

Law, J. (1986). (Hrsg.) *Power, action, and belief: a new sociology of knowledge?* London: Routledge & Kegan Paul.

Le, Q. V., & Schuster, M. (2016). A neural network for machine translation, at production scale. *Google AI Blog*. Online unter: https://ai.googleblog.com/2016/09/a-neural-net work-for-machine.html, zuletzt aufgerufen am 17.10.2022.

Lee, T. (2015). Speech Translation. In C. Sin-Wai (Hrsg.) *The Routledge encyclopedia of translation technology*. London: Routledge, 619–631.

Lefevere, A. (1982). Mother Courage's cucumbers: Text, system and refraction in a theory of literature. *Modern Language Studies* 12 (4), 3–20. DOI: https://doi.org/https://doi.org/10.2307/3194526

Lefevere, A., & Bassnett, S. (1998). *Constructing cultures. Essays on literary translation*. Bristol: Multilingual Matters *(Topics in Translation)*.

Lehrberger, J., & Bourbeau, L. (1988). *Machine translation. Linguistic characteristics of MT systems and general methodology of evaluation*. Amsterdam: John. Benjamins (Linguisticae investigationes. Supplementa v. 15).

Lewis, W., Munro, R., & Vogel, S. (2011). Crisis MT: Developing a cookbook for MT in crisis situations. *Proceedings of the 6th workshop on statistical machine translation edited by the* Association for Computational Linguistics, Stroudsburg: Association for Computational Linguistics, 501–511.

Liu, Q., & Zhang, X. (2015). Machine translation: General. In C. Sin-Wai (Hrsg.) *The Routledge encyclopedia of translation technology*. London: Routledge, 105–119.

Lopez, A., & Post, M. (2013). Beyond bitext: Five open problems in machine translation. *Twenty years of Bitext*, 1–3.

Luther, M. (1530/1963). Sendbrief vom Dolmetschen. In H. J. Störig, (Hrsg.) *Das Problem des Übersetzens*. Stuttgart: Goverts, 14–32.

Malblanc, A. (1961). *Stylistique comparée du français et le l'allemand*. Paris: Didier.

Malinowski, B. (1935/2002). *Coral gardens and their magic: A Study of the methods of tilling the soil and of agricultural rites in the Trobriand Islands*. London: Routledge.

Marking, M. (2016). Facebook says statistical machine translation has reached end of life. Online unter: https://slator.com/technology/facebook-says-statistical-machine-transl ation-has-reached-end-of-life, zuletzt aufgerufen am 23.07.2022.

Marx, K. (1867). *Das Kapital. Kritik der politischen Ökonomie*. Hamburg: Otto Meissner.

Mathar, T. (2014). Akteur-Netzwerk Theorie. In S. Beck, J. Niewöhner, & E. Sørensen (Hrsg.) *Science and Technology Studies*. Bielefeld: transcript, 173–190.

Mayring, P. (2010/1988). *Qualitative Inhaltsanalyse. Grundlagen und Techniken*. Weinheim: Beltz (Beltz Pädagogik).

Mayring, P., & Fenzl, T. (2014). Qualitative Inhaltsanalyse. In N. Baur, & J. Blasius (Hrsg.) *Handbuch Methoden der empirischen Sozialforschung*. Wiesbaden: Springer VS, 543–556.

McLuhan, M. (1964). *Understanding media. The extensions of man*. New York: McGraw-Hill (Signet Books Y 4442).

McQuail, D., & Windahl, S. (2015). *Communication models for the study of mass communications*. London: Routledge.

Miles, M. B., & Huberman, A. M. (1995). *Qualitative data analysis. An expanded sourcebook*. Thousand Oaks: Sage.

Mingels, G. (2018). Wie es einem deutschen Unternehmen gelang, besser als Google zu sein. *Der Spiegel* 2018, 06.05.2018. Online unter: https://www.spiegel.de/plus/deepl-der-deutsche-unternehmer-ist-besser-als-google-a-00000000-0002-0001-0000-000157 181383, zuletzt aufgerufen am 23.07.2022.

Moore, G. E. (1975). Progress in digital integrated electronics. *IEDM Technical Digest* 1975, 11–13
Moorkens, J. (2017). Under pressure: Translation in times of austerity. *Perspectives* 25 (3), 464–477. DOI: http://dx.doi.org/https://doi.org/10.1080/0907676X.2017.1285331
Moorkens, J., & O'Brien, S. (2017). Assessing user interface needs of post-editors of machine translation. In D. Kenny (Hrsg.) *Human issues in translation technology. Edition: The IATIS Yearbook,* 109–130.
Morozov, E. (2013). *To save everything, click here: The folly of technological solutionism.* New York: Public Affairs.
Munday, J. (2016). *Introducing translation studies. Theories and applications.* London: Routledge.
Nagao, M. (1984). A framework of a mechanical translation between Japanese and English by analogy principle. In A. Elithorn, & R. Banerji (Hrsg.) *Artificial and human intelligence.* New York: Elsevier, 173–180.
Navarretta, C. (2011). Annotating Non-verbal Behaviours in Informal Interactions. In A. Esposito (Hrsg.) *Analysis of verbal and nonverbal communication and enactment. The processing issues: COST 2102 International Conference, Budapest, Hungary, September 7–10, 2010: revised selected papers.* Heidelberg: Springer, 309–315.
Neubert, A. (1973). Theorie und Praxis für die Übersetzungswissenschaft. *Linguistische Arbeitsbereiche* 7, 120–144.
Neubert, A., & Kade, O. (Hrsg.) (1973). *Neue Beiträge zu Grundfragen der Übersetzungswissenschaft.* Leipzig: Athenäum (Athenäum-Skripten Linguistik).
Newmark, P. (1981). *Approaches to translation.* Oxford: Pergamon Press (Language teaching methodology series).
Nida, E. A., & Taber, C. R. (1969). *The theory and practice of translation.* Leiden: Brill.
Nida, E. A. (1964). *Toward a science of translating. With special reference to principles and procedures involved in bible translating.* Leiden: Brill.
Nikander, P. (2012). The interview question. In J. F. Gubrium (Hrsg.) *The Sage handbook of interview research. The complexity of the craft.* Thousand Oaks: Sage, 397–413.
Nünning, A. (2014). Towards transnational approaches to the study of culture: From cultural studies and Kulturwissenschaften to a transnational study of culture. In D. Bachmann-Medick (Hrsg.) *The trans/national study of culture. A translational perspective.* Berlin: De Gruyter, 23–50.
Nurminen, M., & Koponen, M. (2020). Machine translation and fair access to information. *Translation Spaces* 9 (1), 150–169. DOI: https://doi.org/https://doi.org/10.1075/ts.00025.nur
O'Brien, S. (2012). Translation as human-computer interaction. *Translation Spaces* 1, 101–122. DOI: https://doi.org/https://doi.org/10.1075/ts.1.05obr
O'Hagan, M. (2011). Community translation: Translation as a social activity and its possible consequences in the advent of Web 2.0 and beyond. In: M. O'Hagan (Hrsg.) *Linguistica Antverpiensia, New Series -Themes in Translation Studies,* 11–23.
O'Thomas, M. (2017). Humanum ex machina. Translation in the post-global, posthuman world. *Target* 29 (2), 284–300.
Och, F. J. (2012). Breaking down the language barrier – in six years. *Google Blog.* Online unter: http://googleblog.blogspot.ie/2012/04/breaking-down-language-barriersix-years.html zuletzt aufgerufen: 23.07.2022.

Oettinger, A. G. (1960). *Automatic language translation. Lexical and technical aspects, with particular reference to Russian.* Cambridge, MA: Harvard University Press (Harvard monographs in applied science series).

Ogburn, W. (1922). *Social change. With respect to culture and original nature.* New York: Viking.

Ogburn, W. (1964). *On culture and social change.* Chicago: University of Chicago Press (The heritage of sociology).

Ogburn, W. (1969). *Kultur und sozialer Wandel, Ausgewählte Schriften.* Neuwied: Luchterhand.

Olohan, M. (2011). Translators and translation technology: The dance of agency. *Translation Studies* 4 (3), 342–357.

Olohan, M. (2017). Technology, translation and society. A constructivist, critical theory approach. *Target* 29 (2), 264–283.

Papineni, K., Roukos, S., Ward, T., & Zhu, W. J. (2002). BLEU: A method for automatic evaluation of machine translation. *Proceedings of the 40$^{th}$ Annual Meeting of the Association for Computational Linguistics (ACL),* 311–318.

Pasteur, L. (1865/1926). Observations sur la maladie des vers à soie. In V. R. Pasteur (Hrsg.) Œuvres de Pasteur: Études sur la maladie des vers à soie. Paris: Masson, 427–431 (Band 4).

Pettegree, A., & Hall, M. (2006). Buchdruck und Reformation: Eine Neubetrachtung. In E. Bünz (Hrsg.) *Bücher, Drucker, Bibliotheken in Mitteldeutschland. Neue Forschungen zur Kommunikations- und Mediengeschichte um 1500.* Leipzig: Leipziger Universitätsverlag, 343–371.

Pfister, B., & Kaufmann, T. (2008). *Sprachverarbeitung. Grundlagen und Methoden der Sprachsynthese und Spracherkennung.* Berlin: Springer.

Pickering, A. (Hrsg.) (1992). *Science as practice and culture.* Chicago: University of Chicago Press.

Pickering, A. (1995). *The mangle of practice. Time, agency and science.* Chicago: University of Chicago Press.

Pickering, A. (2008). New ontologies. In A. Pickering, & K. Guzik (Hrsg.) *The mangle in practice. Science, society and becoming.* Durham: Duke University Press, 1–14.

Pinch, T. J., & Bijker, W. E. (1984). The social construction of facts and artefacts: Or how the sociology of science and the sociology of technology might benefit each other. *Social Studies of Science* 14 (3), 399–441.

Proz (2010) Zero rate for 100% matches. Online unter: https://www.proz.com/forum/money_%20matters/170836-zero_rate_for_100_matches.html, zuletzt aufgerufen am 15.09.2022.

Prunč, E. (2002) *Einführung in die Translationswissenschaft.* Graz: Institut für Translationswissenschaft (GTS).

Prunč, E. (2004). Zum Objektbereich der Translationswissenschaft. In I. Müller, (Hrsg.) *Und sie bewegt sich doch... Translationswissenschaft in Ost und West. Festschrift für Heidemarie Salevsky zum 60. Geburtstag,* Frankfurt a.M.: Lang, 263–285.

Prunč, E. (2012). *Entwicklungslinien der Translationswissenschaft.* Berlin: Frank & Timme (TransÜD 43).

Przyborski, A., & Wohlrab-Sahr, M. (2008). *Qualitative Sozialforschung. Ein Arbeitsbuch.* München: Oldenbourg.

Przyborski, A., & Wohlrab-Sahr, M. (2014). Forschungsdesigns für die qualitative Sozialforschung. In N. Baur, & J. Blasius (Hrsg.) *Handbuch Methoden der empirischen Sozialforschung.* Wiesbaden: Springer VS, 117–133.
Pym, A. (2010). *Exploring translation theories.* London: Routledge.
Pym, A. (2013). Translation skill-sets in a machine-translation age. *Meta* 58 (3), 487–503. DOI: https://doi.org/https://doi.org/10.7202/1025047ar
Ramlow, M. (2009). *Die maschinelle Simulierbarkeit des Humanübersetzens. Evaluation von Mensch-Maschine-Interaktion und der Translatqualität der Technik.* Berlin: Frank & Timme (TransÜD: Arbeiten zur Theorie und Praxis des Übersetzens und Dolmetschens 27).
Reiß, K., & Vermeer, H. (1984/1991). *Grundlegung einer allgemeinen Translationstheorie.* Tübingen: Niemeyer.
Richardson, S. D., Dolan, W. B., Menezes, A., & Pinkham, J. (2001). Achieving Commercial-quality Translation with Example-based Methods. *Proceedings of the Machine Translation Summit VIII: Machine Translation in the Information Age,* 293–298.
Risku, H. (2004/2016). *Translationsmanagement. Interkulturelle Fachkommunikation im Informationszeitalter.* Tübingen: Narr Francke Attempto (Translationswissenschaft 1).
Risku, H. (2010). A cognitive scientific view on technical communication and translation. Do embodiment and situatedness really make a difference? *Target* 22 (1), 94–111. DOI: http://dx.doi.org/https://doi.org/10.1075/target.22.1.06ris
Risku, H. (2013). Knowledge management in translation. In Y. Gambier, & L. van Doorslaer (Hrsg.) *Handbook of translation studies 4.* Amsterdam: Benjamins. 92–94.
Risku, H. (2017). Ethnographies of translation and situated cognition. In A. Ferreira, W. John, & J. W. Schwieter (Hrsg.) *The handbook of translation and cognition.* Hoboken: Wiley-Blackwell, 290–310 (Blackwell handbooks in linguistics).
Risku, H., & Rogl, R. (2020). Translation and situated, embodied, distributed, embedded and extended cognition. In F. Alves, & A. L. Jakobsen (Hrsg.) *Routledge handbook of translation and cognition.* London: Routledge, 478–499.
Risku, H., Windhager, F., & Apfelthaler, M. (2013). A dynamic network model of translatorial cognition and action. *Translation Spaces* 2 (1), 151–182. DOI: http://dx.doi.org/ https://doi.org/10.1075/ts.2.08ris
Rogl, R. (2016). No work and all play – the intersections between labour, fun and exploitation in online translation communities. *European Journal of Applied Linguistics* 4 (1), 117–138. DOI: http://dx.doi.org/https://doi.org/10.1515/eujal-2015-0022
Rogl, R. (2017). Language-related disaster relief in Haiti: Volunteer translator networks and language technologies in disaster aid. In R. Antonini, L. Cirillo, L. Rossato, & I. Torresi (Hrsg.) *Non-professional interpreting and translation. State of the art and future of an emerging field of research.* Amsterdam: John Benjamins, 231–255.
Roh, Y. H., Hong, M., Choi, S. K., Lee, K. Y., & Park, S. K. (2003). For the proper treatment of long sentences in a sentence pattern-based English-Korean MT system. *Proceedings of Machine Translation Summit IX: Machine translation for semitic languages: Issues and approaches, 23–27 September 2003, New Orleans, LA,* 323–329.
Ropohl, G. (1991) *Technologische Aufklärung. Beiträge zur Technikphilosophie.* Frankfurt a.M.: Suhrkamp.
Rose, J., & Jones, M. (2005). The double dance of agency: A socio-theoretic account of how machines and humans interact. *Systems, Sighns & Action* 1 (1), 19–37.

Rozmysłowicz, T. (2014). Machine translation: A problem for translation theory. *New Voices in Translation Studies* 11, 145–163.
Rozmysłowicz, T. (2019). Die Geschichtlichkeit der Translation(swissenschaft). Zur paradigmatischen Relevanz der maschinellen Übersetzung. *Chronotopos* 2 (1), 17–41. DOI: https://doi.org/10.25365/cts-2019-1-2-3
Rozmysłowicz, T. (2020). Übersetzungsmaschinen. – *Ein translationstheoretisches Problem.* Berlin: Frank & Timme (Theoretische Translationsforschung 1).
Ruffo, P. (2018). Human-Computer Interaction in Translation: Literary Translators on Technology and Their Roles. *Proceedings of the 40th Conference Translating and the Computer*, London, November 15–16, 2018, 127–131.
Ruffo, P. (2021). *In-between role and technology: literary translators on navigating the new socio-technological paradigm.* Heriot-Watt University: Dissertation.
Sakamoto, A., & Yamada, M. (2020). Social groups in machine translation post-editing. *Translation Spaces* 9 (1), 78–97.
Sapir, E. (1921). *Language. An introduction to the study of speech.* New York: Harcourt Brace.
Schäffner, C. (2004). Systematische Übersetzungsdefinitionen. In H. Kittel, A. P. Frank, N. Greiner, T. Hermans, W. Koller, J. Lambert, & F. Paul (eds.) *Übersetzung – Translation – Traduction.* Berlin: De Gruyter, 101–117.
Schelsky, H. (1965). Der Mensch in der wissenschaftlichen Zivilisation. In *Auf der Suche nach Wirklichkeit: Gesammelte Aufsätze.* Düsseldorf: Eugen Diederichs Verlag, 439–480.
Schleiermacher, F. (1813/1963). Über die verschiedenen Methoden des Übersetzens. In H. J. Störig (Hrsg..) *Das Problem des Übersetzens.* Darmstadt: Wissenschaftliche Buchgesellschaft, 38–70.
Schmid, B. (2017). *Leicht-Lesen-Übersetzungen und sozial perspektivierte Verständlichkeit: Eine Interview- und Paratextstudie.* Dissertation: Universität Wien.
Schmidhofer, A. (2020). Ausbildung von Translatoren im 21. Jahrhundert. Zwischen Mensch, Markt und Maschine. *trans-kom* 13 (1), 79–106.
Schmidt, P. (2013). Maschinelle Übersetzung aus Sicht der Translationstheorie. In D. Huber, M. Arnold, S. Hansen-Schirra, M. Poerner (Hrsg.) *Streifzüge durch die Welt der Sprachen und Kulturen. Festschrift für Dieter Huber zum 65. Geburtstag.* Frankfurt am Main: Peter Lang Edition.
Schmitt, P. A. (2014). Wer hat Angst vor MÜ? In W. Baur, B. Eichner, S. Kalina, N. Keßler, F. Mayer, & J. Ørsted, (Hrsg.) *Man vs. machine? The future of translators, interpreters and terminologists: Proceedings of the XXth FIT World Congress, Berlin, 2014.* Berlin: BDÜ, 77–93.
Schneider, R. (2001). Deutscher Zukunftspreis für Verbmobil und Wolfgang Wahlste. Online unter: http://www.uebersetzerportal.de/nachrichten/n-archiv/2001/2001-11/2001-11-30.htm, zuletzt aufgerufen am 23.07.2022.
Schreiber, M. (2017). Quo vadis, Übersetzungsbegriff? Tendenzen und Paradoxien. In L. Heller, (Hrsg.) *Kultur und Übersetzung.* Bielefeld: transcript.
Schreier, M. (2014). Qualitative content analysis. In U. Flick (Hrsg.) *The SAGE handbook of qualitative data analysis.* Los Angeles: Sage, 170–183.
Schubert, C. (2014). Technik, Politik und Gesellschaft: William F. Ogburn, Lewis Mumford, Langdon Winner und Thomas P. Hughes. In D. Lengersdorf, & M. Wieser (Hrsg.) *Schlüsselwerke der Science & Technology Studies.* Wiesbaden: Springer, 85–95.

Schuurman, I. (1994). Eurotra: the philosophy behind it. *Meta* 39 (1), 176–183. DOI: https://doi.org/https://doi.org/10.7202/004059ar

Seleskovitch, D. (1975). *Langage, langues et mémoire: Étude de la prise de note en interpretation consecutive.* Paris: Minard.

Shannon, C. E., & Weaver, W. (1949). *A mathematical model of communication.* Urbana: University of Illinois Press.

Shiwen, Y., & Xiaojing, B. (2015). Rule-based machine translation. In C. Sin-Wai (Hrsg.) *The Routledge encyclopedia of translation technology.* London: Routledge, 186–200.

Siever, H. (2015). *Übersetzungswissenschaft. Eine Einführung.* Tübingen: Narr Francke Attempto.

Sin-Wai, C. (2015). The development of translation technology. In C. Sin-Wai (Hrsg.) *The Routledge encyclopedia of translation technology.* London: Routledge, 3–31.

Sin-Wai, C. (Hrsg.) (2018). *The human factor in machine translation.* London: Routledge (Routledge studies in translation technology).

Snell-Hornby, M. (1986). Übersetzen, Sprache, Kultur. In M. Snell-Hornby (Hrsg.) *Übersetzungswissenschaft – eine Neuorientierung. Zur Integrierung von Theorie und Praxis.* Tubingen: Francke, 9–29.

Snell-Hornby, M. (1990). Linguistic transcoding or cultural transfer: A critique of translation theory in Germany. In S. Bassnett (Hrsg.) *Translation, history and culture.* London: Pinter, 79–86.

Snell-Hornby, M. (2006). *The turns of translation studies. New paradigms or shifting viewpoints?* Amsterdam: John Benjamins (Benjamins translation library 66).

Somers, H. (2003). An overview of EBMT. In M. Carl, & A. Way (Hrsg.) *Recent examples in example-based machine translation.* Dordrecht: Kluwer Academic, 3–57.

Song, L., Gildea, D., Zhang, Y., Wang, Z., & Su, J. (2019). Semantic neural machine translation using AMR. *Transaction of the Association for Computational Linguistics* 7, 19–31. DOI: https://doi.org/10.48550/arXiv.1902.07282

Sørensen, E. (2014). Die soziale Konstruktion von Technologie. In E. Sørensen, S. Beck, & J. Niewöhner (Hrsg.) *Science and Technology Studies.* Bielefeld: transcript, 123–145.

Stiegler, H., & Felbinger, G. (2012). Der Interviewleitfaden im qualitativen Interview. In H. Stigler, & H. Reicher (Hrsg.). *Praxisbuch empirische Sozialforschung in den Erziehungs- und Bildungswissenschaften.* Innsbruck, Wien: Studien-Verlag, 141–146.

Stüker, S., Hermann, T., Kolss, M., Niehues, J., & Wölfel, M. (2012). Research opportunities in automatic speech-to-speech translation. *IEEE Potentials* 31 (3), 26–33. DOI: http://dx.doi.org/https://doi.org/10.1109/MPOT.2011.2178192

Sturge, K. (2009). Cultural Translation. In M. Baker, & Saldanha, G. (Hrsg.) *Routledge encyclopedia of translation studies.* London: Routledge, 67–70.

Suchman, L. A. (2007). *Human-machine reconfigurations. Plans and situated actions.* Cambridge: Cambridge University Press.

Super Bowl Commercials (2019). Google – 100 Billion Words – Super Bowl Commercial. Online unter: https://www.youtube.com/watch?v=iw3zqRzhRSk, Online unter: 04.10.2022.

Taivalkoski-Shilov, K. (2019). Ethical issues regarding machine(-assisted) translation of literary texts. *Perspectives* 27 (5), 689–703. DOI: https://doi.org/https://doi.org/10.1080/0907676X.2018.1520907

Toral, A., & Way, A. (2014). Is machine translation ready for literature? *Proceedings of Translating and the Computer* 36, London, 27–28 November 2014, 174–176.
Toury, G. (1980). *In search of a theory of translation.* Tel Aviv: Porter Institute for Poetics and Semiotics.
Toury, G. (1985). A rationale for descriptive translation studies. In T. Hermans (Hrsg.) *The manipulation of literature. Studies in literary translation.* London: Croom Helm, 16–41.
Toury, G. (1995). *Descriptive translation studies – and beyond.* Amsterdam: John Benjamins.
Trujillo, A. (1999). *Translation engines. Techniques for machine translation.* London: Springer (Applied Computing).
Turovsky, B. (2016a). Ten years of Google Translate. *Official Google Blog.* Online unter: https://www.blog.google/products/translate/ten-years-of-google-translate, zuletzt aufgerufen am 20.07.2022.
Turovsky, B. (2016b). Found in translation: More accurate, fluent sentences in Google Translate. *Official Google Blog.* Online unter: https://blog.google/products/translate/found-translation-more-accurate-fluent-sentences-google-translate, zuletzt aufgerufen am 19.08.2022.
Universität Tübingen (2022). Was ist Computerlinguistik. Online unter: https://uni-tuebingen.de/fakultaeten/philosophische-fakultaet/fachbereiche/neuphilologie/seminar-fuer-sprachwissenschaft/studium-lehre/studiengaenge/faq/was-ist-computerlinguistik, zuletzt aufgerufen am 22.09.2022.
van der Meer, J. (2010). Translation in the 21st century. Online unter: https://www.slideshare.net/TAUS/translation-in-the-21st-century-webinar, zuletzt aufgerufen am 23.07.2020.
van der Meer, J. (2016) The future does not need translators. Online unter: http://blog.taus.net/the-future-does-not-need-translators, zuletzt aufgerufen am: 23.07.2022.
van Loon, J. (2014). Michel Callon und Bruno Latour. Vom naturwissenschaftlichen Wissen zur wissenschaftlichen Praxis. In D. Lengersdorf, & M. Wieser, (Hrsg.) *Schlüsselwerke der Science & Technology Studies.* Wiesbaden: Springer, 99–110.
Vannerem, M., & Snell-Hornby, M. (1986). Die Szene hinter dem Text: ‚Scenes and frames semantics' in der Übersetzung. In M. Snell-Hornby (Hrsg.) *Übersetzungswissenschaft – eine Neuorientierung. Zur Integrierung von Theorie und Praxis.* Tubingen: Francke, 184–205.
Vashee, K. (2010). What is holding the wider adoption of MT back? The empty pages blog. Online unter: http://kv-emptypages.blogspot.com/2010/07/what-is-holding-wider-adoption-of-mt.html, zuletzt aufgerufen am 03.09.2018.
Vauquois, B. (1968). A survey of formal grammars and algorithms for recognition and transformation in mechanical translation. *Ifip congress* 2 (68), 1114–1122.
Verbeek, P. P. (2005). *What things do. Philosophical reflections on technology, agency, and design.* University Park: Pennsylvania State University Press.
Vermeer, H. (1978). Ein Rahmen für eine allgemeine Translationstheorie. *Lebende Sprachen* 23 (3), 99–102. DOI: https://doi.org/https://doi.org/10.1515/les.1978.23.3.99
Vermeer, H. J. (1986). Übersetzen als kultureller Transfer. In M. Snell-Hornby, (Hrsg.) *Übersetzungswissenschaft – eine Neuorientierung. Zur Integrierung von Theorie und Praxis.* Tubingen: Francke, 30–53.
Vermeer, H. J. (Hrsg.) (1989a). *Kulturspezifik des translatorischen Handelns. Vorträge anlässlich der GAL-Tagung 1989.* Heidelberg: Universität Heidelberg (Translatorisches Handeln 3).

Vermeer, H. J. (1989b). Skopos and Commission in Translation Action. In A. Chesterman (Hrsg.) *Readings in translation theory.* Helsinki: Oy Finn Lectura Ab, 173–200.

Vermeer, H. J., & Reiß, K. (1991). *Grundlegung einer allgemeinen Translationstheorie.* Berlin: De Gruyter (Linguistische Arbeiten 147).

Vieira, L. N. (2020a). Machine translation in the news: A framing analysis of the written press. *Translation Spaces* 9 (1), 98–122. DOI: https://doi.org/10.1075/ts.00023.nun

Vieira, L. N. (2020b). Automation Anxiety and Translators. *Translation Studies* 13 (1), 1–21. https://doi.org/10.1080/14781700.2018.1543613

Vinay, J. P., & Darbelnet, J. (1958/1995). Comparative stylistique of French and English: A methodology for translation. Herausgegeben und übersetzt von J. C. Sager, & M. J. Hamel (Hrsg.) Amsterdam: John Benjamins.

Vinay, J. P., & Darbelnet, J. (2010). A methodology for translation. In L. Venuti (Hrsg.) *The translation studies reader.* London: Routledge, 128–137.

Wahlster, W. (2000). Mobile speech-to-speech translation of spontaneous dialoges: An overview of the final Verbmobil system. In W. Wahlster (Hrsg.) *Verbmobil: Foundations of speech-to-speech translation.* Berlin: Springer, 3–21.

Waldrop, M. M. (2016). The chips are down for Moore's law. *Nature* 530 (7589), 144–147. DOI: https://doi.org/10.1038/530144a

Walter, S. (2014). *Kognition.* Stuttgart: Reclam (Grundwissen Philosophie, 20356).

Wang, J., & Yan, Y. (2012). The interview question. In J. F. Gubrium (Hrsg.) *The Sage handbook of interview research. The complexity of the craft.* Thousand Oaks: Sage, 231–242.

Way, A. (2020). Machine translation: Where are we at today? In E. Angelone, M. Ehrensberger-Dow, & G. Massey (Hrsg.) *The Bloomsbury companion to language industry studies,* 311–332.

Weaver, W. (1949/1955). Translation. In W. N. Locke, D. Booth (Hrsg.) *Machine translation of languages: Fourteen essays.* Cambridge, MA: Technology Press of the Massachusetts Institute of Technology, 15–23.

White, L. T. (1962) *Medieval technology and social change.* Oxford: Clarendon Press.

Whorf, B. L. (1950/1956). An American Indian model of the universe. In B. L. Whorf, & J. B. Carroll (Hrsg.) *Language, thought, and reality. Selected writings of Benjamin Lee Whorf.* Cambridge, MA: Technology Press of Massachusetts Institute of Technology, 57–64.

Whorf, B. L. (1997). *Sprache – Denken – Wirklichkeit. Beiträge zur Metalinguistik und Sprachphilosophie* (Rowohlts Enzyklopädie).

Whyatt, S. (2008). Technological determinism is dead: Long live technological determinism. In E. J. Hackett, O. Amsterdamska, W. E. Bijker, M. Lynch, & J. Wajcman (Hrsg.) *The handbook of science and technology studies.* Cambridge, MA: The MIT Press, 165–180.

Wikimedia Commons (2008). Entwicklung des Fahrrades. Online unter: https://de.wikipedia.org/wiki/Datei:Bicycle_evolution-de.svg, zuletzt aufgerufen am 28.10.2022.

Wikimedia Commons (2010). Künstliches Neuronales Netzwerk. Online Unter: https://commons.wikimedia.org/wiki/File:Neural_network_bottleneck_achitecture.svg, zuletzt aufgerufen am 2.11.2022.

Wilks, Y. (2008). *Machine translation. Its scope and limits.* London: Springer.

Wilss, W. (1977). *Übersetzungswissenschaft. Probleme und Methoden.* Stuttgart: Eigenverlag.

Wilss, W. (1988). *Kognition und Übersetzen. Zu Theorie und Praxis der menschlichen und der maschinellen Übersetzung.* Tübingen (Konzepte der Sprach- und Literaturwissenschaft 41).

Winner, L. (1993). Upon opening the blackbox and finding it empty. Social constructivism and the philosophy of technology. *Science, Technology & Human Values* 18 (3), 362–378.

Winograd, T. (1983). *Language as a cognitive process.* Reading, MA: Addison-Wesley.

Wolf, M. (2002). Culture as translation – and beyond. Ethnographic models of representation in Translation Studies. In T. Hermans (Hrsg.) *Crosscultural transgressions. Historical and ideological issues,* 180–192.

Wolf, M., & Fukari, A. (Hrsg.) (2007). *Constructing a sociology of translation.* Amsterdam: John Benjamins.

Wong Tak-ming, B., & Webster, J. J. (2015). Example-based machine translation. In C. Sin-Wai (Hrsg.) *The Routledge encyclopedia of translation technology.* London: Routledge, 137–151.

Yang, L., & Min, Z. (2015). Statistical machine translation. In C. Sin-Wai (Hrsg.) *The Routledge encyclopedia of translation technology.* London: Routledge, 201–212.

Žolkovskij, A., & Mel'čuk, I. (1965). O vozmožnom metode i instrumentax semantičeskogo sinteza [On a possible method and instruments for semantic synthesis]. *Naučno-texničeskaja informacija [Scientific and Technological Information]* 6, 23–28.

zur Mühlen, K. H. (1978). Eine Bibel – viele Übersetzungen. Not oder Notwendigkeit. In J. Lange, S. Meurer, & E. A. Nida (Hrsg.) *Eine Bibel – viele Übersetzungen. Not oder Notwendigkeit?* Stuttgart: Evangelisches Bibelwerk, 90–97.

Zwischenberger, C. (2017). 'Translaboration'. *Translation and Translanguaging in Multilingual Contexts* 3 (3), 388–406. DOI: https://doi.org/https://doi.org/10.1075/ttmc

The manufacturer's authorised representative in the EU is Springer Nature Customer Service Centre GmbH, Europaplatz 3, 69115 Heidelberg, Germany. If you have any concerns regarding our products, please contact ProductSafety@springernature.com

Printed and bound by CPI Group (UK) Ltd, Croydon, CR0 4YY

25/03/2026

02078173-0004